ちくま新書

明治史講義【テーマ篇】

小林和幸 編
Kobayashi Kazuyuki

1318

明治史講義 テーマ篇【目次】

凡例

＊各講末の「さらに詳しく知るための参考文献」に掲載されている文献については、本文中では（著者名　発表年）という形で略記した。

＊表記については原則として新字体を用い、引用史料の旧仮名遣いはそのままとする。

はじめに——最新研究で読む変革と跳躍の時代

小林和幸

二〇一八年、明治改元から一五〇年を迎え、これを機に、あらためて明治史には注目が集まるものと思われる。

明治日本は、対外関係では、国際社会に参入するとともに、二度の国運を賭した対外戦争を経験した。また絶え間ない国内改革を進め、立憲国家としての歩みを始める。まさに変革の時代であり跳躍と躍動の時代であった。

こうした変革の端緒として、明治維新がある。ただし、幕末の苦難を経て成し遂げられた維新により、天皇親政や公議輿論、開国和親といった方針が示されたとしても、それで変革が実現されるわけではない。日本の近代国家建設は、実際の政治運営の中で模索と試行錯誤を繰り返して進められたものである。

明治日本で、政治・外交・軍事・宗教や文化を担おうとする当事者たちは、それぞれの意欲や使命感を有していた。それは時として様々な葛藤を生んだ。その葛藤はいかなるものであったのか、あるいはいかにその葛藤に折り合いを付け、改革を進めたのか。そうした歴史を繙《ひもと》くのが明治史研究であり、多くの人々の興味を引きつけて止まないところでもあろう。

明治史は、否定的にも肯定的にも描かれてきた。昭和軍国主義の原点と指摘されたり、あるいは世界に類を見ない近代化の成功例と評されたりもする。

本書では、明治史の評価を考える基盤とするためにも、近年の近代史研究進展の上に立った着実な明治史研究を提示したいと思う。また、明治史には、高く聳え立つ「通説」が存在するが、本書は「通説」にも、真摯に史料を読むことで果敢に挑もうとする執筆者によって書かれたものである。

本書では、明治日本における変革の歩みを史料に基づいてわかりやすく描くことにつとめた。また、各講のテーマは、それぞれ最前線の研究のおおよそを理解できるとともに、第一講から二〇講までを通じて明治史を通史的に読めるように配慮した。

本書が、明治史に興味を持つ方々、大学や大学院で日本近代史を学ぼうとする方々にとって、明治史の多様な歴史像を理解する一助となることを願う。

第1講

開国と尊王攘夷運動——国是の摸索

久住真也

†開国の過程

嘉永六（一八五三）年六月三日、アメリカのペリー率いる艦隊が浦賀に来航した。ペリーは久里浜でアメリカ大統領の親書を幕府側に手渡し、翌年の再来航の意思を告げて去った。翌年正月に再び来航したペリーは、三月三日に神奈川において、幕府側の林大学頭復斎《はやしだいがくのかみふくさい》以下四人の全権との間で日米和親条約を締結した。内容は、下田・箱館の開港、薪水《しんすい》・食料・石炭・欠乏品の供給、漂流民の保護などを主とし、また、日本がアメリカ以外の国に、より有利な規定を認めた際は、アメリカにも適用される最恵国待遇の条項も盛り込まれた。

一般に、教科書などでは、この条約締結をもって日本の「開国」と記述しているが、幕府の認識は、必ずしもそうではなかった。当時の外国船取り扱いに関する法令は、天保一三（一八四二）年のいわゆる天保の薪水給与令であった。和親条約では自由貿易は認められず、下田・箱館の開港も、右で定めた目的での外国船寄港を認めるものである。つまり、見方によれば、この和親条約は薪水給与令を拡張したもので、国法としての「鎖国」（朝鮮・琉球との通信関係、オランダ・中国との通商関係以外は認めない）を放棄したものではないと言うこともできる。以後、イギリス、ロシアと結んだ和親条約も同様の性格であった。実際に、近年の日米外交史研究は、その後日本に来航したアメリカ測量艦隊と幕府の間で生じた、条約認識のズレを詳細に明らかにしている（後藤敦史『忘れられた黒船――アメリカ北太平洋戦略と日本開国』講談社選書メチエ、二〇一七）。和親条約の締結に対して、国内で激しい反対運動が起きなかったのは、右のような条約の性格と無関係ではないだろう。

しかし、その後幕府は、安政二年一二月（一八五六年一月）にオランダとの間で、限定的な通商規定を含む条約を締結した。そして、ペリー来航時の外交を主導した阿部正弘に代わり、堀田正睦《まさよし》が老中主座・外交専任になると、堀田は海防掛目付の岩瀬《いわせ》忠震《ただなり》などの輔佐を得て、世界情勢に対応するための積極的な開国策を推し進めることになる（三谷二〇〇三）。

翌安政三年に、アメリカ総領事として下田に着任したタウンゼント・ハリスは、自由貿易の条約を締結する任を帯びていたが、堀田はハリスが要求した、西洋の外交ルールに則った、江戸城での将軍への拝謁と国書奉呈を認めるなど（安政四年一〇月二一日に挙行）、実質的に従来の通信（国交）関係の枠組みに変更を加えた。そして、安政五年六月一四日、堀田に代わる大老井伊直弼《なおすけ》のもとで調印された日米修好通商条約は、自由貿易のための開港場を新たに設定し、協定関税、片務的な領事裁判権、外国人の居留地設定などを定めたものであった。以後、イギリス・フランス・ロシア・オランダとも同様の条約を締結し（安政五ヵ国条約）、ここに「鎖国」体制は崩れた。

†国家的な政治争点

一方国内では、アメリカとの通商条約調印と将軍継嗣《けいし》問題をめぐり、激しい政争が展開された。まず、安政五年正月、堀田老中は通商条約の調印に際し、天皇の許可を得るべく上洛した。それ以前、幕府は朝廷に対して外交問題の報告は行っていたが、事前に許可を求めたことはなかった。つまり、幕府には、通商条約が和親条約と異なり、従来の法的枠組みでは到底説明できないとの認識が前提にあったと思われる。しかし、勅許奏請という行為は、幕府が条約締結を専決する権限がないことを示したに等しい。しかも、堀田は調印に難色を示す孝明天皇と、中下級公家による調印反対の集団行動（八八人列参）を前に、勅許獲得に失敗した。この事件は、長年の幕府の朝廷統制策を揺るがし、天皇の意思を絶対的に尊重すべきという考えを強める契機となった。

一方、ペリーの来航直後に一二代将軍の徳川家慶《いえよし》が死去し、一三代家定が将軍になると、松平慶永《よしなが》（のち春嶽・越前藩主）、島津斉彬《なりあきら》（薩摩藩主）らは、家定の将軍としての資質を疑問視し、その跡継ぎに前水戸藩主徳川斉昭の七男である一橋慶喜《よしのぶ》を立てようとした。この動きに同調した一部の開国派幕臣（岩瀬忠震・川路聖謨《としあきら》など）を含め、これらの人々は一橋派と呼ばれる。対して、家定と最も血統の近い紀州藩主の徳川慶福《よしとみ》を継嗣に推したのが、南紀派と呼ばれる人々である。一橋派は、開国を視野に有能な将軍を据えて幕政改革を断行し、親藩・外様大名なども加えた体制を構築しようと考えた。対して南紀派は、あくまで血統・筋目を重視することで人心をまとめ、譜代大名中心の体制で国難を乗り切ろうとしたと解することができる。

その際、松平慶永が、原則論では慶福が継嗣として妥当と認めざるをえなかったように、伝統社会では血統の論理は重かった。将軍家は八代吉宗以降、紀州系の血統が続いており、御三家で唯一将軍家と血統が交わらない、水戸家出身の慶喜には不利であった。そのため、一橋派は慶福が幼少である（ペリー来航時、数えで八歳）ことを理由に、「英明・年長」を継嗣の条件として掲げ、縁戚関係などを利用して密かに朝廷上層部に協力を求めた。これが、将軍家の跡継ぎ問題が、深刻な政治問題と化した原因である。そして、継嗣問題と条約勅許獲得の運動が絡み合い、京都での幕府と一橋派大名、後者に同調する志士による朝廷工作が活発化した。

安政五年四月に大老となった井伊直弼は、前述のように条約調印に踏み切ると、直後の六月二五日に慶福を継嗣とする方針を公表した。その前日の二四日に徳川斉昭・松平慶永・徳川義恕《よしくみ》（尾張藩主）は不時登城を行い、井伊に対して条約調印を批判し、継嗣問題についても意見を述べたが、七月五日に斉昭は謹慎、他の二人は隠居・謹慎に処された。そして、翌六日には将軍家定が病死した。

幕府の一連の措置に対し、朝廷は八月八日に、幕府に対して条約調印の再考を命じる勅諚《ちょくじょう》を水戸藩に下し、当事者である幕府には二日遅れで伝達した（「戊午《ぼご》の密勅」）。井伊は、朝廷・幕府の分裂を招く密勅降下に関わった、水戸藩士を始め朝廷も含む広範な関係者の弾圧に踏み切り（安政の大獄）、その反動で、安政七年三月三日に桜田門外の変で倒れた。以後、幕府は井伊に代わる権力者を持ちえず、強権政治を改め、亀裂を深めた朝廷や徳川一門・外様大名との関係を修復する方向に舵を切らざるをえなくなったのである。

†天皇の政治権力化

井伊に代わった老中久世広周《くぜひろちか》・安藤信正《のぶまさ》の政権は、公武関係の修復のため、天皇の実妹である和宮《かずのみや》の降嫁《こうか》を推進し、文久《ぶんきゅう》二（一八六二）年二月に、一四代将軍となった徳川家茂《いえもち》（慶福《よしとみ》より改名）との婚儀が実現した。しかし、朝廷を説得するため、降嫁の条件として一〇年以内に「鎖国」に戻すことを約束し、幕府は自らの首を絞めることになった。また、この婚儀は、和宮を人質として天皇に開国を強要する手段だとの憶説を生み、安藤老中が水戸浪士らに襲撃され（坂下門外の変）、それが原因で失脚した。

一方、朝廷では侍従の岩倉具視《いわくらともみ》が、和宮降嫁を推進する立場から天皇の諮問に答え、降嫁を手段に幕府の政治に朝廷が影響力を及ぼし、ゆくゆくは天皇が政権を握る、王政復古の方策を説くなど、朝廷も武家にコントロールされる存在から転換を策しつつあった。

また、雄藩と朝廷の結合も進行した。文久元年五月に、長州藩は直目付《じきめつけ》の長井雅楽《ながいうた》を京都に派遣し、藩議としての「航海遠略策」を天皇側近に入説《にゆうぜい》し、天皇にも密奏された。これは、朝廷上位の公武合体による積極的な海外進出を主張したもので、国是としての「航海遠略」を天皇が決定し、幕府に厳命するよう説いており、君主としての天皇の役割が重視されていた（『孝明天皇紀』三、六一〇～六一九頁）。長井はさらにこの年六月半ばに江戸に下り、以後久世・安藤両老中にこの策を説くと、久世らは賛同し、長井に朝廷への周旋を依頼した。これは、幕府自らが外様大名による朝廷への接触、国政介入を認めたに等しい。

そして、文久二年四月の島津久光《ひさみつ》による率兵上洛は、政局を一挙に流動化させた。久光は、朝廷に対して、公武合体と皇威振興、幕政改革を掲げた建白を行った。このなかで久光は、朝廷と幕府の最高首脳人事の転換を要求し、京都に蝟集《いしゆう》した尊攘派浪士の取締りなどを建言した。さらに幕府が改革要求を受け入れるよう、朝廷より諸藩に内勅を下し、協力させるよう要請した（『島津久光公実紀』一、八〇～八六頁）。久光の建言をうけ、朝廷は勅使大原重徳《おおはらしげとみ》を江戸に派遣し、幕府に改革を迫る方針を決定した。朝廷と大名（藩）の直接結合により、天皇の政治権力化が進行していったのである。そして、京都を席巻した久光の前に長州藩の運動は劣勢となり、藩内では長井を弾劾し、破約攘夷論への転換を策す動きが進行する。

†文久の改革

久光に護衛され江戸に下った大原勅使は、六月一〇日に江戸城で将軍家茂と対面し、一橋慶喜を将軍後見職、松平春嶽（慶永）を大老とすることを勅命として伝達した。この人事は、春嶽を大老ではなく政事総裁職とすることで、双方とも実現した。以後、慶喜・春嶽と老中（譜代大名）による幕閣は、様々な対立を内包しつつも、幕政改革を推進していく（文久の改革）。この改革は、大原勅使の下向以前、五月に春嶽が幕政に参与した段階から始まった。改革の趣旨は、外国交際を前提に武備充実と制度改革を行うというもので、実際に洋式陸海軍の本格的な建設に着手した。

また、春嶽の目指す政治理念も色濃く影響し、朝廷・幕府・大名による挙国一致の体制の構築が目指された。具体的には、①尊王の実践によって天皇との君臣関係を明確にし、人心を掌握すること、②大名統制策を緩和して挙国一致の国防体制を構築すること、③江戸城を中心とした儀礼体系を改革し、虚飾を排した実用性を重視することなどである。①の具体的な政策が、二〇〇年以上途絶えた将軍上洛であり、②は参勤交代制度の緩和（三年に一度の参府）と、大名の妻子江戸居住制の廃止に象徴され、③は、殿中の服装改革、献上物の廃止、老中以下の登城時の供連れ削減と乗切《のりきり》（馬での登城）の奨励、月次御礼《つきなみおんれい》の登城日の削減、一部規式の廃止などが挙げられる。つまり、朝廷を政治の中心に組み込み、幕府と大名がともに朝廷を支える方向であり、幕府の自己否定を伴う大胆な改革であった。

一方、この時期京都では、文久二年七月には長州藩が航海遠略策から破約攘夷論に藩議を転換し、同藩や土佐藩士の朝廷への働きかけも活発化した。そして、勅使三条実美《さねとみ》と姉小路公知《あねがこうじきんとも》が、幕府に攘夷方針の決定と、実行期限の奏聞《そうもん》を求めるべく、一〇月一二日に京都を出発した。一一月二七日に江戸城に登城した三条らは将軍家茂に勅命（親兵設置要求も含む）を伝達した。幕府は、勅使下向に際して、三条らが要求した勅使の待遇改善を受け入れ、朝廷尊崇の姿勢を明確にした。同時に勅使の登城を前に、井伊政権下の老中や幕吏の大量処分を行い、のち一二月二日に将軍家茂自身が、官位一等辞退の意志を朝廷に奏聞した（朝廷から慰留）。

勅使の登城前、攘夷の勅命への対応をめぐり、幕府は激しい対立に見まわれたが、結局攘夷実行を承諾し、具体的な策略は翌年二月の将軍上洛時に奏聞するとした。幕府が攘夷を了承した理由としては、朝廷尊崇の方針もさることながら、勅使派遣に際して天皇が示した、攘夷を決定しなければ、人心不一致による国乱を招くという認識が影響を与えたと思われる(『孝明天皇紀』四、一九二頁)。

†尊王攘夷運動の性格

尊王攘夷論(思想)とは、天保年間の後期水戸学によって体系化され、「尊王」と「攘夷」の結合により、国家の統一性を強め、内外の政治的危機を克服する目的を持つものであった(尾藤二〇一四)。安政五年の条約調印以後、尊攘運動は次第に活発化した。それは、藩士・脱藩士・草莽の志士などによる幕閣要人、外国人への襲撃、洛中での天誅《てんちゅう》行為(テロ)、長州藩などの組織的な政治運動まで幅広く見られた。その際注意しなければならないのは、他の政治路線との関係である。

たとえば、今でも一部の教科書には「公武合体路線と尊王攘夷路線の対抗」という記述が見られるが、専門研究の分野ではこのような捉え方は、今はほとんど見られない。それは、二つの路線は次元を異にしており、対立しないからである。つまり、「公武合体」とは朝廷・幕府、時に大名も含む国内政治体制に関わる概念であり、なんら「尊王」と対立するものではない(当時の公武合体は尊王は前提である)。また、「攘夷」は対外的次元の問題であり、対立するのはあくまで「開国」である。

具体例を挙げると、長州藩が破約攘夷に転換後、朝廷に差し出した意見書では、攘夷の国是を決定することが「官武御合体之大眼目」であると主張しており（『孝明天皇紀』四、一四二頁）、三条実美《さんじょうさねとみ》らを勅使として派遣した朝廷首脳も、「公武御一和之基本ハ攘夷ニ有之」として、早々に諸藩への攘夷布告を望んでいた（同右、一八七頁）。「尊王攘夷」と「公武合体」は対立ではなく、補完し合う関係にあることに注意が必要である。

また、尊攘運動の基本は、幕府や藩、朝廷などを動かし、全国一丸となって攘夷実行の態勢を構築することにこそある。種々の天誅行為などは、幕府に攘夷実行の圧力をかけることに主眼がある。文久三年三月に、実に二二九年ぶりに実現した将軍上洛は、攘夷の国是を決定し全国に布告する、またとない機会として捉えられたのである。

†将軍上洛と攘夷国是

攘夷実行を考える際にもうひとつ重要なのが、大政委任の問題である。大政委任とは、一八世紀後半から政治社会に定着していく考えで、天皇（朝廷）は自らは統治せず、政治を将軍（幕府）に委任しているという考え方であり、徳川慶喜の大政奉還もこれが前提となっている。ほぼ同時期に、日本は「鎖国」が国是であるという認識が普及していくのに伴い、「鎖国」を維持するのは政治を委任された幕府の責任であるという考え方が広まっていった。ペリー来航以後、幕府が欧米列強に譲歩して条約を結ぶなか、幕府の政権担当能力に疑問符が突きつけられた。将軍上洛は、ゆらぐ大政委任をもう一度朝廷に再確認してもらう目的もあり、そのために攘夷実行も了承せざるをえなかったと考えられる。

しかし、文久三年三月七日の将軍参内の際に出された勅書は、「征夷将軍」をこれまで通り委任し、攘夷の成功を命じるものであった。しかも、国事に関して直接諸藩に命令する場合もあるとする内容で、要するに大政委任を再確認するものではなかった（『孝明天皇紀』四、四六四～四六五頁）。幕府の政権担当者としての地位は、逆に曖昧になってしまったのである。

将軍上洛後の賀茂社行幸を描いた錦絵の一部
（国立国会図書館デジタルコレクション）

そして直後の三月一一日、攘夷祈願のための賀茂社行幸が行われ、将軍以下公家と大名が従い、四月一一日にも石清水八幡宮行幸がなされた（将軍は不参加）。これを推進したのは、長州藩と朝廷の国事御用掛である議奏三条実美や、国事参政・寄人《よりうど》という役職につく中・下級の攘夷派公家であった。

将軍家茂は四月二〇日に、攘夷期限を五月一〇日とすることを奏聞し、翌二一日から大坂に下り、将軍として初めて蒸気船で大坂湾沿岸や紀州方面の防備態勢を視察した。一方、関東では、文久二年八月に起きた生麦事件に対し、イギリス艦隊が賠償金支払いなどを要求しており、攘夷期限の五月一〇日を前に、交渉決裂による戦争の危機が高まった。しかし、攘夷期限の前日である五月九日、江戸の幕閣は、攘夷方針に抵触しかねないイギリスへの賠償金支払いに踏み切り、翌日外国に条約破棄の方針を伝えた。しかし、もとより外国側の了承するところとはならなかった。他方、長州藩は一〇日に下関海峡でアメリカ商船を砲撃したのを皮切りに、以後もフランス・オランダの軍艦を砲撃し、六月にはアメリカ・フランスの報復を受けた。そして、七月には鹿児島で薩英戦争が起きるなど、国内の分裂状況は深まっていった。

†八月一八日の政変

将軍家茂が六月に江戸に帰還すると、長州藩と三条実美らによる天皇親征運動が激しさを増し、八月一三日に大和国親征行幸（天皇が神武天皇陵・春日社に参拝し、親征のための軍議を行う）が布告された。これは、幕府の軍事指揮権を否定し、朝幕間の分裂を引き起こす危険を内包していた。しかし、直後の八月一八日の政変（文久政変）により状況は一変した。

この政変は、一般に薩摩・会津両藩が主導したものとして認識されているが、専門研究では、政変の主役は孝明天皇だったという見解が示されている（原口二〇〇七）。天皇は攘夷を望む一方で、大政委任を肯定し、幕府を追い込む過激な攘夷を好まなかった。この年の四月以降、天皇は皇族の中川宮（朝彦親王）と連携し、密かに島津久光と協力して三条ら「暴論之堂上《ぼうろんのとうしょう》」（天皇による表現）の排除を狙っていた（『孝明天皇紀』四、五九二〜五九三頁）。薩摩・会津両藩の働きかけは、天皇が宿願を達成する機会となった。

政変の計画は中川宮を通じて密奏され、天皇が最終的に決断した。当日、禁裏《きんり》の諸門を会津・薩摩・所司代（淀）の藩兵で封鎖し、天皇が認めた者以外の参内が禁じられた。その結果、親征行幸は延期となり（実質中止）、三条以下、国事参政・寄人の公家は、参内停止と他行・他人面会禁止となった（国事参政・寄人の職は廃止）。そして、長州藩は堺町御門の警備を免じられたが、当時、禁裏諸門の警備は、当該藩の宮中への影響力、朝廷からの信頼度を示す重要な役務であり、長州藩には大きな打撃となった。のち同藩は京都留守居と付属するわずかな藩士以外の滞京を禁じられた（同右、八〇八頁）。

ちなみに、高校の主要な教科書では、政変を推進した勢力は、長州藩と三条らを「京都から追放した」と一様に記述している。これは、長州藩については妥当するが、三条以下については誤りとなる。政変当日、三条実美と六人の公家は、御所を退いたのち、長州藩士らと東山の妙法院に集結し、その後長州に向かった。本来なら自宅で謹慎すべきところ、勝手に長州に向かったのだから、違勅の行為である。彼らが「脱走人」と呼ばれたゆえんである。そして、八月二四日には不法進退を理由に、官位を剥奪されるにいたった（同右、八四七頁）。のちに、七卿は五卿となり（病死と脱走による）、翌年の第一次長州出兵の結果、太宰府に移され、以後、幕府に抵抗する勢力の旗印として存在感を保持することになる。

ちなみに、この時期の尊攘運動と討幕（倒幕）との関係について述べておくと、かつては、大和国親征行幸を計画した長州藩や三条たちは、討幕を目指したと言われたが、現在は、史料的に否定されている。また、この計画に呼応した、尊攘派による一連の挙兵事件（八月の天誅組の乱、一〇月の生野の変など）も、攘夷の先駆け的な暴発行動であり、討幕を目指したものとは言えない。組織的な討幕運動は、慶応期を待たなければならないのである。

†尊王攘夷運動のゆくえ

政変後、将軍家茂が勅命に応じて文久四（一八六四）年正月に再び上洛した（二月二〇日に元治《げんじ》に改元）。文久三年末には、勅命に応じて島津久光を始め、松平春嶽、伊達《だて》宗城《むねなり》（前宇和島藩主）、山内容堂《やまうちようどう》（前土佐藩主）が上洛しており、同じく上洛した将軍後見職の一橋慶喜と、文久二年閏八月に京都守護職に任命された松平容保《かたもり》とともに、朝議参予として朝・幕間の政治に関与した

ベアトによる下関戦争の写真（長崎大学附属図書館蔵）

（参予会議）。上洛した家茂は、天皇と個人的な結びつきを強め、五月半ばに帰府するまで公武合体の構築に努めた。

その間、四月二〇日には、朝廷から大政委任を認める勅書が幕府に下された（ただし、国政の重要事項は事前に奏聞を命じた条件付き）。また、同じ勅書で、即時攘夷に代わる横浜鎖港の実施が命じられ、長州処分も幕府に委任された。これに対し、以後長州藩は、藩主の入京と攘夷国是の復活を目指して激しく運動を展開し、やがて藩を挙げての武装上洛へといたる。そして、同藩の動きに呼応して朝廷では攘夷派公家の動きが活発化する。さらに、関東でも水戸藩の尊攘派である天狗《てんぐ》党が、攘夷実行を掲げて五月に筑波山に挙兵し、以後京都を目指した。しかし、これら攘夷勢力の闘争はいずれも失敗した。

特に長州藩は、この年七月一九日の禁門の変で敗退し、「朝敵」として追討の対象となり、幕府による征長軍の前に一一月に降伏した（第一次長州出兵）。また、八月には下関での四カ国連合艦隊との戦争で敗北し、この一連の過程で攘夷方針を放棄するにいたる。一方幕府は、横浜鎖港実施を果たさず、翌慶応元（一八六五）年の第二次長州出兵において、将軍家茂が大坂に滞在する最中、一〇月に兵庫沖に来航した外国艦隊の圧力により、天皇に条約勅許を奏請することを迫られた。そして、天皇がそれを許したことで（兵庫開港は中止）、攘夷国是は消滅したのである。以後、組織的な攘夷運動は見られなくなる。

しかし、このことは尊王攘夷論や、攘夷派の消滅を意味するものではない。討幕・開国論に転じた長州藩でも、指導層以外の末端藩士の多くは攘夷の考えを有していたと考えられており、のちの維新政府は、攘夷派対策に多大な力を注がなければならなかった。その一方、水戸学的な尊王攘夷論は、内政改革と結びつく傾向にあり、かつ、開国による海外進出論に転化し易い性格を持っていた（三谷ほか二〇〇九）。そう考えると、維新政府による国内改革と開国による富国強兵・対外進出路線も、ある意味で、尊王攘夷論の延長線上にあったと考えることもできるのである。

さらに詳しく知るための参考文献

＊次に挙げるのは、大学生や、信頼できる史実を知りたい方々に薦めるものである。
三谷博『ペリー来航』（吉川弘文館、二〇〇三）……ペリー来航前後の外交史を中心に述べたもので、現在の研究水準を示す。なお、著者は『大人のための近現代史　19世紀編』（東京大学出版会、二〇〇九）も分担で執筆しており、特に第12章は、攘夷論の性格を理解するのに役に立つ。

藤田覚『幕末の天皇』（講談社学術文庫、二〇一三）……一九九四年に刊行された選書を文庫化したもの。天皇はペリー来航で突然政治的に浮上するのではなく、それ以前から着々と準備を整えていたという内容は、江戸時代の天皇のイメージを塗り替えた。幕末史を学ぶ前提を理解するために重要な書。

井上勲『王政復古――慶応三年十二月九日の政変』（中公新書、一九九一）……慶応三年の政局が中心だが、ペリー来航から始まる前史も含め、幕末期の事件や概念、人物について独自の方法で丹念に論じている。もはや古典的な名著になりつつある。

家近良樹『江戸幕府崩壊――孝明天皇と「一会桑」』（講談社学術文庫、二〇一四）……二〇〇二年に出版された新書のタイトルを変えて文庫化したもの。孝明天皇と「一会桑」（一橋慶喜・会津・桑名）を主軸にした幕末史であり、現在の幕末史研究の水準を知るための入門書としても薦めたい。

＊以下は、史学科の学生や、より専門的な研究に触れてみたい方々にお薦めする。
原口清『幕末中央政局の動向　原口清著作集1』／同『王政復古への道　原口清著作集2』（ともに岩田書院、二〇〇七）……現在の幕末史研究の基礎を形づくったもので、本講の叙述に際しても参考にしている部分は多い。特に、前者に収録された「文久三年八月十八日政変に関する一考察」は、孝明天皇や朝廷に関する研究に多大な影響を与え、史料解釈や人物を研究する際、留意すべき点を多々教えてくれる。また、後者に収録された孝明天皇の死因に関する論考も、医学的観点も導入したスリリングな実証により毒殺説を明確に否

定したもので、学界に大きな影響を与えた。

高橋秀直『幕末維新の政治と天皇』(吉川弘文館、二〇〇七)……原口清氏の研究と並び、実証レベルの高い幕末史研究である。特に「討幕の密勅」や「王政復古クーデター」などの分析は圧巻で、その緻密さと考察の奥深さにおいて秀でている。また、公平な観点からの先行研究批判の姿勢は、若い大学院生などに是非学んでほしい。

尾藤正英『日本の国家主義——「国体」思想の形成』(岩波書店、二〇一四)……近世の思想史を中心とした論文集。初出が六〇~七〇年代のものを含むが、古さを感じさせない。特に、水戸学、尊王攘夷思想、皇国史観を扱う三つの論文は幕末政治史を研究するうえで押さえておきたい内容である。

第2講
幕末雄藩と公議政体論
——「公議」の運動からみる幕末政治

池田勇太

†「公議」の思想

明治国家の建国理念として知られる「五箇条の誓文」は、明治天皇が一八六八（慶応四・明治元）年三月、群臣を率いて天神地祇の前で誓った新政府の政治方針であり、殊《こと》にその第一条「広く会議を興し、万機公論に決すべし」は、近代日本の民主化を語るさいに繰り返し言及されてきた象徴的な言葉である。この、広く人々の意見を聞いたうえで正しい意見に基づいて政治を行おうという考えは、幕末における「公議」の思想に淵源している。幕末政治の、特に徳川幕府が天下の信望を失って自ら幕を引くに至る最後の数年間の政局には、この「公議」の思想がはたらいていたことが近年注目されている。

ここで「公議」の思想と呼んでいるものは、幕末政治において、「公議」「公論」「衆議」「輿《よ》論《ろん》」、あるいは組み合わせて「輿議公論《よぎこうろん》」などの言葉として登場してくるもので、「公共」のように類似した表現もある。これらはしばしば日本全体に関わる政治について、当局者以外の意見を聞くべきだという主張を正当化する言葉として用いられた。それは、徳川時代の国政が基本的には譜代大名・旗本という徳川家の直臣に独占されていたためで、一般の武士たちはもちろん、大大名であっても外様の諸侯（たとえば毛利家や島津家）や親藩（たとえば水戸徳川家や越前松平家）は、国政に与《あずか》ることができなかったからである。幕末に西洋列強による対外危機が到来したとき、国を憂える有志の大名たちは従来の慣例を破って国政への関与を開始した。また諸侯たちの後ろには、天下国家を自らの課題と考える志士たちがおり、彼らは自分たちの望む政治のあり方を「天下の公論」や「衆議」と称して政治運動を行った。身分を超えて上下の意思を通じる「言路洞開《げんろどうかい》」が時代の合言葉となり、能力のある者を政治に関与させる「人才登用」が唱えられた。日本における民主化の運動はこのように、対外危機を前にしたナショナリズムの運動として始まったのである。

挙国一致の運動が実現するためには、幕府政治が徳川の覇権を維持するためのものから転換しなければならない。文久（一八六一〜六四）の幕政改革を主導した松平春嶽《しゅんがく》は、一八六二（文久二）年、政事総裁職就任にあたって、これまでの幕政は朝廷を度外に置き、諸侯を軽んじ、私意を以《もっ》て政治を行ってきたと批判した。そして、今後は朝廷を尊奉して天皇と将軍の「君臣の大義」を明らかにし、諸侯へも議を下し、幕府の「私」を除去して、「天下公共の道理」に基づいた政治をしなければならない、と主張したという（『松平春嶽全集』二、原書房、一九七三、七二～七三頁）。これは、幕府のもとであり得た挙国一致体制の姿を想像させる。将軍の天皇への臣従は、この年から翌一八六三年にかけて実現した。また、この文久期に行われた幕政改革では、諸侯に対し幕政への意見上申を奨励しており、もしもこれに加えて大大名の国政参加が実現していたならば、あるいは徳川の体制はいましばらくの余命を保ち得たかもしれない。

なお、春嶽が徳川の覇政を「私」として批判し、為政者の道徳的態度と結びつけて政治参加の拡大を論じたように、「公議」は道徳的な正邪の観念と結びついており、「条理」や「正義」という言葉とも通じる性格を持っていた。それは朱子学的な公私の観念で、「公」は天理に連なり「私」は人欲に通ずる。したがって、「公議」の運動はそれを拒む者を「正義」に反する存在とみなす傾向があったことも、留意しておくべきだろう。それは行き着くところ、薩摩の考える「条理」に反する行動をとり続けた徳川慶喜が、「列藩の公議を退け、蔽非遂邪《ひをおおいじやをとぐる》の御趣意」を増長させたとして、ついに討幕の対象とされるような事態をも招来したのである（『大久保利通文書』二、マツノ書店、二〇〇五、一六頁）。

†参予会議の失敗

一八六三（文久三）年八月一八日の政変は、京都の政界から急進的な尊王攘夷派を追放し、嵐のごとき攘夷戦争・王政復古の運動は沈静化した。尊王攘夷派の後ろ盾であった長州は京都政界から締め出され、その後は長州の処分が政治問題となる。ここで改めて公武の合体が模索されることになり、そのさい、有志大名の「公議」を制度化しようとする試みが、薩摩を中心に進められた（三谷一九九七）。

一〇月に上京してきた島津久光（薩摩）は、一橋慶喜や、当時「名賢侯」「賢明諸侯」などと称された松平春嶽（越前）・伊達《だて》宗城《むねなり》（宇和島）・山内容堂《ようどう》（土佐）ら旧一橋派大名にも上京を促し、連携して彼らの合議を組み込んだ朝幕一致の政権を創り出そうとした。同年の末から一月にかけて、一橋、薩越宇土の四侯と、会津の松平容保《かたもり》が朝廷より任じられた朝議参予職の設置が、その第一歩である（会津は辞退）。参予は、天皇の簾前《れんぜん》で開かれる国事の審議に加わる資格を与えられ、また朝廷からの下問に答えるなど、朝廷の国事審議に強い影響を与え得る職だった。幕府が朝廷に臣従するかたちで朝幕結合がなされれば、彼ら雄藩の「公議」が取り入れられた公武合体体制が構築されることになるだろう。

一八六四（文久四・元治元）年一月、将軍徳川家茂《いえもち》が上洛すると、二一日・二七日の二度にわたり天皇から将軍へ宸翰《しんかん》が下された。そこには将軍に父子のごとき親しみを求めて公武の結合を強めるとともに、「無謀の征夷」を否定するなど、前年の将軍上洛時に比べて格段に親幕府的な言葉が述べられていた。しかしこれに加えて、この宸翰には参予諸侯とともに国事を謀るべきことが指示されていたのである（『孝明天皇紀』五、平安神宮、一九六九、二〇〜二一、二六〜二七頁）。それは一八六二年の将軍後見職・政事総裁職に続く、幕府最高人事への介入だった。幕政に有志大名を加えるという薩摩の構想が、天皇の言葉によって要望されたのである。さらに朝廷は参予諸侯が幕府の御用部屋へ出入りすることも要求し、幕閣はこれを受け容れざるを得なかった。

しかし、このような朝廷の権威を利用した露骨な政権割り込みが、幕閣の反感を買わないはずがない。当初参予諸侯と協力し改革に前向きだった一橋慶喜は、将軍上洛以後態度を変え、ついには参予会議を解体に追い込んでいった。朝廷のもと、有志大名と幕府との間に立って新たな政治体制を構築することを期待された慶喜であったが、将軍や幕閣と対立する道を、彼は選ばなかった。また、一月二一日・二七日の宸翰が、薩摩の提出した草案によるものであるという情報が耳に入ったことが、その態度を硬化させたとも推測されている。薩摩の野心への警戒は、幕府が「私」を除去することを妨げる一因であった。

二月、早くも参予会議は対外問題をめぐって分裂する。慶喜は既定路線となっていた横浜鎖港を主張し、越前・薩摩はこれを不可として争ったが、攘夷を望む朝廷は幕府の主張する横浜鎖港に期待した。また改革を求める薩摩・越前に対し慶喜は冷淡な態度をとり、三月には失望した参予諸侯が辞任して、朝議参予の制度は廃止されるに至った。大久保利通は、「当時（現在）内外切迫の秋《とき》に至り、名賢侯と共にせずして、何を以《もつて》天下の制御出来可申《できもうすべき》や」と慨嘆している（『大久保利通文書』一、二〇八頁）。

朝幕結合に有志大名を組み込んだ挙国一致体制創出の試みは、ここに頓挫した。幕府は雄藩の政治介入を排し、四月には朝廷より大政委任を取り付けることに成功したものの、逆に雄藩の離心を自ら招くことになったのである。

†第一次長州出兵と「御威光」

朝廷より委任を得た将軍が関東へ戻ったあとの京都では、禁裏守衛総督となった一橋慶喜と、京都守護職の松平容保、京都所司代の松平定敬《さだあき》（桑名）が幕府側を代表し（一会桑《いちかいそう》と呼ばれる）、孝明天皇の信任を背景に、尹宮《いんのみや》（中川宮朝彦《あさひこ》親王）・二条斉敬《なりゆき》関白とともに京都政治の中枢を担った。大政委任を得たとはいえ、すでに江戸の将軍には京都を差し置いて挙国体制を構築する求心力はなかったため、関東と京都との一致をより強固にしなければ、再び政局の不安定化を招く危険性が高かった。そうしたなか、七月の禁門の変による長州の敗退——それによる攘夷派復権の可能性の消滅――と、続く第一次長州出兵は、幕府の諸大名への統率力を回復する千載一遇の好機をもたらした。もしもここで将軍が速やかに西上して勅命のもと諸大名を指揮していたならば、朝幕一致体制は強固なものとなって、幕府の威光を取り戻せたかもしれない。だが、将軍は進発しなかった。

この時期、江戸では文久改革を担った吏僚たちが退けられ、幕府全盛時代への復古を夢見る復古派が幕閣を占めるようになっていた(久住二〇〇五)。復古派勢力は幕府内の言路をふさぎ、幕府権威の象徴である服制や参勤交代制を文久以前に戻す政策をとるなど、文久改革を否定する路線をとった。彼らが将軍の進発を実施しなかったのには、大奥の反対や、上京によって朝廷への隷従を強要されることへの反発、財政的困窮など複数の理由が推測されているが、大局的に見てこれが幕府にとって決定的な判断の誤りであったことは確かである。将軍進発がなされなかった結果、第一次長州出兵では兵戈《へいか》を交えることなく、征長総督徳川慶勝《よしかつ》(尾張)のもと速やかな解兵が行われ、長州への寛大な処分を求める上申が出された。

なお、第一次長州出兵では、西郷隆盛が幕府軍艦奉行の勝海舟と会談したことで「共和政治」の目標を持つようになり、早期の解兵による征長の収束を図ったことがしばしば強調されるが、勝の影響を受けた「共和政治」の構想(後述)と征長の方針との間には直接的な関係がなかったことが、近年の研究で明らかにされている(久住二〇〇五)。

さて、征長軍の解兵後は、長州の処置が課題となった。京都では有力諸侯が合議するという案も出たが、再び諸侯の政治介入となりかねないため、会津は必死にこれを防いで将軍の上洛を求める。ところが江戸では、京都の政治情勢が理解されていなかった。幕府の威光を回復しようとする幕閣は朝廷に取り入る一橋慶喜や会津を疑い、彼らの将軍宛ての直書も握りつぶしていた。幕府は長州藩主父子と三条実美《さねとみ》ら五卿の江戸護送を命じたばかりでなく（征長総督府の降伏条件を事実上否定する行為である）、将軍上洛の取り消しや慶喜の江戸引き戻しを企図して老中阿部正外《まさと》と本荘宗秀が率兵上洛し、激怒した二条関白から激しく叱責を受けるという失敗までおかしている。ここにおいて朝廷では、薩摩の意見にもとづき、将軍の上洛を命ずるとともに、参勤交代制の文久二年令への差し戻しや、長州藩主父子・五卿の江戸召致保留などを盛り込んだ御沙汰書を示すに至った。だがこれに将軍が従えば、幕府の権威はまたも大きく損なわれてしまうだろう。

驚くべきことに、江戸の幕閣は長州再征を掲げ、それへの将軍進発を打ち出すことで、「御威光」を保つ挙に出た（久住二〇〇五）。長州再征という新たな政治局面を開くことで、京都からの度重なる呼び出しに応ずる姿とならずに将軍の西上を実現でき、参勤制見直しの問題も、懸案であった横浜鎖港の実施も、長州処置を理由に棚上げすることができる。起死回生の一手だった。しかし、それは幕府の威光を守るために軍事発動を利用する行為にほかならない。第二次長州征伐の名義が曖昧だと批判されたのは、こうした為にする出兵のせいでもあっただろう。徳川家茂は長州藩主父子が召致に応じないことを理由に江戸を発し、一八六五（元治二・慶応元）年閏五月、大坂城に征長の陣を布《し》いた。大久保利通が邪推しているように、将軍が進発すれば諸藩は響応して、姫路まで進まずとも毛利父子を虜《とりこ》にできるという見込みだったのかもしれない（『大久保利通文書』一、二九七頁）。しかし九州・四国の諸藩は鳴りを静めて動かなかった。幕府の掲げた征長の名義も将軍の威光も、西国諸藩を動かすには至らなかったのである。

†第二次長州出兵——「衆議」と「条理」

「公議」の運動に話を戻そう。第一次長州出兵のさい勝海舟から西郷隆盛が聞いた「共和政治」の論というのは、外国との条約を「明賢の諸侯」四・五人が会盟して結びなおすというものだった。西郷はこの意見に快哉《かいさい》を叫んだようだが、ともに話を聞いていた吉井友実《ともざね》によると、その席では勝と幕臣の大久保一翁《いちおう》、肥後の横井小楠《しょうなん》の説として、「天下の人才を挙《あげ》て公議会を設け、諸生といへども其《その》会に可出願《でるべきねがい》の者はサツ〳〵と出し、公論を以《もつて》国是を定むべしとの議」を勝が論じたようである。西洋に倣《なら》った議会制度の構想である。吉井はいまこのほかに挽回の道はないと大久保利通に伝えている（『大久保利通関係文書』五、吉川弘文館、一九七一、三四二頁）。

こうした公議会の構想は、西洋の立憲政治に関する情報に接することができた幕府の洋学者のうちで早くから抱懐されていたが、当時、加藤弘之が書いた『鄰艸《となりもぐさ》』(一八六一年一二月)が清国の改革に事寄せて書かれていたように、幕政批判につながる公議論は、容易に主張できるものではなかった。大久保一翁は幕府にあって、大小の公議会を開き天下とともに天下を治めること

大久保一翁（福井市立郷土歴史博物館蔵）

を主張する例外的存在であった。越前や薩摩、肥後の横井らが大久保・勝の登用を望んでいたのは、彼らが人物だったというだけでなく、それによって挙国一致体制実現への道筋が開けると期待したためである。

しかし、政治闘争のうえでは、旧一橋派は一会桑に敗北を続ける。長州再征については、尾張・越前・藤堂が反対の建言を行っており、かつ幕府が長州再征についての勅許を奏請したおりには諸藩の公論をとるべきとの意見が尹宮より出されたが、一会桑は職を賭してこれを拒否した。薩摩は、大久保利通が尹宮・二条関白に入説《にゆうぜい》して、「幕の私闘」に朝廷が与《くみ》することの否を説いたものの、ついに勅許されてしまう。また一〇月には、兵庫沖に現れて圧力をかける

英米仏蘭の連合艦隊を背景に、一橋慶喜は条約の勅許を奏請した。この問題でも、薩摩は「有名侯伯」を召して「天下の公議」により決することを主張したが、慶喜は在京の諸藩に諮《はか》って賛同を得、勅許の獲得に成功した。薩摩や越前ら旧一橋派の主張する「公議」に対し、将軍家に味方する諸大名の「衆議」を以て対抗したのである（三谷博二〇一七）。薩摩はこうした宮廷政治での敗北を重ねていくなかで、朝廷・幕府の「条理」に反する行為に憤りを蓄積していくことになる。そしてこの前後から、長州と急接近していくのである。

一方、幕府では条約勅許以後復古派が斥けられ、文久改革にも携わった幕閣が復活していったが、それでも「御威光」を棄てて野心ある雄藩に「公議」を許すことはできなかった。一二月、大坂に呼ばれた大久保一翁は幕閣に対し、「今日は幕府の威光を立てんとせらるればいよ〳〵威光を損じ、威光を棄てゝ公議を採らるれば却《かえつ》て威光は立つべし」と述べ、「御威光を立るなどの小事よりも、速《すみやか》に長防の件を結了して大政革新の挙に及び、国家百年の大計を立らるゝが今日の急務なるべし」と論じた。しかし、「天下の公論を以て百般の政務を革新せらるべきなり」と主張する大久保に対して、老中板倉勝静《かつきよ》は「公議を採る事は他日必ず弊あるべし」と言って了解しなかったという（『続再夢紀事』第五、日本史籍協会、一九二八、一六〜二〇頁）。また同じ頃、越前の家臣中根雪江が老中小笠原長行《ながみち》に面会して長州再征につき意見を述べたところ、小笠原は次のように答えている。

（略）已《すで》に其方《そのほう》も申せる如く、今日は条理に基《もとづ》かざれば行はれがたく、さて其条理は唯《ただ》一筋の外あらざる筈なれど、多人数相集りて各《おのおの》其条理とする所を陳《の》ぶれば其条理は幾筋もありて甚《はなはだ》紛らはしく、今日幕府の執《とっ》て条理とせらるゝ所も真の条理とは定めがたかるべけれど、諸藩の申立る所が悉《ことごと》く真の条理にもあらざるべし。兎角《とかく》真の条理を見出すに困《くる》しむなりと強弁せられたりき。（『続再夢紀事』第五、一四〜一五頁）

中根は「強弁」と批判しているが、小笠原の言い分に理がないわけではない。仮に「衆議」をとっても、それぞれが異なる「条理」を主張すれば、政治の場では「真の条理」の判定など容易にできることではないだろう。ただし問題は、幕府が諸大名のなかでも賢明の誉《ほま》れ高かった有名諸侯の「公議」を容れる公平さを示せず、かつ多くの反対意見があったにもかかわらず、既成事実の積み重ねをまえに引き返すことができなかったことである。

†徳川覇権政治からの脱却

一八六六（慶応二）年六月、第二次長州戦争の火蓋が切られた。この戦争の過程で、九州小倉口では、先陣を願い出たはずの肥後軍が離陣するという事態が起こっている。肥後はそれまで会津とともに京都の幕府方を支えてきた存在であったが、藩内で方針が転換し、一会桑と一体になって働いてきた上田久兵衛を国許《くにもと》に戻して、征長に消極的な姿勢をとるようになってい た。小倉口に出陣した肥後軍を率いた家老の長岡監物は、横井小楠の党である。彼らは、「幕府御一府の御政道」ではなく、「天下の賢才を挙《あげ》、天下の公論を用《もちい》、天下の人情を得て、天下と共に天下を治」める「公」なる態度を幕府に求めていた。そして、もし幕府が諫言を聴き入れず征長を進めるならば、「乍恐《おそれながら》御奉公も先是限《まずこれかぎり》」だと述べるほど、幕政の「私」を憂えていた(『改訂肥後藩国事史料』六、国書刊行会、一九七三、五一六~五一七頁)。

七月、小倉へ出た長岡は、老中小笠原長行に献策して、諸侯に親疎をつけることなく、大坂において集会を開き、人材を登用して、「公共の道」によるべきことを述べた。しかし、これに対し小笠原はひどく憤怒し、「子供の申事《もうしごと》の様成儀《ようなるぎ》」を言うなと叱りつけたのである(同、七六三頁)。肥後軍は七月二七日に長州軍との間に一戦を交えて勝利を収めたのち、他藩の応援がないと見ると、数日と経たずに撤兵を開始した。当時、小倉口における戦力の大多数は肥後軍だったため、幕府方は総崩れとなり、七月三〇日には小笠原長行が陣営を脱出、翌八月一日、小倉藩は自ら城に火を放って小倉城下を退いた。九州軍の敗退を知った徳川慶喜は、将軍家茂の死去もあって、停戦に踏み切ることになる。肥後の行動は、幕府が諸藩の信を失った象徴的な出来事と言えるだろう。そしてそこに脈打っていたのは、徳川の覇権的態度を「私」として否定する「公議」の思想だった。

一八六七（慶応三）年における公議政体論は、すでに朝幕体制を支えるものではなく、幕府制度の先に展望される政治体制の構想という性格を帯びる。ここで主導権をとったのは土佐である。後藤象二郎《しょうじろう》はイギリス議会制度を模して上下二院制の議事院を設立する論を京都の政界に持ち込んだ。上下二院制という発想自体は文久期以来松平春嶽や大久保一翁、横井小楠らが構想してきたものであり、その発想が坂本龍馬を介して後藤に伝わったと考えられているが、幕府に替わる新たな政治体制の基軸として、大政奉還論と合わせて政治日程に載せたのは後藤である。

六月、京都において薩摩と土佐は盟約を結び、将軍職を廃して政権を朝廷に帰《き》し、朝廷のもと上下の議事院を置いて「諸侯会議、人民共和」の体制を構築することを約した（『大久保利通文書』一、四八〇〜四八四頁）。薩摩は同時期、長州と結んで王政復古を実現する道に踏み入っていたが、武力を背景に幕府を廃するにしても、十分な名義と将来構想が必要であり、それを提供したのは土佐だった。

攘夷や長州処分の問題に一応の片が付いた幕末政治の最終段階において、「公議」の実現は依然重要な政治課題であり、それは当時盛んに唱えられた「一新」の事業に加えられるべきものと考えられていた。明治政府がその成立直後から議会制度をはじめ「公議」の実現に取り組むのは、こうした幕末の「公議」運動が新しい時代を生んだからである。

さらに詳しく知るための参考文献

三谷博『維新史再考』（NHKブックス、二〇一七）……最新の研究成果を反映した明治維新史の概説書。マクロな世界史的視野とミクロな政治過程分析が融合し、歴史のダイナミズムを楽しめる一冊である。本章の参予会議に関する政治過程の叙述や「公議」に関する議論は同著者の『明治維新とナショナリズム』（山川出版社、一九九七）所収論文「「公議」制度化の試み」に負うところが大きい。

久住真也『長州戦争と徳川将軍』（岩田書院、二〇〇五）……一八六四～一八六六年の政治史を綿密に描いた研究書。丁寧な史料分析が端正な文章で表現されている好著であり、本章第一次長州出兵の叙述は多くをこの本に依拠している。

原口清『原口清著作集1　幕末中央政局の動向』・『原口清著作集2　王政復古への道』（岩田書院、二〇〇七）……緻密な史料分析と明晰な論理構築に基づき書かれた幕末政治史研究の論文集。幕末政治史を専門的に学習したい人には一読を薦める。

佐々木克『幕末史』（ちくま新書、二〇一四）……長年にわたり明治維新史研究を牽引してきた著者による明治維新史の入門書。その名の通り幕末の政治過程に詳しい。

第3講

王政復古と維新政府——せめぎあう維新官僚と諸藩

友田昌宏

†武力討幕か、大政奉還か

天皇のもとに幕府と諸藩の合議で国政が運営されるという公議政体の実現は、幕末期の薩摩藩が一貫して目指したところであった。その薩摩藩の行く手をことごとくはばんだのが、御三卿一橋徳川家の当主で禁裏守衛総督兼摂海防御指揮の徳川慶喜《よしのぶ》、会津藩主で京都守護職の松平容保《かたもり》、桑名藩主で京都所司代の松平定敬《さだあき》の三者（一会桑《いちかいそう》）であった。彼らは孝明天皇、関白二条斉敬《なりゆき》、国事御用掛朝彦親王と結ぶことで、朝廷から幕府支持を取り付け、薩摩藩の国政への介入を阻止したのである。やがて、薩摩藩は「朝敵」長州藩と結び（薩長同盟）、幕府への対決姿勢を強めていく。

薩摩藩に好機が到来したのは慶応二（一八六六～七）年のことであった。この年の九月二日、幕府と長州藩とのあいだで交わされた戦争（長州戦争、四境《しきょう》戦争）は、事実上の幕府の敗北というかたちで幕を下ろし、さらに一二月二五日、一会桑の最大の支持者であった孝明天皇が崩御する。翌三年の四月から五月にかけて、薩摩藩の呼びかけにより、島津久光（薩摩藩国父）・松平慶永《よしなが》（前越前藩主）・山内豊信《とよしげ》（前土佐藩主）・伊達宗城《むねなり》（前宇和島藩主）の四侯が陸続と京都に入り、幕府とのあいだで、長州処分問題と兵庫開港問題を議題とする会議（四侯会議）が開かれた。しかし、新たに将軍に就任した慶喜は、四侯の意向を無視して、朝廷に兵庫開港勅許を奏請、会議は物別れに終わった。前途に絶望した薩摩藩はここに武力によって幕府を倒し、公議政体を実現させる方向に大きく舵を切る。

薩摩藩の西郷隆盛・大久保利通《としみち》・小松帯刀《たてわき》らが長州藩や公家の岩倉具視（罪を得て謹慎中）・中御門《なかみかど》経之《つねゆき》・正親町《おおぎまち》三条実愛《さねなる》らと武力討幕への道を模索するなか、六月一三日に京都に流星の如く姿を現したのが、土佐藩参政の後藤象二郎である。後藤は、幕府に大政奉還を建言し、それによって平和裡に公議政体を樹立することを目指した。そして、西郷・大久保・小松に賛同を求める。西郷らはこれに応諾。六月二二日、薩摩藩は土佐藩と盟約を結んだ（薩土盟約）。武力を行使するか否かという方途の違いがありつつも、両者のあいだに盟約が成立しえたのは、何よりも目指すべき政権構想が一致したからである。また、西郷・大久保らには大政奉還を武力討幕のために利用する向きがあった。この時点では、たとえ土佐藩が慶喜に大政奉還を進言したとしても、慶喜がそれを受け容れる可能性はきわめて低いとみられた。慶喜が拒絶すれば、武力討幕の名目は立つ。これこそが西郷・大久保らの狙いである。加えて、後藤も慶喜が大政奉還を受け容れなければ武力に訴えるはやむなしと考えていた。

†大政奉還、そして王政復古へ

しかし、武力討幕派の案に相違して、後藤ら公議政体派の運動は功を奏し、慶応三（一八六七）年一〇月一四日、慶喜は山内豊信の建言を容れて朝廷に大政奉還を上表、翌日、勅許された。おりしも、一三、一四日には、中山忠能《ただやす》・正親町三条実愛・中御門経之の三卿の工作により、薩長両藩主に討幕の密勅が下されたところであった。かつて武力討幕は大政奉還によって阻止されたとする説が有力であったが、現在は否定されている。慶喜の上表以前に薩長両藩が上方への派兵を中止したことが明らかになった時点で、西郷・大久保らは即時挙兵を断念しており、討幕の密勅は将来の挙兵に向けて薩長国許の議論を武力討幕に繋ぎおくために出されたものであった。さらに、一三日に二条城に召された小松帯刀は大政奉還上表を慶喜に強く求めている。一四日に慶喜が朝廷に提出した大政奉還の上表文についても、幕府の失政を謝する文言が含まれている点で武力討幕派にとって評価さるべきものであった。

しかし、彼らのなかで、なおも慶喜への疑念は払拭されず、武力行使という選択肢は依然生きていた。新しい政権に慶喜を加えるにしても、それは彼が十分に謝罪の実を示したうえでのことである。一方、後藤ら公議政体派は慶喜の決断を手放しで評価し、彼を無条件で新政権に加えることに何ら疑問を持たなかった。大政奉還をうけて朝廷は国是を決するために全国の諸侯に上京を命じたが、その多くは応じない。焦った後藤は、慶喜を含む、現在、在京中の諸侯のみをもって新政府を発足させようとしたが、西郷・大久保らは岩倉はじめ武力討幕派の公家とともに別の策を練っていた。すなわち、薩摩・土佐・越前・尾張・藝州《げいしゅう》の五藩が御所を封鎖して慶喜抜きで新政府を発足させるというクーデター案である。そのうえで、慶喜の政権参入の是非は、失政への謝罪の証として内大臣の辞職、相当の封土の返上（辞《じ》官納地《かんのうち》）を受け容れるか否かにより判断するとされた。結局、四藩はこの薩摩藩の案に同意する。

かくして、一二月九日に王政復古は断行された。前日来の朝議で長州藩や岩倉ら公家の罪が解かれると予定通り五藩の兵が御所を封鎖、総裁・議定《ぎじょう》・参与の三職からなる王政復古政府が発足し、有栖川宮を総裁として、議定以下は、討幕派の公家、五藩の藩主（前藩主・世子《せいし》）・藩士が独占した。慶喜は会津・桑名両藩兵と大坂に下り、衝突は辛くも回避された。

しかし、薩摩藩は四藩から王政復古への同意を取り付けるに際して、ある妥協を強いられた。辞官納地に関する慶喜との交渉は、尾張・越前両藩に委ねるというのがそれである。結果、納地は謝罪の意を含む返上から、政務の用途としての献上へと意味をすり替えられ、徳川家のみならず全国の諸大名にも高割で封土を朝廷に差し出させることになった。薩摩藩にとって辞官納地は謝罪の証でない以上意味がない。ここに薩摩藩は再び武力による慶喜討伐に傾斜する。だが、王政復古に参画した五藩のうち、武力行使を望むのは薩摩藩のみ、公議の尊重を新政府の基本理念とした以上、政府内輿論を圧することは薩摩藩とてできなかった。岩倉（議定）らもしだいに軟化し、尾張・越前両藩の示した条件で慶喜を議定とすることを是認するに至る。ここに、西郷・大久保（参与）らの武力行使路線は劣勢に立たされた。

戊辰戦争の勃発と維新官僚の台頭

京都近郊の鳥羽伏見に砲声がこだましたのは、そのような折のことであった。慶応四（一八六八）年正月三日、大坂から京都に向けて進軍中の旧幕府諸隊、新選組、および会津・桑名両藩兵と関門を警備する王政復古政府側の薩摩・長州・土佐藩兵とのあいだで戦端が開かれた。戊辰《ぼしん》戦争の勃発である。鳥羽伏見の戦いで政府方が旧幕府方に勝利したことにより政界の空気は一変した。それまで上京を見送っていた諸藩主は陸続と京都に馳せ参じ、政府内では劣勢に甘んじていた薩摩藩、そして慶応二年に同藩と盟約を結んだ長州藩が主導権を握った。学界では、これ以降廃藩置県までの政府を維新政府と呼んでいる。

この維新政府で実権を握ったのは、武力討幕、王政復古に尽力してきた薩長の藩士層である。

鳥羽伏見の戦いをうけて、維新政府は、徳川慶喜追討のために東海・東山・北陸各鎮撫使《ちんぶし》（のちに先鋒総督兼鎮撫使）とそれらを統括する東征大総督府を組織し、ついで、松平容保追討のため奥羽鎮撫使を仙台に派遣するが、総督である公家や宮のもとで、実質的に指揮をとったのは参謀に就いた薩長の諸藩士であった。彼らはしだいに出身藩からも超越した維新官僚へと成長を遂げ、近代国家形成の担い手としての自負を深めていく。

明治天皇御駐蹕址（京都市伏見区の淀城跡公園。慶応4年3月21日に大坂行幸を断行した明治天皇は同日ここで休憩した）

　しかし、彼らの進出をはばんだものがあった。伝統的な身分制度である。天皇をいただく維新政府の実権を握りながらも、彼らはその身分の低さゆえに天皇に会うことすらままならなかったのである。彼らは因循姑息な公家たちがはびこる京都の禁裏御所から天皇を引き出し、政治的君主に育て上げる必要があった。慶応四年正月二三日に評議にかけられた、大久保利通の大坂遷都の建白書はこういった目的から出たものである。この大久保の大坂遷都論は、最終的に政府内で合意を形成することができなかったが、それでも、慶喜追討のための親征と名目を変えて、三月二一日に大坂への行幸が断行された。大坂親征は、やがて江戸無血開城（四月一一日）後の江戸東幸、そして、翌明治二年の東京奠都《てんと》へとつながっていく。

また、薩長の維新官僚たちは、これを機に諸侯をも新政府から排除しようとしていた節がある。それは三月一四日に公布された五箇条の誓文からもうかがえる。すなわち、鳥羽伏見の戦い以前に起草された福岡孝弟《たかちか》（土佐・参与）案にあった「列侯会議ヲ興シ万機公論ニ決スベシ」が、最終案の木戸孝允《たかよし》（長州・参与）案では「広ク会議ヲ興シ万機公論ニ決スベシ」と改められたのである。実際、天皇に供奉して大坂に滞在中の松平慶永（議定）は、京都の留守を預かる大久保利通と広沢真臣《さねおみ》（長州・参与）が、内外政の実権が自分たち諸侯に帰さぬよう画策していると聞きつけ、その旨、伊達宗城（議定）に報知している（伊達宗城「御日記」慶応四年四月五日条）。

宮島誠一郎

†反薩摩の気運と奥羽諸藩

しかし、天皇のもとに権力を集中させることを急ぐ彼らは、常に政府内外からの批判にさらされた。大坂親征について言えば、それは遷都の前奏であり、権力を握ろうとする薩摩藩の謀略だとの批判が、中山忠能ら公家や肥後藩などの新政府側の諸藩からも巻き起こっている。このような反薩摩の気運に期待を寄せたのは、当時在京中であった仙台藩の菅原龍吉や米沢藩の宮島誠一郎であった。維新政府から会津追討を命じられたこれら諸藩は、会津追討を薩摩藩の私怨に発するものとみなして内心反発していたが、それが朝命である以上表だって拒絶することはできなかった。仙米両藩にとって大坂親征を契機とする反薩摩の気運の盛り上がりは、維新政府の会津征討を中止に追い込む絶好の機会と映ったのである。結局、宮島らが期待を寄せた肥後藩や肥前藩はさしたる動きをみせず、このとき人心破裂の機会は訪れなかったが、薩摩藩に対する不満は、土佐藩や肥後藩など西国諸藩のあいだに渦巻いており、形跡さえ明らかになれば、それが噴出しかねない状況は依然続いていた。

おりしも、仙米両藩の国許当局は、奥羽鎮撫総督府から会津征討の催促をうけてその対応に苦慮していたが、何とか戦争を食い止めようと、表面上、会津追討の命に従いつつも、会津藩には降伏を勧告し、同藩に対する寛典を総督府に懸け合うべく他の奥羽諸藩にも賛同を求めた。さらに、歎願が鎮撫総督府によって却下されたときには、政府の最高議決機関である太政官《だじようかん》に直接訴えるとともに、全国の諸藩にも使者を送り天下の公論によって事を決せんと計画する。すでに、西国諸藩の動向は在京藩士を通じて両藩の国許当局にも伝わっており、彼らには総督府の歎願却下を想定したうえで、西国諸藩の決起に期待するところがあった。かくして、奥羽諸藩の代表が仙台藩領の白石《しろいし》に集まり会津謝罪歎願書に署名、それは慶応四（一八六八）年閏四月一二日に仙米両藩主から奥羽鎮撫総督九条道孝《みちたか》に呈出された。

だが、歎願は却下され、激昂した仙台藩士は、一九日、福島で総督府下参謀の世良修蔵（長州）を暗殺する。その後、奥羽列藩同盟は北越諸藩をも引き入れて奥羽越列藩同盟に発展し、当初の会津藩の救解を目的とする同盟から、会津藩に与して新政府と交戦する軍事同盟へと変貌を遂げた。米沢藩士雲井龍雄が京都から帰還したのはそのようなときであった。彼は藩命により同盟軍と政府軍との戦争のさなかにあった越後に赴き、加茂（現・新潟県加茂市）にて薩摩藩の罪状を列挙した「討薩之檄」を起草、同盟軍の結束を固めるとともに、これを越後に出征中の長州藩奇兵隊参謀時山直八《なおはち》にも送り呼応を求める。維新政府の中核をなす薩長両藩のあいだには早くも対立が萌しており、それに乗じて薩長の離間、維新政府の分裂を謀ったのであった。

だが、こうした画策も列藩同盟の軍事的敗北によって潰えてしまう。明治元年（九月八日、慶応から明治と改元）九月二二日の庄内藩の降伏をもって列藩同盟は瓦解、翌明治二年五月一七日に箱館五稜郭に籠る旧幕臣榎本武揚らが降伏することで戊辰戦争は終結した。

†集権化の苦悩

天皇の権威を拠り所に独自の軍隊を持たぬまま発足した維新政府が、戦争を遂行していくには、諸藩の軍事力に依存するほかなかった。しかし、戦争の過程で諸藩の存在は早くも維新政府の足枷になりつつあった。政府軍を構成する諸藩の兵制は、英式・仏式とまちまちで、指揮官が号令を下しても貫徹せず、混乱を来すことしばしばだったのである。また、諸藩は藩札の増刷と贋金の鋳造により戦費を捻出し、それが貿易市場に流れたために国際問題に発展、維新政府は諸外国の抗議に直面した。かかる事態を打開するため、維新官僚たちは、諸侯が土地と人民を天皇に返還する版籍奉還《はんせきほうかん》を喫緊の政策課題とした。王土王民の名の下に諸藩を統制し、その施政を直轄地である府県と均一化しようというのである。

かくして、明治二(一八六九)年正月二〇日、薩長土肥四藩主は、その臣下たる維新官僚に促されて版籍奉還を上表する。諸藩も四藩にならい、次々と版籍奉還を上表した。天皇はこれを嘉納し、その結果、六月一七日に版籍奉還は断行される。版籍奉還によって全国の藩主は知《ち》藩事《はんじ》となり、それ以下の大少参事とともに維新政府の地方官に位置づけられた。知藩事と大少参事に就いた元重臣とは官の上下はあってももはや君と臣ではない。すなわち、藩主と藩士の主従関係は版籍奉還によって制度的に否定されたのである。その後、維新政府は、「諸務変革」を発し、諸藩に改革を指令、しだいに藩政への介入を強めていく。また、版籍奉還に先だち、諸藩に対して石高相応の金札を貸し付け、同額の正金を差し出すよう命じた。一方で、軍事力については、依然諸藩からの徴兵に頼らねばならず、財源も府県からの徴税に限られていた。

版籍奉還後、「職員令」が発せられ、官制改革が断行された。このとき設立された大蔵省には、大隈重信（肥前・大蔵大輔《たいふ》）・伊藤博文（長州・同少輔《しょうゆう》）・井上馨《かおる》（長州・同大丞《たいじょう》）といった少壮官僚が結集した。外交畑にあった大隈らは諸外国への対抗意識から近代化に急であり、その経費を確保することを至上命題とした。ここに、民政を管轄する民部省《みんぶしょう》を大蔵省に併合する案が彼らから提起される。結局、両省の合併は、それぞれの省を残したまま、民部卿の松平慶永が大蔵卿を兼ねるといったようにポストを兼任するかたちで、明治二年八月一一日に実施された。

政府の少壮官僚たち。前列左から伊藤博文、大隈重信、井上馨（憲政記念館蔵）

強大な権限を掌中にした民部・大蔵省は、諸藩に対して外国との直接貿易、藩札の増刷を禁じ、藩債の整理を求めた。その一方で、府県には徴税の強化を命じている。だが、明治二年は東北を中心に全国的な大凶作。徴税の強化は自ずと農民騒擾《そうじょう》を多発させる。地方官たちは農民の反発に直面して減租の実施を訴えるが、民部・大蔵省はこれらの歎願をことごとく却下した。地方官の民部・大蔵省に対する反発もまた高まっていく。このような事態を前に、政府内では大久保利通や広沢真臣《さねおみ》（いずれも参議）が民蔵分離を主張するに至る。その結果、明治三（一八七〇）年七月一〇日に民部・大蔵両省の合併は解かれたのであった。

民蔵分離は、府県のみに財源を依存する近代化政策の限界を物語っていた。このとき、全般的廃藩が維新官僚の視野に入りはじめる。だが、他ならぬ鹿児島（薩摩）・山口（長州）・高知（土佐）という維新の三大功藩が彼らの前に大きく立ちはだかった。明治二年一〇月以降、政府では諸藩から寄せられた改革書をもとに、新たな改革指令「藩制」の検討が続けられ、その末にできあがった原案は、明治三年五月、集議院《しゅうぎいん》の協議に付された。集議院は諸藩の大少参事を議員とする新政府の議事機関である。諮問は以後数度にわたったが、とくに、藩高の一〇分の一を知事の家禄とし、残り五分の一を海陸軍費に引き分け、五分の四で政庁の諸経費、藩士の家禄を賄うという条項には、維新政府の規制を嫌う三藩から強い反発が起こり、鹿児島藩の伊《い》地知正治《じちまさはる》にいたってはほとんど会議をボイコットしている。

維新政府は改革を断行するために諸藩への強制力を必要とした。大久保はその強制力をあえて三藩に求めた。すなわち、三藩から親兵を徴しようというのである。この案は木戸の反対にあいつつも、結局、政府内で合意をみる。かくして、大納言の岩倉具視が勅使として鹿児島・

山口に派遣され、両藩知事に藩兵の上京を要求、明治四年に入り陸続と三藩の藩兵が入京を果たした。また、鹿児島藩士に絶大な影響力を有する同藩大参事の西郷隆盛も政府に復帰し、西郷・木戸を参議とする人事の改変が行われている。

†諸藩の自発的廃藩・改革運動

一方、戊辰戦争による莫大な出費、その後の政府からの厳しい藩債・藩札整理の督促は、諸藩の財政をさらに窮乏化させ、明治三年以降、中小藩や「朝敵」藩を中心に廃藩を願い出る藩が相ついだ。戊辰戦争の処分で白石に転封《てんぽう》となった盛岡藩は、七〇万両の献金でもって旧領への復帰を許されたが、大半を調達できぬまま、政府の督促の前に廃藩を余儀なくされる。明治三(一八七〇)年五月に同藩知事南部利恭《としゆき》が免職を願い出た際、政府は廃藩が財政破綻のゆえでなくあくまで皇国の前途を思ってのことである旨、上表に記すよう求めている。

以上のように財政の窮乏化が諸藩に自発的廃藩を促したことは古くから指摘されていたところだが、現在ではこういった自発的廃藩の動きをより積極的に捉え、維新政府に廃藩置県を促した要因として位置づけようとする見方が有力である。明治三年には、徳島(阿波)・鳥取(因幡)・熊本(肥後)・名古屋(尾張)などといった有力藩の知事からも辞職願が出されているが、そこには皇国のためという先の政府の論理を逆手に取って、率先して廃藩を願い出ることにより、政権に参入し薩長に対抗しようとの意図があった。

また、高知藩は明治三年末頃から「四民平均」を掲げた改革に着手している。それは「藩制」を凌ぐ急進的な改革で、廃藩をも視野に入れたものであった。高知藩で実施された禄券法《ろくけんほう》は、士族に家禄に代わる禄券を数年分給付してこれを産業資本にあてさせ、数年後に藩が買い上げるという施策である。家禄廃止を見据えた改革であるが、兵役は四民が一律に負うべき義務で、そうである以上、兵役の対価として士族に支給されている家禄は廃止せねばならないとの理念に発していた。高知藩にも薩長への対抗意識があったことは言うまでもない。

この高知藩の改革は全国の諸藩で改革のモデルとされた。そして、明治四年に入ると、高知藩大参事板垣退助を中心にこれら諸藩の改革派が結集する動きがみられるに至った。米沢藩の宮島誠一郎の呼びかけで、高知・熊本・徳島・彦根・福井（越前）・米沢藩の大少参事が会合の機会をもったのは四月一四日のこと。以後、熊本藩を除く五藩のあいだで改革につき論じあう会合が定期的に開かれている。彼らは、自分たちは天皇の権力を確立するため天下の諸藩に範を示しているのだという強烈な自負を有し、そのもとに個々の藩の利害を乗り越えていった。そういった自負はやがて、休院中の集議院に代わり、諸藩の大少参事を構成員とする議院を設立せんとの要求へと繫がっていく。

大納言の岩倉具視はこのような諸藩の改革運動を歓迎し、廃藩置県への促進剤として利用しようとした。ゆえに、徳島藩大参事の小室信夫《しのぶ》に議院設立につき持ちかけられたときもこれに応じている。一方で木戸孝允は、こういった諸藩の動きに警戒心を抱いた。鳥尾小弥太《こやた》（長州・兵部省出仕）と野村靖（長州）の廃藩論に触発され、薩長首脳のあいだでたちどころに廃藩置県断行の合意が成立し、七月一四日にその運びとなったのは、これら諸藩改革派への危惧があってのことである。また、彼らが岩倉への通達を直前まで遅らせたのは、諸藩の改革運動に好意的な岩倉が薩長の密議による廃藩置県断行に難色を示すと予期していたからであろう。

米沢藩の宮島誠一郎は廃藩置県が断行されたとき、その意義を認めながらも、薩長に出し抜かれたことに切歯扼腕した。だが、廃藩置県後の官制改革で太政官に設置された議事機関の左院には、参議となった板垣の推挽により宮島を含む諸藩改革派の面々が多く席を占めた。以後、左院は政府内の非主流派・批判勢力の拠点として存在感を放っていく。

さらに詳しく知るための参考文献

井上勲『王政復古――慶応三年一二月九日の政変』（中公新書、一九九一）……王政復古に至る過程を諸勢力の動向・思惑を踏まえて描き出した著作。王政復古を知るためのスタンダードとも言うべき一書。

高橋秀直『幕末維新の政治と天皇』（吉川弘文館、二〇〇七）……幕末の政治過程を公議原理と天皇原理をキーワードとして考察した論文集。王政復古については井上氏・原口清氏・家近良樹氏等の議論を踏まえながら研究のレベルを一段引き上げた。

原口清『戊辰戦争』（塙書房、一九六三、のち原口『戊辰戦争論（原口清著作集3）』岩田書院、二〇〇八に再録）……戊辰戦争の全過程を「日本の統一をめぐる個別領有権の連合方式と、その否定および天皇への統合を必然化する方式との戦争」と位置づけて考察した著作。戊辰戦争の政治的意義を問ううえで、原口氏の議論はいまなお説得力を失わない。

栗原伸一郎『戊辰戦争と「奥羽越」列藩同盟』（清文堂出版、二〇一七）……今まで地域的な連合として捉えられていた「奥羽越」列藩同盟を、全国的連携を視野に入れた同盟として問い直した著作。戊辰戦争を当該期の政治過程に位置づけたという意味で画期的である。

松尾正人『維新政権』（吉川弘文館、一九九五）……王政復古から廃藩置県までの維新政府がいかなる課題に直面し、政策を具体化させたかを詳細に描き込んだ著作。明治初年の政治過程を知るうえでは必読文献。同じく松尾氏の『廃藩置県の研究』（吉川弘文館、二〇〇一）も併せて参照されたい。

第4講

廃藩置県・秩禄処分――分権から集権へ

落合弘樹

†版籍奉還と禄制改革

明治維新にいたる政治理念の眼目は、「一君万民」というかたちでの天皇への権力集中と、「公議輿論《よろん》」を保証する議事機関の創設にあった。後者については、一八六八（慶応四）年三月に発せられた「五箇条の誓文」において、「広ク会議ヲ興シ万機公論ニ決スベシ」というかたちで国是化された。ただ前者については、分権体制＝「封建」であった近世国家を、「一君万民」という原理で中央集権制＝「郡県」に編成替えすることにほかならず、有力大名家の政治力・軍事力を梃子に、徳川公儀を中心とした秩序を突き崩したという幕末の経緯を踏まえると、実現はきわめて困難な状況だった。

同年閏四月に布告された「政体書」は、公論原理にもとづく「五箇条の誓文」を国是として再確認し、三権分立を前提にしつつ、強力な中央集権制をしいた古代律令制にならうかたちで太政官制度を復古させた。しかし、地方については東京から長官が派遣される政府直轄地の「府」・「県」とともに、各地の諸侯（大名家）に委任した支配を認めた「藩」を置いた。いいかえると「政体書」にもとづく府藩県三治という地方政治のありかたは、「郡県」と「封建」を並列させたもので、全国津々浦々にわたるまで「政令一途」をいかに貫徹させるかが大きな課題となった。ただ、「藩」は数百年にわたる主従関係にもとづく団結を維持しており、直属軍隊を持たない政府とは対照的に、強力な軍事力を備えていた。したがって、その権力を解体するには複雑な過程を必要とした。

一八六九（明治二）年六月一七日、「王土王民」の原則により版籍奉還が命じられ、諸侯は土地と人民を政府に返上した。大名家の領主権、さらに藩主と家臣団の主従関係は制度的には解消され、ともに「朝臣《ちょうしん》」となる。公卿とともに華族に編入された諸侯は藩の知事となり、また藩士ともども地方官として位置づけられた。ただ、旧大名家および家臣団による統治は実質的には継続された。政府にとっては府藩県の三治を一致させていく方向で藩体制を回収することが、引き続き大きな課題となる。

版籍奉還直後の六月二五日、統一的な規格に各藩の制度を準拠させるため、「諸務変革」の指令が布告された。まず、藩の実収入である現石の一割を知事の家禄と定め、旧藩主の家政を藩政から分離させた。そして、家政を管理するため家令・家扶が置かれることとなる。また、藩士については門閥から平士まですべて士族と称すべき事とし、旧来の家格にもとづく秩序を否定した。さらに「給禄適宜改革可致」と士族の家禄を改革するよう求めた。こうしたなか、禄高は支配地の規模に相当する草高ではなく実収で表示されるようになる。

†「藩制」の布告と諸藩の改革

藩の自主的な改革がなかなか進まないのを見越し、政府はより進んだ統制をすすめるため、一八七〇（明治三）年九月一〇日に「藩制」を公布した。概要は以下の通りである。

①藩高の一割を知事家禄とする。
②藩高の九パーセントを海陸軍費にあてる。そのうちの四・五パーセントは海軍費として政府に上納する。
③残りの八一パーセントで藩庁の経費や士族卒の家禄をまかなう。
④藩の累積負債（藩債）の支消年限について見通しを立てる。
⑤藩札の発行をやめ、回収をすすめる。

大部分の藩は大坂などの商家からの借り入れや藩札発行で財政を維持していたので、それを止められた結果、前年の「諸務変革」につづき、再び家禄の削禄に迫られる。

諸藩の禄制改革は、直轄府県同様に、禄高が高くなるほど削減率を累進的に拡大させる上損下益が基本となっていたが、大部分の藩は上士の家禄を旧禄の一割前後にまで圧縮する一方、現石一〇石以下クラスの家禄は維持されている。なお、一部の藩ではさらに一段進め、帰農法と禄券法という方法で家禄と身分制を解消する試みもなされた。

帰農法は、字義どおり旧家臣団を士籍から解いて土地を与え、農民に編入するという方策である。ただし、豊かな農地を手放すことに農民は強く抵抗したので、士族の帰農地は廃寺や城郭内などの空き地や原野の開墾に頼るしかなかった。若干の手当や貢租の減免措置があったとはいえ、条件はあまりに厳しかった。したがって、膳所藩や苗木藩のようにこの制度を採用した藩もあったが、全体的にみれば藩士全体の適用ではなく任意としたり、卒(旧来の足軽・徒士や陪臣)など旧家臣団末端のみを対象としたケースが大半である。

一方、禄券法は転売不可が原則だった家禄を売買可能な「禄券」に改め、家産化して整理するという方策だった。また、禄券は事前に家禄を削減して捻出した財源をもとに順次買い上げることとなっていた。この方法は短期間で家禄支出を軽減することができ、償還も財政の都合にあわせて時期を調整することが可能で、後述するように、華士族の家禄は最終的にはこの方法を発展させた金禄公債証書発行によって廃止される。家禄を家産化させ債権に置きかえるという発想は、西洋の公債制度を参照したと思われるが、明治政府首脳の意見書で禄券法を具体的に述べたものとしては、大納言岩倉具視が国政の基本方針を示すために一八七〇年九月に作成した「建国策」が最初で、起草には中弁江藤新平がかかわっていたとされる。

禄券法を最初に実行に移したのは高知藩だった。七〇年一二月に出された布告文は「士民一般平均之理」を主とし、士族文武の常職を解くべきことを唱えている。また、一一月に「士族の面々商法好に任せ勝手たるべく候」との布告を発している。翌年には彦根藩や熊本藩などでも採用された。こうした諸藩の改革指導者は、政府内の急進派が示した政策を先取りするかたちで断行し、薩長主導の政局運営に食い込もうとしていた。一方、小藩や戊辰戦争で禄高を削られた藩の中からは、改革の目途が立たないとして藩政を返上する動きが増えていく。

廃藩の時点までに諸藩の家禄支給高は全体で維新前より三八パーセント削減された。士族卒に限れば四四パーセントの削減率を示すが、これは廃藩置県後に政府が削減した分を上回る。秩禄処分は家禄削減と公債化の段階に分かれるが、家禄削減の大部分は、各藩の「適宜改革」という枠組みの中で断行された。大蔵省による秩禄公債や金禄公債の発行は廃藩時点での禄制を基準に据えており、禄制廃止の根幹は廃藩前に達成されたといえよう。

†廃藩置県の断行

諸藩の改革が進む一方、政府は直轄府県に対する課税を強化し、一八六九（明治二）年には財政を管轄する大蔵省と租税を扱う民部省が合併された。しかしながら天領だったころを上回る徴税は農民一揆の頻発を招き、さらに政府内では改革をめぐって木戸孝允や大隈重信ら急進派と大久保利通や広沢真臣ら漸進派が対立を深めた。翌年七月に両省は分離されたが、前述のような改革派諸藩の動向をふまえ、直属軍隊創設と薩長の結束強化のため、西郷隆盛に上京を促すこととなり、岩倉具視らが勅使として鹿児島に派遣された。西郷は戊辰戦争終結とともに中央を離れ、強力な軍事力を維持する鹿児島藩の運営に専念していた。西郷は綱紀粛正を条件に政府への参加に同意して上京し、あわせて鹿児島・山口・高知の藩兵からなる御親兵が編制され、政府直属の軍事力が成立した。しかしながら制度改革をめぐる木戸と大久保の対立は解消せず、改革はなかなか進まなかった。こうした状況にいらだった野村靖や鳥尾小弥太など長州出身の財務および軍事担当の少壮官吏は、府藩県三治制の解消および兵権統一を主張して薩長の首脳に突き上げを行い、これを契機に一八七一(明治四)年七月一四日に廃藩置県が一気に断行された。危惧された藩側からの抵抗は皆無で、粛々と県への引継ぎが進められた。

廃藩置県によって政令帰一という課題が達成され、直轄府県のみならず日本全国が財政の基盤となった。なお、士族の家禄は藩知事にかわって大蔵省が給付することとなり、実質的にほとんどが財政破綻していた各藩の債務も政府が継承した。しかし、全人口の五パーセントである華士族の保有する家禄は、賞典禄と社寺禄を含めると当時の経常歳出四二四七万円のうち三七パーセントにあたる一六〇七万円にのぼり、早期に整理することが必須の課題となった。

岩倉遣外使節団出発の二日前である一一月一〇日、使節団副使の参議木戸孝允は太政大臣三条実美に、留守政府の中心的任務は徴兵制度による士族の常職廃止と、禄券法による家禄の整理にあると述べた。大蔵卿大久保利通はやはり副使に加わっており、大蔵省の実権は次官である大輔井上馨が握った。

廃藩置県の詔（聖徳記念絵画館壁画、小堀鞆音画）

井上の禄制廃止案は、華族の家禄については二二五ランクにわけて九五〜四〇％、全体で七五パーセントを削減し、士族の家禄は一九八ランクにわけて五〇〜一七％を削減し、総高を三分の一減とし、削減後の士族卒家禄高の六カ年分を一割利付禄券とするという内容だった。廃藩前の段階で約四割が削減された家禄にさらに大鉈《おおなた》を振るって、六年間で全廃するという内容だが、禄券買い上げの財源を国庫では確保できないので、七分利付外国公債を募集することが決定された。そして、大蔵少輔吉田清成が岩倉遣外使節団を追うかたちでアメリカに派遣される。しかし、吉田は駐米弁務使森有礼からの強い反対を受けた。森は家禄には個人資産としての既得権が存在すると主張し、「諸族家領物の三分の一を減奪するの公理如何」などと詰問した。これに対して吉田は「其職を解けば、則ち其禄を得るの理《ことわり》なし」とする大蔵省の基本方針を示し、起債地をイギリスに移したうえでオリエンタル・バンクの協力を取りつけ、一〇八三万円あまりを確保している。ただし、禄制廃止については留守政府内にも反対が根強く、洋行中の木戸も士族の保護策を優先すべきとして慎重論に転じた。

こうしたなかで、禄制を一気に解消するというプランは見直しを迫られたが、禄制の全面的廃止の基本条件となる家禄支給形態の全国画一化についてはかなり進捗していた。政府は廃藩断行から一〇日後の七一年七月二四日に全国の藩に士卒禄高人員帳の作成と提出を命じている。この帳簿は後述する秩禄公債証書や金禄公債証書の額面算定の基準となった。さらに、七二年に入ると帰田法による禄制改革の停止や、隠居や二三男など戸主以外の者に対する給禄が廃止されている。ただし、多様だった家禄や身分の制度を短期間に画一化していく作業は、現場でかなりの混乱が生じ、訂正要求が数多くなされた。こうした政策を推進した井上は、新規事業経費への予算増額を求める各省との対立が原因で、一八七三(明治六)年五月七日に辞職した。なお、禄制廃止の根拠となる常職廃止は、一月の徴兵令布告により断行されている。

†家禄奉還制度の開始

一八七三年一〇月の政変により、それまでの改革の後ろ盾となっていた西郷隆盛が参議を辞職し、下野した。留守政府による改革の多くは、士族にとって不利益な内容だった。しかし、士族の多くは個人的利害よりも国事を優先しており、公論の制度化と対外的威信の確立を強く求めていた。また、彼らは官吏のぜいたくな暮らしぶりや、開化政策による伝統の破壊などに憤っていたが、カリスマ的存在だった西郷の存在は無視できず、政府批判を抑えていた。しかし西郷が下野した結果、言論あるいは武力を通じて政府を糾弾する不平士族の活動が活発化していく。

一方、政変後に政局を主導したのは新たに創設された内務省の卿となった大久保利通で、大蔵卿大隈重信および工部卿伊藤博文を両輪として、統制された開化政策に着手していく。こうしたなかで、政変直後の一二月二七日、一〇〇石未満の家禄奉還の受け付けと禄税賦課が公布された。禄税は石高に応じて三五・五パーセントから二パーセントの割合で賦課し、五石未満は課税の対象外とした。奉還に応じた士族に対しては、世襲の家禄である永世禄は六カ年分、一代限りの終身禄には四カ年分が、現金と八分利子付秩禄公債で半額ずつ支給された。また、官有の林野を代価の半額で払い下げるなど就産の便宜も図られている。これらに必要な経費は、吉田清成の外債募集で得られた資金があてられた。家禄奉還は翌年一一月に家禄一〇〇石以上にも拡大される。士族は全国で約四二万戸を数えたが、最終的には一三万五八八四人が一部および全部の奉還に応じた。

地租改正の進展にともない家禄も現米から石代渡に切り替えられたが、もともと消費地の旧城下と農村の間には売値に価格差があったうえ、七三年は全国的に不作だったため米価が騰貴し、額面をめぐる紛議が各地で起きる。前述の通り家禄を奉還した士族には現金と秩禄公債証書が下付されたが、その石代算定をめぐっても紛議が生じていた。こうした混乱を見つつも、政府は家禄支出額の固定化を図るため、一八七五（明治八）年九月七日に全面的な金禄改定を布告し、全国一斉の処分が可能な条件を作り上げた。

†金禄公債証書の発行

家禄奉還制度は、士族の就産が思わしくない状況にあることを理由に、一八七五（明治八）年七月一四日に中止された。ただし、この措置は任意制である家禄奉還制度を強制的な禄制廃止に切り替えるための手続きにすぎない。ほぼ同時期に大蔵省内では、禄制の最終的廃止の具体案として「華士族家禄処分方之儀ニ付正院上申案」が作成され、「仮令《たとい》永世ノ家禄ト云《いう》トモ、直《ただち》ニ之ヲ廃スルニ於テ、素《もと》リ妨ケナカルヘシ」と断言しつつ、無償で廃棄するわけにもいかず、やむをえず家禄・賞典禄を政府の負債とみなし、三〇年間を目途にこれを償却するため、新たに金禄公債証書を発行するとした。家禄を公債証書に改める意義について大隈大蔵卿は、「有用ノ財ヲ以テ無用ノ人ヲ養フノ弊ヲ芟《か》リ、無益ノ人ヲシテ有益ノ業ニ就シム」ことができ、国力の増進策としてこれに勝るものはないと述べ、金融の閉塞状況も市中に巨万の公債が資本として出回ることで解決できる一挙両得の策とした。

一八七六（明治九）年二月二六日の日朝修好条規（江華島条約）調印により、停滞していた朝鮮との国交問題は解決した。この結果、朝鮮への強硬策を求めて政府を批判してきた不平士族の「征韓論」は論拠を失う。勢いを得た政府は、華士族に残されていた特権の廃止に着手した。まず、三月二八日に廃刀令が布告された。これにより軍人・警察官および大礼服着用者以外の帯刀が禁じられたが、軍事的義務を解除された士族の武装を完全否定するとともに、官職を持つ者の優越性が明示された。さらに翌二九日、大蔵卿大隈重信は「家禄賞典禄処分ノ儀ニ付伺」を政府に提出し、禄制の最終処分に着手することを求めた。この提案に対しては木戸は士族の保護策がともなっていないと異論をはさんだが、五月一五日の閣議で承認され、明治天皇の東北巡幸をはさんだのち、八月五日に金禄公債証書発行条例が公布された。

金禄公債は五パーセントから一〇パーセントの利子が五年から一四年の年限で付けられ、禄高が低いほど条件が有利に定められた。公債証書は起債から五年間据え置きの後、一八八二

（明治一五）年より二五カ年かけて抽選により政府が買上げ、一九〇六年（明治三九）までに償還を終えるとされた。

ただし、受取人員の八割が受給した七分利付公債の利子は、安定した生計を維持できる水準ではなく、多くの士族は公債を転売して当面の生活費や帰農商の資金にあてた。「没落士族」という言葉が示すように経済的に破綻した士族も少なくなく、地方の城下町からの人口流失も見られる。ただし、この年の一〇月に萩や熊本、秋月であいついで決起した士族たちは、政権のありかたを糾弾したものの、身分制の廃止や特権解体を攻撃したわけではない。また、士族は教育受容に熱心な階層であったため、試験制度を活用して中央官吏や士官、教員など近代的エリートへと上昇した士族の子弟も少なくない。

一方、禄制改革後も高禄を得ていた旧藩主や上士層の多くは、利子収入を株式や土地の購入に当てたり、公債を担保に日本鉄道などの会社設立に投資し、旧領主という声望にくわえ、地元有数の資産家として社会的優位を持続することが可能となった。

政府は金禄公債証書発行条例に付随し、いくつかの追加措置を施行した。まず八月一日に国立銀行条例改正が公布され、金禄公債を銀行設立資本に充当することが可能となった。これは転売による公債価格の暴落を抑制するとともに金融機関の拡大を図った措置だった。その結果、城下町を中心に国立銀行が多数創設されることとなる。つぎに、九月二七日に太政官布告第百二十三号布告が公布され、公債の額面についての不服申し立てや修正願いをすべて却下するとした。しかし、禄高の修正や復旧を要求する旧藩士は多く存在したため、こうした門前払いの措置は彼らの憤激を買うこととなり、執拗に復禄運動が繰り返されることとなる。この結果、一八九七年（明治三〇）に家禄賞典禄処分法が制定され、禄高の修正要求については行政裁判所で対応することとなった。これに応じ、たとえば扶助米が家禄に算定されなかったことを不服とした旧斗《と》南《なみ》藩士たちが訴訟を起こし、一九一七（大正六）年に勝訴している。なお、一八七七（明治一〇）年八月二三日には、与奪の権限を政府が握っていた家禄と異なって金禄公債は私有財産であるため、一月にさかのぼって収禄という罰則は廃止されるという布告が発せられた。そのため、この年の二月に勃発した西南戦争の薩軍参加者は、士族の族籍を剝奪された場合でも金禄公債証書は交付されている。

　金禄公債の償還は予定通り八二年度から開始されたが、八六年には市中金利も低落しており、維新以来の高利公債償還を加速化するために整理公債条例が公布された。この結果、一億八二四万二七八五円を数えた七分利付公債も九一年度で完済し、最終的には一九〇六年度にすべての償還を完了した。

　このように、近世国家は王政復古から約一〇年で完全に解消された。旧支配層の身分がほぼ無血で解体され、特権を政府が買い取るかたちで完全に解消された事例は、世界史のなかでも稀有といえよう。

さらに詳しく知るための参考文献

＊廃藩置県前後の政治的動向については、重厚な研究史があるが、本講で触れた内容について、入手しやすい基礎的な文献としては以下があげられる。

松尾正人『廃藩置県——近代統一国家への苦悶』（中公新書、一九八六）……新政府が発足したのち、維新官僚たちがいかに集権化を成し遂げようとしたのかをわかりやすく叙述している。また、本講でも触れた改革諸藩の動向が廃藩への動きを加速させたことを指摘しており、刊行から三〇年以上を経た今日でも必読の文献となっている。なお、より学術的な論考として、松尾氏は『廃藩置県の研究』（吉川弘文館、二〇〇一）を著している。

奥田晴樹『日本近代の歴史1　維新と開化』（吉川弘文館、二〇一六）……国制改革がどのように展開されていったのかを、王政復古から留守政府の時期を中心に概観している。とくに議事機関の展開と財政構造の推移について、詳しく触れられている。

＊秩禄処分については、初版が昭和十年代である古典的研究として深谷博治『新訂・華士族秩禄処分の研究』（吉川弘文館、一九七三）があげられ、丹羽邦男『明治維新の土地変革』（御茶の水書房、一九六二）が領有制解体という側面で論じている。個別の事例をとりあげた論考は少なくないが、秩禄処分の全貌について触れた一般書は、現時点では、以下の拙著以外は見当たらない。

落合弘樹『秩禄処分——明治維新と武家の解体』（講談社学術文庫、二〇一五）……禄制改革の概要および政府内外の反応、士族に与えた影響について論じている。

第5講

陸海軍の創設——徴兵制の選択と統帥権の独立

大島明子

戊辰戦争の軍隊

一八六八年二月、東海・東山《とうさん》・北陸三道から江戸をめざす征東方針をきめた天皇政府は、諸大名に出兵を命令した。その海陸軍務局による命令「一、銃隊・砲隊の外、用捨《ようしゃ》の事」(銃隊・砲隊以外は除く)、「一、隊長・司令・輜重《しちょう》掛等、実地要務の外、冗官用捨の事」(隊長や司令官、荷物運輸などの要員以外、余計なものは除く)は、銃隊砲隊中心の洋式軍制を、初めて全国一律の軍役基準として定めた。保谷徹によれば、このライフル銃砲を備えた部隊編制の導入が、戊辰戦争を日本における近代軍の始まりの戦争にした(保谷二〇〇七)。

保谷が「軍事革命」として注目するのは、単に洋式銃というのではなく、飛距離が長い(五〇〇メートル以上)ライフル(施条《しじょう》銃)の導入である。それは、散開して物かげから射撃する「散兵戦術」を可能にし、同じ洋式銃でも密集隊形を用いる滑腔銃《かっこう》（飛距離は五〇〜一〇〇メートル）をはるかに超える戦力をもたらした（保谷同書）。

この先進銃砲の調達において、新政府側は先鞭をつけていた。それは薩長両藩が、それぞれ薩英戦争、英仏蘭米四ヵ国艦隊との交戦の経験があり、より深刻に日本の火器の遅れを認識していたからだ。さらに時期をさかのぼれば、フェートン号事件に衝撃を受けた佐賀藩は、大砲鋳造に取り組み、銃隊中心の編制替えを推進し、洋式軍艦を買い入れていた（木原溥幸『佐賀藩と明治維新』九州大学出版会、二〇〇九）。幕府も一八六二年に始まる文久改革以降は、歩騎砲三兵からなる西洋軍制を導入し、第二次長州戦争後には、農兵取り立てや銃隊編制など、大名軍役の内容改定を立案したが、発令には到らなかった。会津藩は鳥羽伏見の戦いまで旧式銃隊と長槍隊を併用していたし、奥羽越列藩同盟軍の軍制は最後まで個別藩主に任され、洋式銃隊編制も戊辰戦争からだった（保谷前掲書）。

一方、海軍の本格的近代化は遅れた。一九世紀に入り幕藩体制を動揺させたのは海防問題だったから、本来近代化は、海軍から始まるべきであった。幕府も諸藩もそれは認識しており、洋式軍艦が購入されてはいた。ところが、長州戦争以降は陸上での内戦が中心となったため、海軍の創設は頓挫してしまった。戊辰戦争では、鳥羽伏見の開戦翌日、薩摩艦「春日《かすが》」と幕府戦艦「開陽《かいよう》」が阿波沖で初の砲撃戦を行った（大山柏『戊辰役戦史』上、時事通信社、一九八八）。朝廷側は薩摩、長州、佐賀、熊本などの諸藩の軍艦を借り受け、江戸開城後、幕府所有軍艦の半分を接収し、東北戦争後には旧幕府がアメリカから購入した甲鉄艦を取得した。同艦を含む五隻と榎本武揚率いる旧幕府の脱走軍艦三隻が、宮古湾・函館湾において行った砲戦が初の本格的な海戦である（野村二〇〇二）。廃藩置県後、新政府は全国の軍艦を接収したが、使用に耐える軍艦は一四隻で、操舵できる人員も不足していた（海軍歴史保存会一八九四）。

†幕末維新の軍制改革

幕末維新期の軍制改革で問題となったのは、銃隊・砲隊を構成する人員が大幅に不足したことだった。そもそも近世の軍制では、家格が中級以上のものが騎馬武者として「備《そなえ》」「組」などの戦闘単位の中核となり、周囲や外縁部を、弓・槍・鉄砲を集団で使う銃卒や歩兵が守っていた。つまり銃卒や歩兵は、足軽などの下級武士がする役なのである。そこで農兵の取り立てが試みられたが、兵農分離の近世社会においては、農民が駆り出されるのは陣夫役《じんぷやく》（荷物運び）までと決まっていたので、村々の強い抵抗にあった。

何より問題だったのは、平時の統治機構における上下関係が、戦場の指揮命令関係を反映していたことだ。新軍制により騎馬武者が無用になるなら、統治機構内の多くの管理職の立場が連動して動揺してしまう。つまり軍制改革のためには、兵農分離の社会体制と武士身分内の秩序の両方を改革しなければならず、それらこそが最大の難問だった。

幕府は、天領や旗本領で石高に応じて兵卒を徴集し、それらの百姓には一時的に脇差帯刀を許した。また、人宿《ひとやど》(人材派遣業)を通じて兵卒を調達したが、それらには高い給金を払わねばならなかった。薩摩藩は、慶応年間の改革で上下士の格差を平準化し、郷士層に軍役を拡大して銃砲隊を編制した。長州藩は攘夷戦争後、正規軍でも銃隊編制を導入したほか、武士以外の身分の者を含む奇兵隊《きへいたい》や農商隊を編成した(保谷前掲書)。奇兵隊については、かつては民衆の革命的なエネルギーを利用したものとされていたが、その実態は、四割が武士で、非武士の隊士には武士身分への上昇志向があった(梅溪昇『増補版 明治前期政治史の研究』未来社、一九七八)。

軍制、禄制改革は戊辰戦争後に全国的なものとなった。藩庁や新軍制では戦争で活躍した者が台頭し、新政府との人脈をもつものは中央進出をめざした。最近では、三春《みはる》の民間尊王家河野広中《こうのひろなか》と土佐藩の板垣退助に注目し、戦後の地位が(本人としては)不遇だった勝者に自由民権運動の発生源をみる捉え方もある(松沢裕作『自由民権運動——〈デモクラシー〉の夢と挫折』岩波新書、二〇一六)。たしかに、旧佐賀藩時代から軍役・禄制改革を行っていた佐賀県では、旧藩庁の元官員や旧藩軍の兵士を中心に自由民権運動と士族反乱の両方が起こっている(落合弘樹『明治国家と士族』吉川弘文館、二〇〇一。木原前掲書)。

佐賀藩だけでなく、特に陸軍においては、かなり使えそうだった実戦経験ある薩摩などの旧藩軍が、最終的には徴兵制選択によって正規軍から排除された。なぜ、それら旧藩軍をそのまとりこんで「天皇の軍隊」としなかったのだろうか。

†徴兵規則と水卒募集

新政府の軍隊をどうするかということは、戊辰戦争中に一大問題となった。それは単純に士族軍か農兵かという二者択一の議論ではなく、むしろ、戊辰戦争から帰還した諸藩兵をどう処遇するかという帰還兵の問題であった。

一八六八年六月（慶応四年閏四月）に軍事担当官庁として軍務官が置かれた。その中心となった大村益次郎は、船越洋之助が「斯様に藩々の兵が沢山居るのに、此上に何故朝廷の兵が要りますか」と尋ねると「それが汝たちにはわからぬか、どうしても朝廷の軍を拵えて、全く兵権が、朝廷になければならぬ」といった。すでに戦後を見越し、大藩の藩兵が兵権統一の妨げになると考えて、排除しようとしていたのである。当時軍務官では、十津川郷士《とつかわごうし》や浪士隊《ろうしたい》などを親兵とする案や、直轄地からの農兵取り立て論などが唱えられ、実際に諸藩から石高割で藩兵を徴する陸軍軍制も出された。それらは、特定藩の藩軍に依存せずに軍隊を造ろうとする点では一致していた（千田稔『維新政権の直属軍隊』開明書院、一九七八）。

特定藩に頼らない建軍を強く主張した大村に対し、大久保利通は、戊辰戦争から帰還した薩長土三藩の精兵を丸抱えしようと提案した。両者は一八六九年に入って真っ向からぶつかり、兵制論争となった。同年兵部省《ひょうぶしょう》が設置されても論争は決着がつかず、両論は並行して推進された。まず「三藩徴兵」差し出しが決められたが、長州藩では精選段階で脱隊騒動が起こり、他の二藩の兵は兵部省に従わず、長続きしなかった（千田同書）。

一方、兵部大輔《たいふ》となった大村は、大阪兵学寮を設置し、全国一律の徴兵制の実施や士官・下士官の養成機関の設立を推進した。大村の暗殺後は、その構想は同兵学寮の山田顕義《あきよし》らに受け継がれ、一八七一年一月（明治三年一一月）には兵学寮から全国府藩県に「徴兵規則」が命じられた。これは、「士族卒庶人《しょじん》」にかかわらず一万石あたり五人を差し出させるもので、全国石高一一七六万石余に対し約五八八〇名が集まる予定であった。これを辛未《しんび》徴兵という。同規則には、免役規定などにおいて、和歌山藩が実施した「兵賦《へいふ》略則」や後の徴兵令との類似が見られる（浅川道夫『明治維新と陸軍創設』錦正社、二〇一三）。

海軍については、兵部省は一八六九年一二月に築地の海軍操練所を海軍兵学寮とし、全国から募集した生徒を選抜して養成することにした。教官の約半分は旧幕臣であった（千田前掲書）。これが後の海軍兵学校である。また、一八七一年四月には、沿海漁師の子弟で十八歳から二五歳までの健康な者を水兵として募る布告を発した。水兵は、熟練した者ほど残ることを要請され、士官への道もあった。このように海軍では、士官・兵卒ともに特殊技能を要するため、兵制が議論になることはなく、志願兵制が採用された（外山三郎『日本海軍史』吉川弘文館、二〇一三）。

辛未徴兵は、四回に分けての徴集を予定していたが、一回目が実施されたところで後は無期限延期となり、薩長土三藩の精鋭部隊による御親兵《ごしんぺい》創設に到る。これは一見兵制論争における大久保案の復活のように見えるが、その後の展開からみると、それが恒久的な兵制として採用されたとは考えられない。

†御親兵の創設と鎮台兵

御親兵は、一八七一年四月に薩長土三藩に差し出しが命じられ、順次東京に到着した。その規模は、総計六二七五名、そのうち薩摩藩兵が歩兵四大隊、砲兵四隊、長州藩兵が歩兵三大隊、土佐藩兵が歩兵二大隊、騎兵二小隊、砲兵二隊であった（松下、上）。

この初の政府直属軍の威圧を背景として廃藩置県が行われ、翌年春にかけて各府県で旧藩兵・府県兵の精選が行われた。精選された兵を、東北（仙台）・東京・大阪・鎮西《ちんぜい》（熊本）の四鎮台《ちんだい》に編入したものが鎮台兵である。鎮台兵は士族だったと考えられがちだが、幕末には諸藩段階で士族以外の徴募を行っており（樋口雄彦『幕末の農兵』現代書館、二〇一七）、八・三％程度の農工商民を含んでいた（大島明子「廃藩置県後の兵制問題と鎮台兵」黒澤文貴・斎藤聖二・櫻井良樹編『国際環境のなかの近代日本』芙蓉書房出版、二〇〇一）。

東京鎮台を含めこれら六鎮台（一八七三年名古屋・広島にも設置）の兵士たちが「解官《げかん》」（予備役にせず軍人の身分も失った）となったのは、一八七五年の一月である。つまり彼らの服役期間は約三年半で、徴兵令が定めた三年の在営期間と大差はない。鎮台兵を壮兵《そうへい》といい、壮兵を「志願兵」と訳すことがあるが、待遇が悪く除隊希望者が多かったことも考えると、最初の鎮台兵たちは職業兵ではなく、過渡期における中継ぎ的な存在だった。

†御親兵出身の近衛兵の解隊

一八七二年四月（明治五年二月）兵部省は陸軍省と海軍省に分離され、陸軍大輔《たいふ》山県有朋、海軍少輔《しょうゆう》川村純義が事実上陸海軍のトップとなった。その直後、御親兵は近衛条例によって近衛兵と改称された。このころ陸軍省内では翌年の近衛解隊を決めたが、伺い出は同年の近衛兵の暴動を待ってなされ、九月に裁可された。

当時近衛局や陸軍裁判所につとめていた谷干城《たにかんじょう》〔たてき〕は、御親兵について、一〇〇石でも兵卒、十四、五石でも士官といった状態で、上官と部下の言葉使いも対等だったと回想している。不祥事を起こした者は自裁とし、ようやく秩序を保っていたという（『谷干城遺稿』二）。軍隊は上下関係と規律によって成り立つものだから、それらだけでも御親兵は政府軍として適格ではなかった。しかし何よりも問題だったのは、それら元雄藩軍の政治性であった。薩土出身者は、長州藩出身の山県有朋が近衛都督《このえととく》になっても従わなかったばかりか、自藩出身の参議、西郷隆盛・板垣退助には心服し、その政治力の基盤となっていたのである。野望を疑われるのは西郷・板垣にとっても困ることだったから、廃藩置県が済んだ後に御親兵を解隊するということは、当初からの約束事項だったと考えられる。

近衛兵の解隊は、一八七三年三月に予定通り行われ、伍長以下七二〇名だけが希望により二年間の再役となった。解官となった伍長以下兵士にかわって、各鎮台から一七二〇名が編入された。新たに編入された歩兵の出身は、薩摩・土佐両藩以外の四〇藩にわたる。こうして近衛兵は、あらゆる地域からの兵隊の混合部隊となり、当初の雄藩連合軍的な性格は失われた。だから、この年十月に西郷隆盛が明治六年政変（征韓論政変）に敗れて辞職したとき、近衛が「瓦解」したというのは、士官と非職になっていた下士官が大量に船に乗って帰ったことを言っているので、部隊兵士が大量に抜けたわけではない（大島明子「御親兵の解隊と征韓論政変」犬塚孝明編『明治国家の政策と思想』吉川弘文館、二〇〇五）。

†徴兵令の成立

一八七三年（明治六）一月一〇日、徴兵令が制定され、東京鎮台管下のみで実施された。令に附された癸酉《きゆう》徴兵略式は、一五〇〇石当たり一名のめやすで「当年二十歳」の者を検査・選出するとしていた。実際に入営したのは二三〇〇名とみられる（加藤陽子『徴兵制と近代日本』吉川弘文館、一九九六）。

よく知られているように、この段階の徴兵令は、戸主・嗣子・独子独孫などの家庭事情によって幅広く免役を認めていた。主にフランスの制度を参考にしたとされるが、幕末の兵賦徴発や府県兵の制度、辛未《しんび》徴兵の実態も参考にされただろう。翌年には名古屋・大阪鎮台管下、一八七五年には全六鎮台管下で徴兵が行われた。

徴兵制を選んだ陸軍省内の議論については、「主一に賦兵を論ず」という文書があり、大輔山県有朋の案に官員の曾我祐準《そがすけのり》らがコメントを付している。その主旨は、壮兵＝志願兵制の財政や政治への弊害と、予備役・後備役制により常備軍を少なくし有事に大量の兵を召集できる賦兵＝徴兵制の利点である（『軍隊 兵士』日本近代思想体系4、岩波書店、一九八九）。

このように主に財政的な理由と、谷干城が鎮台壮兵や御親兵について述懐している郷党《きょうとう》的団結や無規律などが、現在では徴兵制導入の主な理由だと考えられている。それらについては研究も多いが、実は原案段階の史料については不明な点が多い。たとえば、徴兵令の原案を山県有朋が左院に提出したとき、それには「四民論」という一種の士族軍構想が付されていた。その内容は、国民皆兵を原則としつつも、当分のあいだ士族・卒だけには免役を認めず、それ以外の農工商民には大幅な免役と代人料を認めるというものだった。

徴兵令に先立って一八七二年一二月（明治五年一一月）に出された徴兵告諭が、兵役を「血税」とし士族を「抗顔坐食《こうがんざしょく》」とするなど、過激な国民皆兵論を打ち出していたことは有名である。その主旨に全く反する「四民論」とは何か。この史料を『公文録《こうぶんろく》』に発見した藤村道生は、それを山県による移行措置的な士族軍構想とした（藤村道生「徴兵令の成立」『歴史学研究』四二八号）。令原案と関連文書には左院の答議が付され、左院が四民論を棄却し、提出された「徴兵大意」を「徴兵告諭」に訂正したことがわかる。つまり四民平等論を「告諭」に盛りこんだのは左院であり、山県は細則によって士族・卒を主に徴集する漸進策を提案していたのだ。その漸進的な導入方法を山県があきらめて左院と妥協し、徴兵令の早期発令を選んだのはなぜだろうか。それは、当時台湾出兵のため旧雄藩藩兵の再召募が計画されていたからだと考えられる。山県が重視していたのは、士族か農民かではなく、旧雄藩藩軍か、その他多数藩の出身者か、だったのだ。

†参謀本部の独立

徴兵令が発令されたころ、太政官で最も問題になっていたのは、台湾・朝鮮への出兵論議であった。この論議においては、薩摩・土佐・佐賀藩出身高官が推進し、陸軍省が一貫して反対したという対立が明確である。山県以下陸軍省の軍事官僚たちにとって、それら三藩出身の高官が主導する外征計画ほど危険で政治的な動きはなかった。外征に備え再び御親兵型の旧藩軍が召募されてしまえば、その軍を基盤とする新たな政治連合によって、政府中枢高官や官僚の構成さえも変えられてしまう可能性が大きかった。

すでに明治初年から、中央・地方の官庁では、旧幕臣を含む実務経験者の登用が進み、専門知を有する官僚集団が出現しつつあったが、陸軍においては、実戦経験がある大量の旧藩兵の存在が障害となっていた。佐賀の乱における内務卿大久保利通による士族兵召募や西南戦争における陸軍中将黒田清隆による警視隊の正規軍化は、それらの旧藩兵の一部をとりこむ動きと考えられる。陸軍においては、専門機関の発展が始まるのは西南戦争後からであり、参謀本部と監軍部の省からの独立をその面から捉えることもできる（鈴木淳「官僚制と軍隊」『岩波講座　日本歴史』第一五巻近現代一、岩波書店、二〇一四）。

一八七八年一二月の参謀本部条例による参謀本部独立の理由としては、①西南戦争の教訓、②ドイツ留学から帰国した桂太郎による参謀制度の移入の二つがよく挙げられる。だが、①については、西南戦争中具体的にどんな問題があったのか、十分には明らかではない。②についても、『桂太郎自伝』で桂自身が、「此参謀本部設置を唱和したる人々と、我が参謀本部を置くといふ論とは大いに徑庭ありしものの如し」としている（小林道彦『桂太郎』ミネルヴァ書房、二〇〇六）。そこで、政治的な観点から考えられた理由が、兵政両権を掌握する「覇府」の出現を防ぐため、政治から軍を切り離し「兵政分離」を図ったとする捉え方である（梅溪前掲書。藤田、一九九二。戸部良一「戦前日本の政軍関係」『戦略研究』第八号）。

†軍人勅諭

「兵政分離」の体制――国務と統帥の二元的な体制ともいう――は、政府の軍事指揮への介入を防ぐ統帥権の独立と、軍人の政治不関与という、二つの事柄から成り立つ。そのうち軍人の政治不関与は、一八八二年に軍人勅諭《ぐんじんちょくゆ》によって天皇がそれを命じることで明示された。この場合の「政治」とは、軍人勅諭が出された時点では、自由民権運動のことを主に指していただろう。やはり軍人の政治関与を戒めた一八七八年の軍人訓誡の直前には、竹橋事件（徴兵の近衛兵の反乱。西南戦争で下士官以下に恩賞が出なかったことなどへの不満が主要因）が起き、一部下士官に自由民権的な革命思想がみられた。

しかし、軍を自由民権運動や政党から隔離するだけでよいなら、制度的には議会ができたときにその影響や統制から軍を切り離せばよかったはずである。ところが、参謀本部は政府（太政大臣）と陸軍省（陸軍卿）の管下から独立し、天皇直属となった。このようにみると、軍人訓誡が「朝政ヲ是非」してはならないとし、軍人勅諭が、西周《にしあまね》の「勅諭稿」段階で「政道の是非」にこだわらないよう勧めていた（梅溪二〇〇八上）のは、民権的な考えかたに限らず、政治

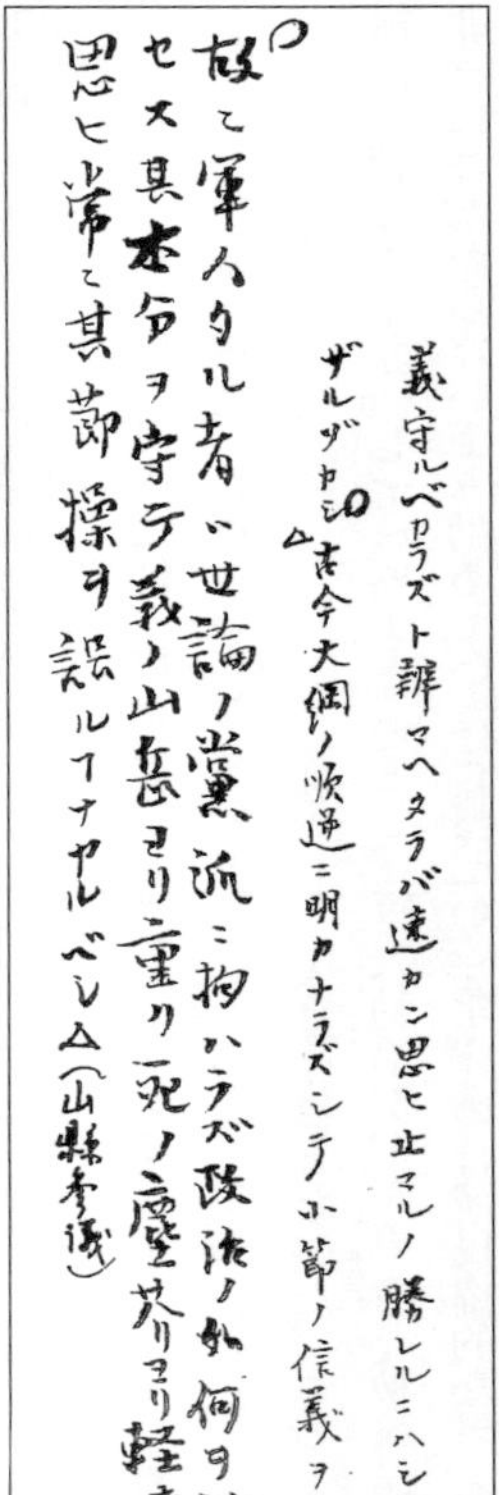
義守ルベカラズト雖マヘタラバ速カニ思ヒ止マルノ勝レルニハシカ
ザルヲカ △古今大綱ノ順逆ニ明カナラズシテ小節ノ信義ヲ立
故ニ軍人タル者ハ世論ノ黨派ニ拘ハラズ政治ノ外何ヲ論
セズ其本分ヲ守テ義ノ山岳ヨリ重ク死ノ鴻毛ヨリ軽キヲ
思ヒ常ニ其節操ヲ誤ルコトナカルベシ△(山縣参議)

「陸海軍ニ賜ヒタル勅語ノ原稿修正草稿及決定案」草案第一種ノ一（宮内庁書陵部蔵、部分。参謀本部所蔵の原本を1920年に臨時帝室編輯局で写し分類したもの。梅溪、2008上より）

信条一般に基づく不服従を禁止するものだったと考えられる。いいかえれば、軍事命令はすべて軍事専門機関の補佐を得て天皇から出るので、藩閥政府やその政治を嫌って不服従であってはならないという理屈である。

最近では、天皇の「股肱《ここう》」たれという勅諭の一節を、一種の専門職業主義の要請と解した陸軍士官もいたことが指摘されている（大江洋代「日清・日露戦争と陸軍官僚制」、小林道彦・黒沢文貴編著『日本政治史のなかの陸海軍』ミネルヴァ書房、二〇一三）。海軍や砲工兵科だけでなく士官一般に早くから専門職業意識があったことは強調されてよい。また、たしかに西周による軍人訓誡や勅諭稿は、武官の職業倫理を論じたものとして読める。

しかし軍人勅諭については、西周の勅諭稿が、山県有朋とその委嘱を受けた福地源一郎によって改められた（『明治天皇紀』五）理由を考えてみないわけにはいかない。勅諭稿は漢文調の文体で「軍人精神」を「秩序」から説き起こしていたが、福地は全体を語りかけるような和文体（三宅雪嶺はこれを太平記体と称した）に改めた。「秩序」は「忠節」「礼儀」に置き換えられ、山県がつけ加えた「義ノ山岳ヨリ重ク死ノ塵芥ヨリ軽キヲ思ヒ」の一文は、「義ハ山嶽よりも重く死ハ鴻毛よりも軽しと覚悟せよ」として「忠節」に入れられた（梅溪二〇〇八上）。

福地は「童蒙婦幼の為に耳近き」文体を追求したジャーナリストだった（岡安儀之「新聞記者の誕生」『日本思想史研究』四四号）。筆者は、その登用は勅諭を兵卒向けに平易にするためだったと考えている。軍人勅諭の「語り」は、重い負担に見合う報酬もない陸軍の兵卒を、職業士官の上官に服従させるための、耳で聞く教えなのである。

統帥権独立も軍人勅諭も、ある程度までは、軍の非政治化や専門軍化から説明できるが、神話的で神聖な天皇が世襲の大元帥として持ち出されたことは、合理的な説明を難しくし、立憲制との間に解釈では繕えない大きな齟齬を生じることになった。

†統帥権の独立と軍部大臣

明治憲法下、兵政分離の二元的な体制において最も問題となったのは、よくいわれる参謀本部の独立よりも、むしろ国務大臣として軍政を担う軍部大臣の位置づけであった。現在、日本史の教科書では、軍令機関（参謀本部や軍令部）は明治憲法第一一条の統帥権、軍政機関（軍部大臣）は第一二条の編制権を輔弼《ほひつ》したと説明されているが、戦前には、それは美濃部達吉に代表される天皇機関説的な見解で、法解釈も現場もそのようにすっきりと片付いてはいなかった（藤田一九九二）。

まず陸軍の場合、すでに陸軍省成立時から、太政官正院《だじょうかんせいいん》の干渉を排除する傾向がみられ、武官の陸軍卿が強い権限を有した（大島明子「明治維新期の政軍関係」小林・黒沢前掲書）。そのため、軍令（作戦・指揮）専門機関として参謀本部が独立しても、陸軍卿が統帥機関としての役割を放棄したわけではなかったと考えられる。

一方海軍では、当初は艦艇も予算も少なく、一八七六年に東海鎮守府（横浜から横須賀へ移転）を置いたが、軍令専門の機関は存在しなかった。一八八三年度以降軍艦の建造・購入が進むと、一八八四年に初めて軍令を司る軍事部が外局として海軍省に置かれた。八六年度に本格的拡張期に入ると、八九年には呉・佐世保にも鎮守府が置かれた（のち舞鶴を加え四鎮守府）。軍事部は一時独立し、海軍部として陸海統合の参謀本部の下に置かれたが、一八八九年に海軍参謀本部は再び海軍大臣の下に戻った。持続的に軍令部が海軍省から独立するのは一八九三年からである（秦郁彦編『日本陸海軍総合辞典』東京大学出版会、一九九一）。

このように海軍では当初海軍卿・海軍大臣が国務と統帥を兼ね、陸軍では参謀本部長だけでなく陸軍卿・陸軍大臣も統帥に関与すると考えられた結果、本来参謀本部長だけに認められた「帷幄上奏《いあくじょうそう》」（太政大臣・総理大臣を通さないで直に天皇に上奏すること）を、陸海軍大臣も行っていた。永井和によれば、帷幄上奏による軍事勅令において上奏主体が陸海軍大臣や監軍《かんぐん》へと拡大するのは黒田清隆内閣期である（永井一九九三）。上奏内容も、「伊東巳代治《みよじ》関係文書」（国会図書館憲政資料室蔵）軍令、軍政関係資料の「兵制ニ係ル条項」によれば、「陸軍々政上ニ於テ内閣ヲ経ス直チニ裁可ヲ経テ施行スルモノノ種類」として、参謀本部独立直後の「団体ノ編制及操法上等ニ係ル諸規則」「団体ニ係ル編制表」が挙げられており、早くから武官の任命や編制について帷幄上奏が行われたことがわかる。

さらに一九〇七年に公式令が、すべての法律勅令に内閣総理大臣の副署を要すると定めると、陸海軍大臣が連署・上奏して軍令第一号が制定された。これは「統帥ニ関シ勅定ヲ経タル規定」は一種の法として、陸海軍大臣が副署して奉行《ほうこう》されるというものであった。ひと昔前まで、この軍令第一号により軍は「独自の軍事立法権」を獲得し、「軍部」として確立したとされていた（大江志乃夫『統帥権』日本評論社、一九八三）。しかし、軍令の起源は参謀本部独立直後までさかのぼり（藤田一九九二）、前述のごとく軍部大臣副署による帷幄上奏勅令も黒田内閣期には行っていたわけだから、軍令は、むしろ立憲制の確立過程で、軍政・軍令を兼ねる軍部大臣の特殊な権能があぶり出されたものであった。

†兵卒の服従と臣民の奉公

美濃部達吉は編制権を「陸海軍を作る」国家の作用とし、軍を「動かす」統帥権と明確に区別した。その上で、編制権を軍自身が有することは矛盾であるとし、軍部大臣文官制によって編制を明確な国務事項とし、軍の自己拡大を抑制しようとした（伊藤孝夫『大正デモクラシー期の法と社会』二〇〇〇年、京都大学学術出版会）。この提言は軍の反発をうけ、美濃部が詔勅を批判できるとしていたこととともに、天皇機関説問題における追及点となった。東京地方検事局による取調べを受けた美濃部は、自分が批判できるとしているのは国務事項について、しかもその輔弼者への批判であって、君主・大元帥としての天皇を批判するものではなく、不敬や干犯には当たらないと主張した。美濃部が折れたのは、教育勅語についてであった。通常の詔勅と異なり教育勅語には大臣副署がないため、これへの批判は直接天皇への批判になるからである（宮沢俊義『天皇機関説事件』上・下、有斐閣、一九七〇）。

大臣副署がなく、神話的な天皇が直接よびかける形式をとった点で、教育勅語と軍人勅諭は似ていた（梅溪二〇〇八上・下）。もちろん両者が出された経緯は異なる。軍人勅諭は、安上りで非政治的ということで選択された徴兵制下の陸軍兵士と、十分な報酬を得ている専門職業士官とを、一つの軍隊として融和させ、「動かす」ために出されたものだ。一方教育勅語は、井上毅《こわし》の考えで、道徳についての天皇の「著作」として作成された（梅溪二〇〇八下）。しかし「朕惟フニ」で始まりながらも、「一旦緩急アレハ義勇公ニ奉シ以テ天壌無窮ノ皇運ヲ扶翼スヘシ」の部分だけは命令だった。

「鴻毛よりも軽い死」と、有事における勇ましい奉公――二つの文書がめざした忠節と服従に比べれば、江戸時代の武士の忠誠は、むしろ個を重んじていたといえるだろう。また、それらに基づく服従・奉仕の結果についてだれも責任をとれないという点で、両文書は後世になるほど都合よく拡大解釈して使われやすかった。それらが大正デモクラシー期の立憲主義的改革によっても克服されず、本体の立憲制を浸蝕していったのだとしたら、それはなぜなのか。改めて考えてみるべきではないだろうか。

さらに詳しく知るための参考文献

梅溪昇『増訂　軍人勅諭成立史――天皇制国家観の成立〈上〉』（青史出版、二〇〇八）……『教育勅語成立史――天皇制国家観の成立〈下〉』とともに、一九六一年提出の学位論文を増訂した。前掲『明治前期政治史の研究』は同論文の一部を抄出したもの。本書上巻は軍人勅諭の全草稿、下巻は教育勅語草案の芳川本・徳教資料を掲載し、また、海後宗臣・稲田正次の教育勅語研究についても、「あとがき」で新たに解説している。両文書の多数の草稿を読むと、それらの成立順序など、未解明な点がまだあると感じる。

海軍歴史保存会『日本海軍史』（第一法規出版、一九九四）……第一巻～第四巻（通史）、第五、六巻（部門小史)、第七巻(機構、人事、予算決算、艦船、航空機、兵器)、第八巻(年表、主要文書)、第九、一〇巻(将官履歴)、第一一巻(主要海戦、観艦式、旗章等、図書資料目録、人名索引)、の全一一巻。網羅的概説。

永井和『近代日本の軍部と政治』(思文閣出版、一九九三)……第一部は、戦前の内閣への軍人の進出度を通じて政軍関係を分析。欧米の理論を批判的に継承し、より実態に即した方法を提案している。第二部は、帷幄上奏勅令の成立形態を分析。中世史における武家文書にあたるともいえる公文書の研究で、史料というと私文書(手紙・日記)に偏りがちな近代史研究に一石を投じた。

野村實『日本海軍の歴史』(吉川弘文館、二〇〇二)……日本海軍創設を促したのはペリーの来航であるとし、幕府の長崎海軍伝習所創設から太平洋戦争敗戦までの海軍の発達と終焉をえがく通史。敗戦までの諸海戦や同盟、軍縮などについて、海軍軍人であった立場から論じている。

藤田嗣雄『明治軍制』(信山社、一九九二)……プロイセン・ドイツ法研究を含む多くの法学書や法令の例を引用し、帷幄上奏勅令や軍令などの法制面から、軍制と憲法の二元体制を分析している。永井前掲書は、これを上級者の必携書とし、松下後掲書を初学者・中級者向け概説書としている。

保谷徹『戊辰戦争』(吉川弘文館、二〇〇七)……戦争のヒト・モノ・カネに注目し、天才軍師やヒーローは出てこない戊辰戦争史。江戸時代の社会の仕組みから光をあて、戦争がもたらした軍事革命的な変化を論ずる。

松下芳男『明治軍制史論』上・下(国書刊行会、一九七八)……軍部大臣制・統帥権独立制・徴兵制度を中心に、明治軍制を論じた古典的な著作。最近では運用実態などから明治時代に文民統制ができていたとみる傾向があるが、著者が元軍人として追求した法制面における軍制と立憲制の齟齬について読み直すと、今日改めて見直すべきことが多くあるように思う。

第6講

明治前期の国家と神社・宗教——神社が宗教でなかったのはなぜか

山口輝臣

†神社は宗教ではない

この書でとりあげるほかの項目と比べると、本講の内容に詳しい方はそう多くはないだろう。たとえば、戦前において、国は神社を宗教と扱っていなかった。このことはご存知だろうか？一八九九（明治三二）年一二月、山県有朋内閣は宗教法案を帝国議会に提出した。改正条約の実施を機に、維新以来の雑然とした法令を、憲法下にふさわしい包括的な法律として規定しなおそうという試みだった。ところが、この法案は貴族院で否決されてしまう。そのこと自体も興味深いが、ここでは、宗教法案における宗教とは、教派神道と仏教とキリスト教のことで、神社が含まれていなかったことに注目したい。大雑把に神道系といわれるもののなかでも、黒住教のように教派を形成していったものは宗教とされたのに対し、十数万を超える神社は、大は伊勢神宮や出雲大社、小は町なかのお稲荷さんまで、すべてひっくるめて宗教でないものとして扱われていた。そして神社は宗教ではないというこの方針は、法案の否決にかかわらず、その後も受け継がれ、「国是」のごとく固定化し（柳田国男）、敗戦まで変わることはなかった。

これを聞いてどう思われるだろうか？

神社が宗教でないというのはどこかヘンだ。きっとなにか裏があるはず。そうだ、神社は宗教でないというまやかしの論理を政府が編み出し、それによって神社を優遇したに違いない。そういえば国家神道という言葉を聞いたことがある。これがその国家神道の正体だろう――聡明な読者の思考をたどってみれば、こんなところになるだろうか。しかも、この「仮説」は教科書の知識で補強できそうだ。明治維新で祭政一致が掲げられ、神仏分離令は廃仏毀釈《はいぶつきしやく》を巻き起こし、神祇官《じんぎかん》がつくられて神道国教化政策が遂行された――この程度は、高等学校の教科書ならだいたい載っている。まさに右の「仮説」を証明してくれるものに見えなくもない。

そして現に古典的な学説は、このように考えてきた。また現在もそうした見方を踏襲している人がなくなったわけではない。しかしそうした立場はすでに少数派で、専門家のあいだでは、「仮説」と大幅に異なる像が共有されつつある。それはどのようなものなのだろうか？　そしてどうしてなのだろうか？

†宗教という考え方の登場

神社が宗教ではないと言われると、どこかおかしいと感じるのは、日本語を母語とする現代人には共有された感覚であろう。逆に言うと、神社は宗教であるというのが現在の「常識」である。先の「仮説」もこの上に立てられたものだった。ところがこの「常識」は明治時代にも「常識」だったのだろうか？　こんな問いを投げかけることができるし、そうするだけの価値は確かにある。なぜなら、幕末より以前、日本語のなかに宗教という言葉は存在しなかったからである。

驚かれた方もいらっしゃるだろう。しかしこれは厳然たる事実である。宗教の用例を過去に遡っていくと、明治維新あたりで途絶えてしまう。仏典などに宗教という文字列は見られるが、それらは一語をなしてはおらず、宗（言語化困難な真理）と教（言語化された教説）といったほどの意味だった。そのため、今日につながる宗教は、まだせいぜい一五〇年ほどの歴史しか持っていない。

では、なぜ宗教という言葉は明治維新前後になって登場してきたのだろうか？　それは、察しの良い方はすでにお気づきのように、宗教が訳語だったからである。religion/Religion/religie など、ラテン語の religio を語源とする一連の西洋諸語の訳語として、宗教という言葉は創造されたからである。漢字で表現されているため気づきにくいが、哲学（philosophy）や民主主義（democracy）などと同じく、宗教は、「開国」によって西洋諸国と本格的に接触していくなかで生み出され、使われるようになった新しい観念のひとつだった。

ただこう述べると、次のような批判が出てこよう。なるほど宗教という言葉はなかったかもしれない。しかしそれは言葉がなかっただけで、その言葉に対応するなにかはあったはずだ。宗教というのは普遍的なもので、いつでもどこにでもあるものだからである。明治以前に宗教がなかったというのは言い過ぎではないか、と。

それも一つの考え方である。実は明治の人びとも同じように考えた。religion というものの意味を探り、それがいかなるものかを考え、それと同じか、せめてよく似た観念を、日本語のなかに求めていった。そして宗旨・宗門・教・法など、江戸時代には普通に用いられていた言葉をそれに当ててみた。しかしいずれもしっくりといかず、ほとんど造語に等しい宗教へと落ち着いていく。それだけ religion という考え方が明治の人びとにとって新奇なものだったということである。しかしこうした知的な作業を通じて、日本においても religion ないし宗教が発見され、それはいつでもどこにでもあるという考え方が定着していく。さらにこうした活動が世界各地で起こることにより、宗教は普遍的なものであるということになっていったのである。

†キリスト教と仏教が宗教である

こうした来歴のため、明治前期の宗教は、どうしてもキリスト教を軸としたものになりがちだった。たとえば宣教師たちは、キリスト教こそが真の宗教で、それ以外は偽物か、さもなければ劣った宗教であると断じて憚らなかった。当時の西洋における見方の一面を直截的に表現したものだろう。

井上円了

そこに割って入っていったのが、島地黙雷《しまじもくらい》を先頭とする浄土真宗の僧侶たちである。かれらは、キリスト教に対抗しつつ、宗教という土俵に上がり、仏教も立派な宗教であるという議論を組み立てていった。もっとも島地黙雷の説は、煎じ詰めると、キリスト教に似ているから仏教も宗教であるという構造になっていた。これでは、仏教が宗教としてキリスト教を凌駕していると主張するのは難しい。その点を乗りこえたのが井上円了である。東洋大学の創立者としても知られるこの人物は、西洋哲学の枠組みを活用し、独自の宗教分類法を提示することで、仏教はキリスト教より優れているという議論を構築した。それに納得するかどうかは別である。ただこれによって、仏教は、胸を張って自らを宗教であると主張できるようになった。

日本において宗教という考え方が定着していったのは、こうしたキリスト教と仏教とが激しく対抗し、論戦を繰り広げた明治十年代のことだった。江戸時代には誰も考えたことのなかった宗教について真剣に議論を戦わせたのが、キリスト教と仏教の関係者たちであり、そこでの宗教とは、キリスト教と仏教のことだった。日本における宗教は、まずはそうしたものとして定着していく。

その結果、江戸時代には三教と並び称された神・仏・儒は、宗教という考え方の登場により、明治以降はその位相を異にしていく。仏教はすでに述べた。儒教は、基本的に学問として生きる道を選び、宗教ではないものとして自らを位置づけ、実際にそうなっていった。

†神社は宗教でないという一九世紀日本の「常識」

これに対し神道は対応が分かれた。宗教を指向するものと、そうでないものとが、それぞれ存在したからである。多少の揺れはあったものの、おおよそのところ、前者は教派神道として、仏教やキリスト教と同じ宗教として扱われることを求め、後者は神社として、宗教とは別扱いされることを求めた。明治政府は、仏教や儒教に対してと同じく、いわば当事者の意向に沿う形で、それぞれの主張に応じた制度化を行った。かくて戦前期において、神社は宗教でないものとされていった。

こうしたことが可能だったのは、右で述べてきたように、宗教というものについての考え方が、いまとは大きく違ったためである。この時期には、宗教とはキリスト教と仏教のことで、両者に共通する要素——教義とか教会組織とか——を備えていてこそ宗教であり、それらを欠くものは宗教にあらずとする見方が主流だった。そのため、神社のように、教義も教会組織もはっきりしないように見えるものが宗教でないというのは、ごくありふれた見方だった。すでに触れたように、キリスト教の宣教師、真宗をはじめとする僧侶、そして神職のほか、本書のほかの部分で登場しそうな名前を挙げれば、福沢諭吉、井上毅、伊藤博文、久米《くめ》邦武《くにたけ》といった、錚々《そうそう》たる、しかも宗教的にも政治的にも多様な人びとが、そう考えていた。いわば神社は宗教でないとするのは、明治前期の日本では「常識」の部類に属した。明治国家はただそれに基づいて仕組みをつくったに過ぎなかった。

†維新期の政策は失敗だったという合意

神社が宗教でないというのは、明治前期にはヘンでもなんでもなかった。またそれは政府が編み出したものでもなかった。むしろ当時の「常識」だった。よって、はじめに掲げた「仮説」は、その前提からして誤っていた。そこから導かれてくることも、いかに美しく論証されていようとも、当然ながら同じこととなる。

しかしそうは言っても、祭政一致や廃仏毀釈、神道国教化政策はどうなったのかと、疑問に思われる方がおられよう。もっともな疑問である。この点に関し、手始めに考えるべきことは、その後もそうした方向に事態が推移したかどうかである。

明治新政府は、はじめ祭政一致を掲げ、神祇官を再興するなど、神道に明らかに肩入れした政策を実行した。ただこうした方面を得意とする人材は、公家にも武家にも少なく、国学者が数多く登用された。かれらは存分に腕を振るった。だが国学者の理念に忠実な振る舞いは、次第に周囲との軋轢《あつれき》を生んでいく。仏教宗派としては最大の浄土真宗では、長州藩出身の僧侶・島地黙雷を介して、木戸孝允をはじめとする政治家に働きかけ、局面の打開をはかる。そうした運動を背景に、藩閥政治家が国学者を政権から排除し、政策を転換させる。まずは神道に肩入れしたものから仏教も取り込んだものへ、そしてやがてそのいずれとも距離を置くものへ、である。

政治主導が回復されて以降、そこでの共通認識は、維新期の諸策は失敗というものだった。これを前提に、その後の政策は遂行されていった。だからと言って、すべてが覆ったわけではない。当然である。しかしそうした認識のもと、意図的に維新期の政策を転換させたことは間違いない。その結果、大日本帝国憲法発布の直前には、仁和寺や大覚寺といった三〇弱の寺院に対しては皇室から永続的な資金が下賜される一方、国は、伊勢神宮以外の神社を、一定の猶予期間を経たのちはすべて「独立自営」させるという形になっていた。つまり伊勢神宮と三〇弱の寺院だけが、国ないし天皇からの保護を受けられる仕組みになっていたのである。こうした姿を、維新期の諸政策から想像することはできるだろうか？

明治維新と呼ばれる事象が大事件であったことは確かである。またそれが巨大な社会変動を惹き起こしたことも否定しない。だが明治維新によってすべてが決まったような歴史叙述は、維新一五〇年に水を差すようで恐縮だが、そのあとの時代を生きた人びとの営為をないがしろにするものであり、そろそろ考え直すべき時期に来ているのではあるまいか。

†国教のあるのが普通だった一九世紀

大日本帝国憲法がつくられたのは、こうした時代だった。そして宗教についての考えがいまとはかなり違ったように、宗教を取り囲む環境も違っていた。たとえば国家との関係である。

大日本帝国憲法を起草した伊藤博文たちが参照できた西洋諸国の憲法には、アメリカ合衆国を著名な例外として、ほとんどすべてに国教への言及があった。たとえば、伊藤たちにとって、単なる一事例ではない重みをもつプロイセンのそれには、「基督《キリスト》教は第十二条を以て与へたる宗教の自由に拘はらす宗教に関する国の制度の基本とす」と明記されていた。一九世紀後半における国教というものは、それによって国の儀礼を執り行うとともに、財政その他でほかよりも優遇するというのが主たる内容であった。そしてこの条文が示すように、そうした国教があっても、信教の自由を阻害するものではないと見做《みな》されていた。言い換えれば、国教＋信教の自由というのが、この時期の西洋におけるスタンダードだった。

そのため、伊藤をはじめとするこの時代の人びとの前には、特定の宗教を優遇するという選択肢が、ごく普通に存在した。キリスト教を国教にしようという声があったのも、そのためである。福沢諭吉がそれに近い主張を新聞紙上で公にしたこともあるし、原敬が伊藤博文に宛てた書簡で、そのための具体策を提案したこともある。

ただそれよりも勢力として大きかったのは、仏教による運動であった。明治期におけるそれは、仏教を、キリスト教や教派神道より優越した地位に置くよう政府に求めるものが中心だった。結局のところ、この目標が実現することはなかった。しかしながら、仏教系の運動は、冒頭で触れた山県内閣の宗教法案が、仏教をキリスト教などと対等に扱っていることを理由に反対し、それを葬り去る程度の力量は有していた。

そしてこのように、特定の宗教を優遇しても構わないということは、裏を返せば、宗教でないからといって、それを優遇しなければならない、ということにはならないことを意味する。

神社が宗教でないとしても、そのことは神社を優遇すべしいう結論を必ずしも導かないということである。一九世紀とはそうした時代だった。

ところが、大日本帝国憲法では、ついに国教に関する規定は置かれなかった。起草者たちの言動や枢密院での審議、さらには発布直後に次々と出された注釈書などを合わせると、その理由は、国教に見合う実態が日本にはないという判断によるものだったことが分かる。

†我国にありて機軸とすべきは皇室あるのみ

そしてここまで分かってくると、大日本帝国憲法を枢密院で審議するにあたり、起案者にして議長であった伊藤博文が行った有名な演説も、ストンと理解できるはずである。

今憲法の制定せらるゝに方《あたり》ては先《ま》づ我国の機軸を求め、我国の機軸は何なりやと云ふ事を確定せざるべからず。(中略)抑々《そもそも》欧洲に於ては憲法政治の萌《きざ》せること千余年、独り人民の此制度に習熟せるのみならず、又《ま》た宗教なる者ありて之《これ》が機軸を為《な》し、深く人心に浸潤して人心此に帰一せり。然《しか》るに我国に在《あり》ては宗教なる者其《その》力微弱にして一も国家の機軸たるべきものなし。仏教は一たび隆盛の勢を張り上下の心を繫《つな》ぎたるも今日に至《いたり》ては已《すで》に衰替《すいたい》に傾きたり。神道は祖宗《そそう》の遺訓に基《もとづ》き之を祖述すとは雖《いえども》、宗教として人心を帰向せしむるの力に乏し。我国に在て機軸とすべきは独り皇室あるのみ。

細かく見ていくと、注釈が必要なところもある。ただ基本的にこれまで述べてきたことと、齟齬《そご》しているところはないだろう。欧州で憲法政治が円滑に機能しているのは、宗教の力によって「人心」が帰一しているからである。ところが、日本では宗教の力が弱く、そうした役割を期待できない。そのため、仏教でも神道でもなく、皇室を機軸にしていくほかない――維新以来の紆余曲折を経て、明治国家がたどり着いた境地がこれだった。宗教が駄目だから天皇なのである。

そして皇室を機軸とする方途として発布されたのが、いわゆる教育勅語である。大日本帝国憲法が施行される直前の一八九〇（明治二三）年一〇月に出されたこの勅語は、右の伊藤博文演説と合わせると、立憲政治を円滑に運営していくために案出されたことが分かる。立憲政治をはじめて導入し、その実施を手探りですすめていた明治政府は、それを成功させるためには「人心」といった要素を無視できないと考え、勅語を発布したのである。

さらにその勅語からは、井上毅の主張に沿って、宗教的な争いの種となりそうな言葉を慎重に取り除いた。少なくとも作成者の意図にしたがえば、勅語は世俗的なものとして構成されていた。教育勅語は、日本における立憲政治の成功のために必要なのは、宗教でなく天皇であるという明治国家の方針を具現化したものだった。

†「国家神道」はどこへ？

本講では、戦前期において神社が宗教でなかった理由の追求からはじめる形で、明治前期の国家と神社・宗教との関係を概観してみた。宗教という考え方がようやく定着しつつあった頃で、神社が宗教でないというのは一種の「常識」だったこと。そうした宗教と国家との関係についても、国教があるのが普通であったりするなど、いまとは相当に異なっていたこと。維新期の政策はその後に軌道修正がはかられた結果、大日本帝国憲法誕生前後には、維新期の計画とはほど遠い姿になっていたこと。主たる内容はこんなところになるだろう。

ここまで読んでくださった読者が、本講の話にどんな印象をもたれたかは分からない。ただ、たとえば、明治前期は「国家神道」が着々と形成されていった過程であるというイメージからは程遠いものらしいことは、感じとれたに違いない。そうした枠組みにとらわれることなく、もっと自由に考えてよいということだ。なお、ついでにいうと、この「国家神道」なる言葉も、ほぼ戦前には存在しなかったに等しい言葉である。

しかしながら、明治維新とその後の軌跡から得た教訓を踏まえれば、大日本帝国憲法成立前後の様相がその後もそのままの方向に推移したかどうかを問う必要があろう。そして結論だけを述べれば、否。二〇世紀に入ると、さらにまた違った方向へと展開していくのだが、惜しいことに紙数が尽きた。続きはまたの機会にしておこう。

さらに詳しく知るための参考文献

村上重良『国家神道』（岩波新書、一九七〇）／島薗進『国家神道と日本人』（岩波新書、二〇一〇）……本講で述べた古典的な学説とは、以上の二著などを念頭においている。これらについての知識があれば、本講はさらに楽しめよう。

山口輝臣『明治国家と宗教』（東京大学出版会、一九九九）／同『天皇の歴史09　天皇と宗教』（小倉慈司との共著、講談社、二〇一一〔二〇一八年文庫化予定〕）／同『島地黙雷――「政教分離」をもたらした僧侶』（山川出版社・日本史リブレット人、二〇一三）……本講の内容について詳しく知りたい向きに、僭越ながら、以上の拙著を掲げておく。続きを早く知りたい方もこちらを参照されたい。

第7講

万国公法と台湾出兵――新しい国際秩序への一階梯

小野聡子

†万国公法の世界へ

台湾出兵の発端は一八七一(明治四)年にさかのぼる。暴風で船が遭難し、琉球・宮古島の乗員六六名のうち、五四名が漂着した先の台湾で殺害される事件が発生した。部族ごとに異なった風習をもつ少数民族と漢族系移住民が居住する台湾では、少数民族のうち、漢化・文明化している人々を「熟蕃《じゅくばん》」、未開・文明化していない人々を「生蕃《せいばん》」あるいは「土蕃《どばん》」と呼んでいた。遭難者を襲ったのは生蕃とされたパイワン族であった。生き残った一二名は、漢族に助けを求め、翌七二年に帰還した。さらに、七三年にも、漂流した小田県《おだけん》(現在の岡山県・広島県の一部)の四名が生蕃による略奪暴行に遭った。これらの事件をうけて、明治政府は「報復すへきは日本帝国政府の義務(「台湾蕃地処分要略」)」として台湾出兵の実施に動き出したのである。

同じころ、法学者箕作麟祥《みつくりりんしょう》はセオドア・D・ウールジー著『Introduction to the study of International Law』を翻訳し、その書名を『国際法――一名 万国公法』とした。この書名について、箕作は「原名ヲ考フル時ハ国際法ノ字允当《いんとう》」としながらも、一般的には「万国公法」という名称が「広ク世ニ伝布シテ」いるため、万国公法という呼称も残したとしている。

本講では、当時、「広ク世ニ伝布シテ」いた万国公法という呼称を使用するが、この国際法は現在の国際法（現代国際法）とは異なる概念で成り立っていた。たとえば、現代国際法では戦争や武力行使を違法と考えるのに対して、万国公法には戦時法があり、平時法においても自国民の保護などを理由にした武力行使は規制されていなかった。また、万国公法は「万国」と訳されているが、ヨーロッパの国際秩序から生成されたものであり、世界共通の国際秩序ではなく、東アジアでは、朝貢《ちょうこう》・冊封《さくほう》関係による独自の国際秩序があった。

一八七四年に実施された台湾出兵は、日本が東アジアの国際秩序から万国公法の国際秩序へと移行を模索している時期にあたる。この時期の日本は不平士族対策や琉球の帰属問題などがあり、台湾出兵の研究においても、これらの視点で研究がすすめられているが、本講では日本が万国公法の世界へ向かって試行錯誤する様子、イギリスをはじめ欧米の関係各国による対応、さらに当時の東アジアにおける国際環境を台湾出兵という事件を通して俯瞰したい。

†台湾出兵の波紋

万国公法では「無主地《むしゅち》」と「先占《せんせん》」の概念がある。「無主地」とは、その土地に人が住んでいたとしても、主権国家が確立されていない未開の土地を指し、「先占」とは、領有する意思をもって他国に先んじて無主地を実効支配することである。無主地と先占の考え方を理解していた日本は自国民保護を名目に無主地である生蕃の土地に出兵を計画したのである。明治政府の計画では、イギリス・アメリカから傭船し、参謀役としてアメリカの軍人たちが参加予定であった。

台湾全島図。「土蕃」、「熟蕃」といった語が見られる
（明治7年8月刊行『台湾軍記』第1巻）

ところが、出兵を間近に控えた一八七四年四月、駐日公使たちに動きがあった。一九三九（昭和一四）年に刊行された外務省編『日本外交文書』第七巻には台湾出兵関係の史料が所収されている。この『日本外交文書』に収録された明治七年四月九日の駐日イギリス公使ハリー・パークスによる照会からは、パークスが

出兵の目的・傭船する船名・日本軍の上陸予定港について外務省に説明を求める様子がわかる。これに対して寺島宗則《むねのり》外務卿は翌一〇日、外務省内でパークスと面会した。寺島は九日の問い合わせに沿って答えたが、パークスはさらに「清国は台湾出兵を承知しているのか」と質問を重ねた。

パークスの質問に寺島は「未《いまだ》清国政府へ報知不致《いたさず》候得共、同島人清国政府ノ政令教化不逮《およばず》トノ儀ハ去年中承リ」と応じた。ここで寺島が論拠とした「去年中承リ」というのは、前年、副島種臣《そえじまたねおみ》前外務卿が生蕃による殺害事件の責任を清国に問うた際、清国は生蕃を「化外《けがい》の民」であると答えたことを指している。「清国の管轄外＝生蕃の地は無主地」という式が成り立つため、あえて清国に連絡する必要はないという姿勢である。しかし、この回答にパークスは「全体前後セシ様相見申候」と納得せず、「清国政府ニテハ承諾可致哉《いたすべきや》」と追及している。一三日、パークスは、イギリス人・イギリス船舶を台湾出兵に関与させないように外務省に申し入れ、一八日に駐日アメリカ公使ジョン・A・ビンハムはアメリカ人・アメリカ船舶の関与を禁止する旨を伝えた。英米公使による申し入れの影響は大きく、明治政府は出兵の中止を検討するほどであった。

自国民を台湾出兵に関与させないという英米公使たちの行動を従来の研究では出兵中止を意図した「干渉」と捉えている。特に日清間の紛争に発展すれば、東アジアにおける欧米の経済活動に悪影響があると懸念したイギリスが干渉を主導したとするのである。一方で、欧米各国の公使たちは、自国民を台湾出兵に関与させないようにしていたが、日本の出兵自体には異議を唱えてはいないという指摘もなされている（小林隆夫「台湾事件と琉球処分（Ⅰ）」『政治経済史学』三四〇号、一九九四）。実際、台湾蕃地事務都督に任命された陸軍中将西郷従道《つぐみち》らが出兵を強行したが、欧米各国は日本に対して自国民が関与しないように要請した以上の措置はとらなかった。このように見てみると、欧米公使たちの動きは自国の商業圏保護を念頭にした「干渉」とするには再考すべき点が多いのである。

†各国公使の動き

パークスと会談した同じ一〇日、寺島はイタリア公使と、上野景範《かげのり》外務少輔《しょうゆう》はロシア臨時代理公使と会談し、一三日には上野がスペイン臨時代理公使に応対した。いずれの公使からも「清国政府が台湾出兵を承知しているのか」という共通の質問があったが、その後の対応は各国によって異なっていた。

イタリア公使は「首尾能《ヨ》ク御処分有之事《コレアル》ヲ祈ル」、「東方中、貴国ハ開化ノ魁《サキガケ》タリ、野蕃ヲ誘導シ人域ニ進マシムベシ」と理解を示した。スペイン臨時代理公使はスペインと清国の関係に影響を与える点を懸念したが、最終的には物資の調達も申し出ており、イタリア・スペインは台湾出兵に否定的ではなかった。

これに対して、ロシア臨時代理公使は一〇日の会談で、清国政府が不承知の場合、ロシア船の傭船・傭員を職掌上拒否する意思があることを上野に伝えていた。『日本外交文書』によれば、ロシア臨時代理公使は英米より遅れた四月二三日に傭船・傭員の不可を直接、在留ロシア人へ布告したことになっている。しかし、この「布告」は日本で発行されていた英字新聞『ジャパン・デイリー・ヘラルド』四月一一日号に掲載されている。

これには、後年の『日本外交文書』編纂時のミスがある。編纂に際して、この布告を「前後ノ関係ヨリシテ露暦ト認ム」とロシア暦の「四月一一日」と誤解し、西暦（グレゴリウス暦）に換算して「四月二三日」の布告であるとした。つまり、『日本外交文書』では、ロシアの布告日に余計な換算をしたため、イギリスが一番早く、傭船・傭兵の見合わせを申し入れ、実際には最も早く申し入れをしたロシアが英米の後とされた。後年、「イギリスが台湾出兵反対派の筆頭であった」と理解した一因には編纂時の誤解もあったと思われる。

†駐日イギリス公使パークスの意図

実際、パークスは個人的には台湾出兵を快く思ってはいなかったが、清国の承諾を得ていれば第三国が口出しはできないという考えであり、パークスは寺島に「清国から承諾を得られたか」を確認し、駐清イギリス公使トーマス・ウェードから清国の情報を求め、その判断は慎重であった。

ウェードの情報を待つ間、パークスは各地のイギリス領事たちへ段階的に指示を送った。まず、四月二日の寺島との会談をうけて、パークスは領事たちへ出兵に関与するイギリス船舶には「清国政府の同意を得なければ違法になる」と警告し、出航許可を出す前にパークスへ連絡を入れるように指示をした。さらに、一〇日、寺島とパークスの会談上で、寺島は上陸予定の港が台湾の「社寮《しゃりょう》」であり、社寮は清国領ではないと主張した。この会談を受けて、一三日、パークスは、領事たちへ日本が社寮に上陸することは反対できないとした上で、出兵に関与するイギリス船舶・人員を台湾にある清国領の港には上陸させてはならないと指示を改めた。また、ロシアが「布告」というかたちで有無を言わせず自国民に台湾出兵の関与を禁止したのに対して、パークスは出兵に関与しようとする自国民に個別に「警告」することで対応しようとした。

五月、パークスへ「生蕃の住む地域も清国領であり、出兵について日本から事前通告を受けていない」という清国の回答がようやく伝えられた。これによって、パークスは五月五日、出兵に関わるイギリス船舶・人員の台湾渡航を全面的に禁止するように外務省へ申し入れたのである。ただし、清国の回答にはパークスが最も重視した「清国が日本の出兵を承諾するのか、敵対的行為と認識するのか」について言及がなかった。したがって清国の態度は依然、不明確として、この時点においても「清国政府にて公に右の挙致承諾《しょうだくいたし》候事中出候迄は台湾何処にても御差向の挙に付我国船艦又は人民御雇被成《なられ》候事拙者に於て許可難致《いたしがたし》」（『日本外交文書』）という文言をパークスは入れた。すなわち、清国さえ承諾すれば、イギリスの傭船・傭員は可ということである。

台湾出兵を容認するスペイン、イタリア、早い段階で台湾出兵に否定的な態度をとったロシア、慎重に日清の状況を見極めるイギリスというように、その対応は各国で異なった。特にイギリスは四月の段階で日本が清国に宣戦布告をしていない点に着目し、日本に開戦の意思がないと判断していた。第三国であるイギリスが「台湾出兵は清国に対する日本の敵対的行為である」と断定した場合、かえって日清関係に緊張をもたらすと考えたイギリスは状況を見極める対応で臨んだのである。

また、パークスは日本と清国で論理の正当性に違いがあった点も重視していた。生蕃の地が無主地であるという日本の主張は、万国公法の論理に則っていた。反対に、清国は生蕃の地を自国領であると主張するには、生蕃による襲撃事件に対応すべきであったが「化外の民」による事件は清国の責任ではないという姿勢であった。そのため、清国の主張には矛盾があり、パークスも日本の主張に一定の理解を示し、段階的な措置を講じたのである。

ロシアの場合、イギリスとは異なり、否定的な反応をすぐに示したが、これも万国公法に基づく日本の主張が鍵となっている。当時、国境が固定化されていない東アジア世界において、支配が不明確な地域は台湾だけではなかった。琉球は日清両属状態であり、また樺太も日本とロシアの懸案事項であった。ロシア臨時代理公使と上野が会談した翌四月一一日、ロシア臨時代理公使は寺島に「貴国政府蝦夷嶋へ総員六千ノ兵隊ヲ送ラント企テ、其中二千人ハサカレン島（＝樺太、引用者注）ニ屯営スル為ナリトノ風評、東京及横浜ニ流布セル」と「風評ヲ聞捨ニ致難ク」と真偽を問い合わせている。日本が台湾出兵と同様に万国公法に則り「先占」や「自国民保護」を根拠に、樺太へも出兵するのではないかという警戒感があったのであろう。

　台湾出兵後、日本軍撤兵をめぐり日清の交渉が難航した一〇月の段階において、岩倉具視は「『パークス氏』時々入来頻《シキリ》ニ平和ニ帰シ候様忠告又調停致度《イタシタキ》口気モ有之《コレアリ》他ノ各公使モ略《ホボ》同意ノ様ニ推察被致《イタサレ》候、独リ魯公使ハ窃《ヒソカ》ニ開戦ヲ速カニスル方御国ノ利ナリ、魯政府ニ於テハ必ス御国ノ為ニ尽力可致《イタスベシ》云々トノ語アリ、畢竟《ヒツキヨウ》魯国ハ自国ノ為ニ別ニ謀ル所有之《コレアル》儀ト思料致申候」と大久保利通へ書翰を送っており、ロシアだけは日清開戦を望んでいた様子が見受けられる。四月と一〇月ではロシアの行動は正反対であるが、日本の視線が樺太へ向かなければよいというロシアの思惑が端的に現れたといえよう。

　各国の対応から分かるように、万国公法は一つの基盤ではあるが、様々な理解と対応へつながるものなのである。

明治政府と万国公法

そもそも、台湾出兵には先例があった。一八六七年、アメリカ船が台湾に漂着し、生蕃に殺害される事件が発生していた。このとき、元軍人で当時、厦門《アモイ》領事であったチャールズ・リゼンドルは清国と交渉し、清国の兵も参加させて討伐を行っていた。台湾出兵ではリゼンドルの協力もとりつけていたため、台湾出兵は外交上、大きな問題にはならないと明治政府は想定していた。そのため、アメリカが突如として、傭船・傭員を見合わせるという事態に明治政府は困惑したのである。

日本国内では、アメリカが台湾出兵に非協力的になった背景に、一向に解決しない内地雑居問題などに不満を募らせたパークスがアメリカ公使も巻き込み、台湾出兵を妨害し、さらには軍事力で日本を抑えようとしているのではないか（明治七年四月二八日付岩倉具視宛佐佐木高行書翰）という風聞もあったほどである。当時、部下であったアーネスト・サトウも閉口したほど、パークスは高圧的な言動が多い人物であり、その彼が、たびたび寺島と会談し、台湾出兵の論理的弱点を指摘しているのであれば、日本からは攻撃的に映ったであろう。しかし、実際には日本で発行された『ジャパン・メール』紙上でアメリカの台湾出兵関与が万国公法に反していると名指しで批判されたことがアメリカの態度を変える要因であった。

また、木戸孝允が明治元年に「万国公法などゝ申候而《て》も是又人之国を奪ひ候之道具」（明治元年一一月一三日付野村素介宛木戸孝允書翰）と不信感を示したように日本は幕末以来、欧米各国の力を目の当たりにし、力の支配を正当化する根源に万国公法があることを理解していた。

しかし、台湾出兵時において、世間では力を振りかざす欧米というイメージがあったとしても、木戸ら明治政府首脳部は万国公法への理解を深化させていた。木戸は外征を「愉快なる訳に而《て》一身上之考に御座候へは至極同意」（明治七年四月長三洲宛書翰）と外征・領土拡張自体に反対ではないことを述べている。ただし、外征に関する意見書では、木戸は、現状の日本に外征・領土拡張をする資格が備わっているのかという点を重視する。万国公法上、外征・領土拡張が認められるのは文明国であり、木戸も「大抵文明諸

うるさいガチョウ（＝不平士族）を従えるリゼンドル将軍（1874年4月『ジャパン・パンチ』）

国の属地を要するもの固《もと》り経営の第一着たり、然《しかれ》とも彼れ皆其治具既に整ひ民産既に立ち餘力を伸へて外に求る事をなす」という前提を理解している（明治七年二月「外征反対の意見書」）。

木戸からみれば、日本は「今国内三千万の人民未た大に政府の保護を被むらす蒙昧貧弱、人の権利を持する事を得す、国の国たる未た知る可からす」（明治七年四月「征台の不可を論じ辞官を請ふの表」）という文明国とは言い難い現状であった。外征より先に日本は文明国になるべきであり、文明国の日本であれば国際的に外征・領土拡張が承認されうるという理解である。こうした理解とともに、木戸は生蕃への問罪は万国公法上、当然であるとも考えていた。双方の着地点として、木戸は台湾の調査・懐柔に時間をかけた上で出兵を実施するという条件を示した。しかし、その条件が退けられ、出兵の即時実施という結論に至った段階で、木戸は辞官を決し、佐賀の乱平定を待って政府を去ったのである。こうした考え方は木戸に限らず、山田顕義《あきよし》・黒田清隆にも共通する。彼らは生蕃の行為は問罪すべきとしながら、清国に通知せずに出兵するという方針を万国公法に悖《もと》る行為であると批判したのである。なお、台湾出兵の方針が討伐のみから領有を目指すものに変わったことが木戸の辞官の要因とする説もある（家近良樹「「台湾出兵」方針の転換と長州派の反対運動」『史学雑誌』九二編一一号、一九八三）。

一方で、これまで見てきたように万国公法は日本の台湾出兵の根拠にもなっていた。台湾出兵後、日清間で行われた北京談判でも大久保利通は法学者のお雇い外国人ボアソナードを助言者として伴い、清国に対して万国公法の理論で論争した。台湾出兵は、ウェードの斡旋があり、日本は台湾から撤兵すること、清国は被害者である琉球の人々が日本国民であり、日本の出兵行為が「保民義挙」であると認め、撫恤《ぶじゆつ》銀五〇万両《テール》を支払うことで解決した。万国公法は欧米各国公使たちにおいて異なる理解と対応を導き出したように、国内政治上でも、それぞれの理解と対応という結果になった。台湾出兵問題を経た明治政府はこうした万国公法の性質を学び、次の教訓としたのである。

†万国公法理解の深化と小笠原諸島問題

台湾出兵が収束した後の一八七五年一一月、明治政府は江華島事件など緊急の外交問題が山積するなかで、小笠原諸島へ灯台視察船「明治丸」を送り出し、小笠原諸島を管轄下に置いた。それまで、小笠原諸島は江戸幕府による開拓が試みられていたが、一八六三年に幕末の混乱から入植者が撤退して以降、政府レベルで小笠原諸島を開拓・管轄下に入れようとする動きはなかった。当時の小笠原諸島にはイギリス、アメリカなどいわゆる欧米系島民が居住し、捕鯨船が寄港する際に生鮮品を売り、生計を立てていた。多事多難の明治政府にあっては、日本人がいない遠隔の地にわざわざ船を出し、官吏を派遣し、施政下に入れるだけの必要性・緊急性は感じていなかった。小笠原諸島に関する問題といえば、小笠原諸島が日本であるのか、国外であるのかという点で税関が判断に迷っていたことであった。小笠原諸島が日本であれば、安政の五カ国条約により定められた開港場以外の存在となり不都合であり、もし小笠原諸島が国外であるとすれば、「輸出入」の観点から税額などが異なる。そこで税法が改正される時期（一八七三年）に小笠原諸島の扱いについて税関が問題を提起したのである。

しかし、大蔵省は採算性・緊急性のない小笠原諸島問題には消極的であり「度外《どがい》に被為差置《さしおかせられ》候方可然《しかるべし》」という回答であった。外務省は「皇国の版図」と述べながらも政府主体ではなく、韮山《にらやま》県（現在の静岡県・神奈川県などにあたる）へ任せ、官吏を数名、駐在させるという極めて小規模・低予算の事業を提唱した。

こうした政府の考え方を大きく転換させたのが台湾出兵によってもたらされた万国公法理解である。現状の小笠原諸島は無主地と判断されうる状況である。小笠原諸島を「度外」とした日本は台湾を「化外《けがい》」と判断した清国、樺太が無主地として判断されることを懸念したロシアと、同じ状況に立たされたといえよう。そこで明治政府は実効支配を目指し、大掛かりな調査を行い、島民との意思疎通を図ろうとした。

この動きに反応したのがパークスである。彼は台湾出兵時と同様に日本が小笠原諸島を「皇国の版図」と主張する根拠の薄弱さを度々指摘していた。さらに、小笠原諸島調査へ向かう明治丸を追いかけるように、イギリス軍艦カーリュー号を出航させた。あたかも小笠原諸島への覇権をめぐる早い者勝ちの争奪戦である。しかし、明治丸が一足先に父島へ入港するとカーリュー号は、明治丸を監視したのみで、明治丸より先に日本へと戻っていった。その際には、日本の調査団から報告書を預かり、明治政府へ届けている。

この時のパークスの目的は、日本の調査団によってイギリス人ら欧米系島民が不当な扱いをされないよう監視することにあっただけで、実は日本による小笠原諸島の実効支配について異存はなかった。そのため、あえてカーリュー号を明治丸の出航後に出発させていた。この点も台湾出兵と同様にパークスは日本への一定の配慮をしていたのである。

パークスは台湾と小笠原諸島という二つの無主地に対する日本の行動に、常に厳しい指摘をし、日本を困惑させる強い姿勢であった。しかし、パークスの的確な指摘は明治政府の万国公法理解を促し、実態に即した施策を明治政府に学ばせたのである。パークスの言動は万国公法の世界に踏み入れ、試行錯誤する日本を「文明国」たるイギリスが指導しなければならないという自負とともに、当時の国際環境が単純に力に依拠するだけの弱肉強食の世界ではないことをも、明治政府に示したといえよう。

さらに詳しく知るための参考文献

清沢洌『外政家としての大久保利通』（中公文庫、一九九三）……本書は一九四二年刊行、一九九三年に文庫で再版された。本講で扱いきれなかった北京談判時の大久保利通の外交手腕までを描写している。戦前期の刊行ながら、史料を博捜した実証性と読み物としての面白さがある。

F・V・ディキンズ『パークス伝――日本駐在の日々』(高梨健吉訳、平凡社東洋文庫、一九八四)……パークスの手紙・報告書などを引用する形式の伝記である。妻や友人に宛てたパークスの手紙からは台湾出兵に動く日本を苦々しく思い、ロシアの動向に神経をとがらせ、清国の曖昧模糊たる態度を批判するパークスの肉声が聞こえるようである。

毛利敏彦『台湾出兵――大日本帝国の開幕劇』(中公新書、一九九六)……台湾出兵に至る国内情勢を理解しやすくまとめている。一方で欧米各国の動向を「欧米列強」といういわば古典的ともいえる視点でとらえている。

大久保泰甫『ボワソナードと国際法』(岩波書店、二〇一六)……これまでの台湾出兵研究において、あまり注目されることのなかったフランス人ボワソナードに着目した一書。台湾出兵問題に取り組むボワソナードの思想を彼の「覚書」から分析した労作である。

塩出浩之編『公論と交際の東アジア近代』(東京大学出版会、二〇一六)……英語新聞・日本語新聞・中国語新聞の台湾出兵報道を分析し、外交官・政府レベルにとどまらない「公論空間」から台湾出兵を考察している。

第8講

自由民権運動と藩閥政府
——板垣遭難と民権運動の展開

中元崇智

†明治六年政変と西郷隆盛

一八七一（明治四）年一一月一二日、岩倉具視《いわくらともみ》、大久保利通、木戸孝允《たかよし》、伊藤博文ら藩閥政府首脳や各種留学生を含む岩倉使節団が日本を出発、アメリカ、イギリス、フランス、ドイツなどを歴訪した。岩倉使節団の出発後、地租改正や学制などの近代化政策を推進したのが、参議の西郷隆盛、板垣退助、江藤新平、大隈重信等であった。

当時の政府内では、明治初年に国交樹立に失敗した朝鮮との関係について、武力を背景に交渉する方針が強まっていた。特に、西郷は自らが使節として朝鮮に赴いた場合、朝鮮側が日本側の要求を拒絶し、自らを殺害すると予測した。そして、西郷は自らが殺害されることで、朝鮮に対する武力行使の大義名分を作りだそうと考えたのである（「征韓論」）。

また、藩閥政府が廃藩置県後、封建的身分制度を解体し、士族の身分的特権を奪っていったため、士族の不満が高まりつつあった。西郷や板垣はこうした士族の不満を朝鮮に対する武力行使によって解消する一方、国内の改造を図ろうと考えた。そして、一八七三年八月一七日、西郷の使節派遣を閣議で内定したのである（大日方二〇一六）。

しかし、帰国した岩倉や大久保、木戸等が内地優先論を唱えて西郷の使節派遣に強く反対し、西郷や板垣、江藤等征韓派と激しく対立した。そして、両者の板挟みとなった太政大臣三条《さんじょう》実美《さねとみ》が執務不能となった後、太政大臣代理に就任した岩倉と大久保等の策略によって、西郷の使節派遣は覆された。これに抗議する形で、一〇月二三日に西郷、二四日に板垣、江藤、副島《そえじま》種臣《たねおみ》、後藤象二郎《ごとうしょうじろう》の五人の参議が辞表を提出・下野したのである。鹿児島出身の軍人・官吏の多くが西郷とともに辞職し、下野した西郷は鹿児島に帰郷して私学校《しがっこう》を設立した。

こうした西郷の征韓論の背景には、近年明らかにされた西郷自身の体調不良問題があった。西郷は肥満解消のために瀉薬《しややく》療法を用いており、ひどい下痢に苦しんでいた。また、旧薩摩藩主島津忠義の実父島津久光と深刻な確執を抱え、政変のさなか三条に自殺をほのめかした脅迫を行うなど、著しく心身のバランスを欠く状況にあったことが指摘されている（家近良樹『西郷隆盛と幕末維新の政局』ミネルヴァ書房、二〇一一）。

†大久保政権の成立と「民撰議院設立建白書」の提出

明治六年政変後、藩閥政府では人事が刷新され、伊藤博文が工部卿兼任で、勝海舟（安芳《やすよし》）が海軍卿兼任でそれぞれ新たに参議に就任した。一八七三年一一月、勧業行政や警察組織を統括する内務省が設立され、政変の立役者で参議の大久保利通が自ら内務卿に就任した。また、参議大隈重信が改めて大蔵卿に就任し、伊藤とともに大久保政権を支えることとなった（坂本多加雄『日本の近代2 明治国家の建設』中央公論社、一九九九）。

一方、明治六年政変で下野した前参議の板垣退助、後藤象二郎、江藤新平、副島種臣と由利《ゆり》公正《きみまさ》、小室信夫《こむろしのぶ》、岡本健三郎、古沢滋《ふるさわしげる》の八名は一八七四年一月一二日、愛国公党を結成した。一月一七日、板垣等は左院に「民撰議院設立建白書」を提出、藩閥官僚による政権の独占を批判し、民撰議院（国会）の開設を要求した。「民撰議院設立建白書」は翌日にイギリス人ブラックが経営していた日本語の日刊紙『日新真事誌』に掲載された。その結果、民撰議院に関する論争が『日新真事誌』などの新聞・雑誌上で展開され、自由民権運動の口火が切られたのである。

一八七四年四月、板垣は高知で地方の団結を図るため立志社《りっししゃ》を結成する一方、翌年二月には全国における結社の連絡組織として、大阪に愛国社を創立した。民権結社は様々な階層・職業の人々が「民権運動の核・拠点として政治・学術・学習・情報・産業・扶助・懇親などの多彩な機能をもつ活動を行ない、多様な利益・願望を実現・代弁しようとした運動体」であった（福井淳「多彩な結社の活動」〔江村栄一編『近代日本の軌跡2　自由民権と明治憲法』吉川弘文館、一九九五〕）。その総数は全国で二一〇〇社を超えており、士族や豪農だけでなく広範な人々が参加していた（新井勝紘「自由民権と近代社会」〔同編『日本の時代史22　自由民権と近代社会』吉川弘文館、二〇〇四〕）。

†自由民権運動の展開と西南戦争

自由民権運動は藩閥政府に対抗し、近代的立憲制国家の確立を求めて闘った、国家構想をめぐる運動と定義づけられる。自由民権運動を展開した民権家は国民の諸権利を保障した国約憲《こくやくけん》法《ぽう》の制定、国会の開設と責任内閣制の実現、地方自治の確立や租税の軽減、外国との不平等条約の改正などを要求して、政権を独占する藩閥政府と対峙した（安在二〇一二）。一方、近年では、自由民権運動を「戊辰戦後デモクラシー」と位置づけ、江戸時代の身分制社会に代わる「ポスト身分制社会」を自らの手で作り出すことを目指した運動として描く新たな視点も登場している（松沢二〇一六）。

自由民権運動の展開で重要な分岐点となったのが西南戦争であった。一八七五年二月、大久保利通、木戸孝允、板垣退助による三者会談（大阪会議）が開催され、同年四月の「漸次立憲政体樹立の詔《みことのり》」によって国会の準備機関として元老院を設置すること、司法制度確立のため大審院を設置すること、地方官会議を設置することが宣言された。

しかし、参議に復帰した板垣は立憲制樹立に向けた急進論を唱えて再び下野、一八七七年に西郷隆盛を擁する最大の士族反乱、西南戦争に直面することとなった。西郷軍の決起に呼応して、立志社の挙兵計画を推進したのが板垣の側近林有造《はやしゆうぞう》らであり、板垣に挙兵を迫った。この時、板垣は政府への建白書提出と、武器弾薬が整い、戦局が有利に働くことを前提とした挙兵の間で、「臨機応変」の行動を取ったとされる（小川原正道『西南戦争と自由民権』第二章、慶應義塾大学出版会、二〇一七）。しかし、板垣は戦況が西郷軍に悪化しつつあるのを見て、言論による国会開設の方針を決定、六月九日に立志社総代の片岡健吉が国会開設を求めた建白書を提出したが、政府により却下された。この板垣の決断は結果的に立志社系の自由民権家の多くを温存することとなったのである。

†自由党・立憲改進党・立憲帝政党の結成

一八七八年四月、立志社は「愛国社再興趣意書」を発表し、同年九月に立志社の呼びかけに応えた人々が大阪に集まって、愛国社の再興大会が開催された。そして、一八七九年一一月の愛国社第三回大会には福井県の自郷社《じきょうしゃ》を代表した杉田定一《ていいち》、福島県の石陽社《せきようしゃ》・三師社《さんししゃ》を代表した河野広中《こうのひろなか》など東北・北陸地方の民権家も参加した。西日本の旧藩士族中心であった愛国社に平民出身者の多い自郷社・石陽社などが参加したことは、民権運動が東日本に拡大しただけでなく、豪農を中心とする平民層にも拡大したことを示している。

一八八〇年三月、大阪で開催された国会期成同盟第一回大会には愛国社加入の結社だけでなく、未加入の結社も参加し、国会開設願望書の提出を決定した。同年四月、片岡健吉、河野広中は明治天皇にあてて「国会ヲ開設スル允可ヲ上願スル書」を提出したが、藩閥政府はこれを受理しなかった。そして、藩閥政府は自由民権運動に対抗して、四月五日に政社《せいしゃ》や政談演説会を厳しく制限する集会条例を制定したのである（大日方二〇一六）。

一八八一年一〇月一二日、開拓使官有物払下げ事件に対する藩閥政府批判が高まる中、国会開設の勅諭《ちょくゆ》が発せられた。そして、開拓使官有物の払下げは中止され、参議大隈重信が政府から追放された（第10講「明治一四年の政変」参照）。一方、当時開催されていた国会期成同盟第三回大会では自由党の結成に向けた協議が進められており、一〇月二六日に自由党盟約を決定、二九日に総理板垣退助、副総理中島信行《のぶゆき》等を選出したのである。

一方、一八八二年三月一八日には、『東京日日新聞』の福地源一郎《ふくちげんいちろう》、『明治日報』の丸山作楽《まるやまさくら》、『東洋新報』の水野寅次郎《みずのとらじろう》等によって「万世不易ノ国体」を保守し、漸進主義を掲げた立憲帝政党が結成された。立憲帝政党の結党には政府首脳部が直接関与したとされるが、翌年九月二四日に解党している（大日方純夫「立憲帝政党の結党をめぐる基礎的考察」『日本史研究』二四〇号、一九八二）。

四月一六日には、大隈重信を総理とする立憲改進党が結党式を実施した。イギリス流の立憲政治を目標とする立憲改進党は都市知識人や商工業者、地方名望家層を中心に勢力を拡大していった（勝田政治『小野梓と自由民権』有志舎、二〇一〇）。

†板垣退助岐阜遭難事件と顕彰運動

自由党は自由党規則の第一章で各地に地方部を設置することを定めていた。自由党は東京に本部を設置する一方、全国各地に三二の地方部を有する全国政党となったのである（寺崎修『明治自由党の研究』上巻第一編I、慶應通信、一九八七）。

一八八二年三月一〇日、自由党総理板垣退助一行は東海道遊説に出発した。板垣一行は静岡県を経て愛知県各地を遊説し、岐阜県に入った。そして、四月六日に岐阜県厚見《あつみ》郡富茂登《ふもと》村（現岐阜市）の中教院《ちゆうきようぃん》で懇親会が開催された。この懇親会終了後、板垣は愛知県の小学校教員相《あい》原尚褧《はらなおぶみ》に襲撃され、負傷した。この事件は板垣退助監修『自由党史』のハイライトであり、板垣が相原を睨みつけて「板垣死すとも自由は死せず」と叫んだとされていることでも有名である。遭難直後、板垣には見舞客や見舞状が殺到し、板垣の写し損じの写真まで売り切れるなど、板垣遭難事件は社会現象となった。岐阜県の濃飛《のうひ》自由党も「板垣君記念碑建設ノ広告」【図1】を掲載し、記念碑を建設して板垣の名声と自由の血痕を永遠に伝えることを強調している（『愛知新聞』一八八二年四月二〇日号）。

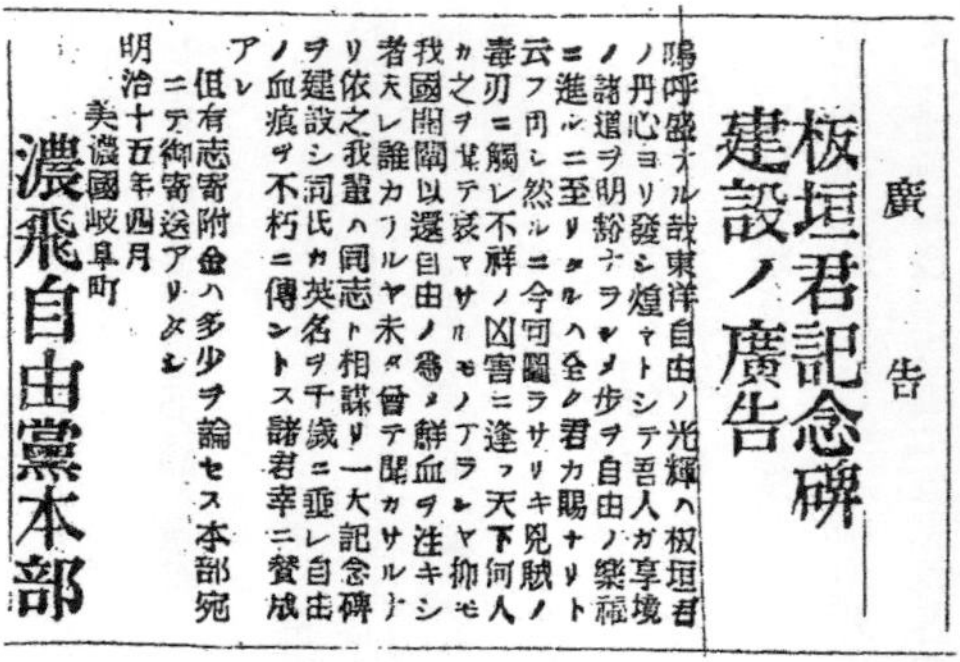
廣告

板垣君記念碑建設ノ廣告

嗚呼盛ナル哉東洋自由ノ光輝ハ板垣君ノ丹心ヨリ發シ煌々トシテ吾人ガ享境ノ諸道ヲ明豁ナラシメ歩ヲ自由ノ樂福ニ進ルニ至リタルハ全ク君カ賜ナリト云フ可シ然ルニ今何圖ラサリキ兇賊ノ毒刃ニ觸レ不祥ノ凶害ニ逢フ天下何人カ之ヲ甚テ哀マサルモノアランヤ抑モ我國開闢以還自由ノ爲メ鮮血ヲ注キシ者夫レ誰カアルヤ未タ曾テ聞カサルナリ依之我黨ハ同志ト相謀リ一大記念碑ヲ建設シ同氏カ英名ヲ千歳ニ垂レ自由ノ血痕ヲ不朽ニ傳ントス諸君幸ニ賛成アレ

但有志寄附金ハ多少ヲ論セス本部宛ニテ御寄送アリタシ

明治十五年四月

美濃國岐阜町

濃飛自由黨本部

図１　「板垣君記念碑建設ノ広告」（『愛知新聞』1882 年 4 月 20 日号）

板垣の名言は事件当初、三種類のパターンが存在した。板垣が犯人相原に叫ぶパターン（「板垣は死すとも自由の精神は死ナン」、『愛岐日報』一八八二年四月八日号）と、板垣が周辺の人物に慰めの言葉をかけるパターン（「諸君嘆する勿れ退助ハ死すとも自由は滅せざるなり諸君勉めよや」、藤吉留吉編輯『自由党総理板垣君遭難詳録』）、犯人相原と周辺の人物の両方に発言するパターンである。この名言は新聞によって全国に報道され、板垣の政治的評価を高める一方、板垣が自由民権運動の指導者として定着する契機となった。そして、濃飛自由党員の岩田徳義《のりよし》等によって現在の名言の原型に近づけられ、『自由党史』で「板垣死すとも自由は死せず」に確定したのである（中元崇智「板垣退助岐阜遭難事件の伝説化」『日本史研究』六二九号、二〇一五)。

また、遭難事件という咄嗟《とっさ》の事態で名言が生まれた背景には、板垣の決意があった。遭難事件の前年、一八八一年九月十一日、板垣は東北遊説の途上、大阪中ノ島自由亭の懇親会で「東北周遊ノ趣意及ヒ将来ノ目的」の題名で次のように演説している（板垣退助「東北周遊ノ趣意及ヒ将来ノ目的」、福井淳編纂『雄弁大家演説集』忠雅堂、一八八七年、二六頁）。

然リト雖トモ我党ハ我権理ヲ守リ我自由ヲ張ル上ニ於テハ決シテ啻《タダ》ニ遠慮会釈スルコトヲ容レサルノミナラス勇往敢為シテ所謂ル仁ニ当テハ師ニ譲ラスノ精神ヲ以テセサル可ラス即チ我党ノ志ヲ立ツルハ遠大ナランコトヲ要シ我党ノ心ヲ用ユルハ謹密〔ママ〕ナランコトヲ要シ余カ前ニ述ヘタル所ヲ我党ノ履践《リセン》スル所ノ常トナシ而シテ苟モ事ノ権理自由ノ消長伸縮ニ関スルコトアルニ遇フ毎ニハ亦タ死ヲ以テ之ヲ守リ之ヲ張ルコトヲ勉メンノミ（後略・傍線部引用者、【図2】）

このように、板垣は岐阜遭難事件の「名言」を彷彿とさせる演説をしており、権利自由の消長伸縮に関することは、死を以てこれを守るとの決意が名言へとつながったと考えられる。

こうした自由民権運動の発展に対して、藩閥政府は一八八二年六月三日、改正集会条例を布

ニ免ルヲ得サル所ロナレハ宜シク深ク此ニ戒シメサル可ラス然リト雖モ我黨ハ我權理ヲ守リ我自由ヲ張ル上ニ於テハ決メ啻ニ遠慮會釋スルヿヲ容レサルノミナラス勇往敢爲シテ所謂ル仁ニ當テハ師ニ讓ラスノ精神ヲ以テセサル可ラス卽チ我黨ノ志ヲ立ツルハ遠大ナランヿヲ要シ我黨ノ心ヲ用ユルハ謹密ナランヿヲ要シ余カ前ニ述ヘタル所ヲ我黨ノ履踐スル所ノ常トナシ而メ苟モ事ノ權理自由ノ消長伸縮ニ關スルヿアルニ遇フ毎ニハ亦タ死ヲ以テ之ヲ守リ之ヲ張ルヿヲ勉メンノミ斯ク余ハ我黨將來

図２　板垣退助「東北周遊ノ趣意及ヒ将来ノ目的」（福井淳編纂『雄弁大家演説集』忠雅堂、1887）

告し、自由党地方部の非合法化を図った。その結果、自由党地方部は東京自由党に直接加盟するか、解散に追い込まれるか、地域政党を結成するなどの方針を取ることとなったのである（寺崎修『明治自由党の研究』上巻第一編Ⅰ）。

†描かれた愛国交親社と岐阜加茂事件

自由民権運動は多様な人々や階層を周辺に巻き込んで展開したが、その一例が愛知県における愛国交親社であった。当時の愛知県では、尾張藩が戊辰戦争の際に博徒を集めて編成した集《しゅう》義《ぎ》隊《たい》や都市下層民の磅礴隊《ぼうはくたい》の旧草莽隊《そうもうたい》士が参加した、見せ物の剣術試合を演出する興業撃剣家

図３　「明治十七〔ママ〕年八月廿二〔ママ〕日愛国交親社八ヶ国之社員貳万七千人余甚目寺ェ鎗術撃劔奉納之並行例之図」〔「愛国交親社之図」〕（中京大学文学部蔵）

組織が存在しており、彼らがこの愛国交親社の中心となったのである。

【図3】は「明治十七《〔ママ〕》年八月廿二《〔ママ〕》日愛国交親社八ヶ国之社員貳万七千人余甚目寺ェ鎗術撃劔奉納之並行例之図」（以下、「愛国交親社之図」と略称、中京大学文学部所蔵）である。【図3】には「明治丁酉之初秋學柳（印）」とあることから、丁酉《ていゆう》の年＝一八九七（明治三〇）年に學柳という人物によって描かれたことが分かる。なお、「愛国交親社之図」と別に、一八八二（明治一五）年に名古屋の富永兼保によって描かれた「愛国交親社行列之図」も存在している（大阪経済大学図書館所蔵「杉田定一関係文書」二六－二九、家近良樹・飯塚一幸編

『杉田定一関係文書史料集』第一巻口絵、大阪経済大学日本経済史研究所、二〇一〇)。

【図3】は、一八八三(明治一六)年八月二一日に海東《かいとう》郡甚目寺《じもくじ》の境内に愛国交親社の社員約一五〇〇人を集めて実施された大規模な「野試合大撃剣会」の行列風景であり、一見、江戸時代における軍勢の行列のような図である。彼らは陣笠に袴姿、竹刀をそれぞれ装備しており、隊列中央には木槍を装備している人物や乗馬した社長の庄林一正《しょうばやしかずまさ》と思われる人物もみえる。そして、彼らの旗には「愛親社」(愛国交親社を指す)と、「愛親社　熱田」(郡名)や「愛親社　三河」(国名)など、愛国交親社に参加した地域を示す内容が記されている。約一五〇〇人の参加者は平氏と源氏になぞらえた紅白二隊に分けて模擬戦などを展開し、会場は見物客で満員となったとされる(『自由新聞』一八八三年八月二六日号)。彼らはどのような形で自由民権運動と関わったのであろうか。

一八七九年三月、愛知県の自由民権家内藤魯一《ないとうろいち》は三河交親社を設立し、さらなる勢力拡大を図るため、興業撃剣家組織に着目した。そして、内藤は興業撃剣家組織を率いた旧尾張藩士荒《あら》川定英《かわさだひで》、庄林一正と協議し、一八八〇年三月に愛知県交親社を結成したのである。

しかし、同年五月、興業撃剣家組織は荒川を社長、庄林を副社長(後に社長)として、愛国交親社という独自の組織を立ち上げた。愛国交親社は徴兵や諸税の免除、士族への取り立てを喧伝するなど、一八八二〜八三年にかけて尾張・美濃・三河・飛驒・遠江・信濃・伊勢で二八〇〇〇人を超える勢力へと急激に拡大していった。その成長を支えたのは農村部の自作・自小作・小作農層であったが、彼らに撃剣を指導したのは、かつての旧草莽隊出身者であり、その後、興業撃剣家組織に参加した者たちであった（長谷川一九七七）。こうした背景には来るべき社会でよりよい暮らしを約束される「参加＝解放」型の幻想が存在したとされる（松沢二〇一六）。

一八八四年七月、地租軽減、諸税廃止、徴兵令廃止などの要求を掲げた愛国交親社の強硬派が岐阜県加茂郡三カ村の戸長役場に押しかけ、岐阜県庁に強願するよう要求した岐阜加茂事件の結果、愛国交親社は壊滅した。翌年六月二九日、岐阜重罪裁判所は愛国交親社員の小原佐忠治に重懲役一〇年、他の三人に重懲役九年の判決を言い渡すなど三九人を実刑に処したのである（長谷川昇「加茂事件」、堀江英一・遠山茂樹編『自由民権期の研究』二巻、一九五九）。

†板垣外遊問題と自由党激化事件

一八八二年九月、自由党総理板垣退助が示したヨーロッパ外遊の意向に対して、自由党常議員の馬場《ばば》辰猪《たつい》、大石正巳《おおいしまさみ》、末広重恭《すえひろしげやす》らは政府が外遊費用を提供したなどとして板垣を激しく批判した。板垣は奈良県の支持者土倉《どくら》庄三郎から外遊費用を調達したと反論したが、党内抗争は激化し、馬場・大石・末広は常議員を辞任した（寺崎修『明治自由党の研究』上巻第一編Ⅱ）。また、立憲改進党系の『東京横浜毎日新聞』などが板垣外遊問題を取り上げたため、自由党は立憲改進党とこれに近い三菱財閥に対する批判を展開して泥仕合となり、自由党の党勢は弱体化した。一一月一一日、板垣、後藤象二郎等は外遊に出発したが、国内では自由党への弾圧が強まっており、すでに一八八一年六月には最初の自由党激化事件である秋田事件が起こっていた。

福島県では、福島県令三島通庸《みしまみちつね》と河野広中等自由党県会議員が激しく対立した。三島は地元住民の反対を無視して、会津・喜多方地方と栃木・新潟・山形を結ぶ三方《さんぽう》道路計画を強行した。一八八二年一一月二八日、捕縛された反対運動指導者の釈放を求めて喜多方警察署に押し寄せた住民に対し、官憲が抜刀して襲いかかり、河野等自由党員や地元住民を相次いで逮捕した。河野等は政府転覆を謀った国事犯とされ、河野は軽禁獄七年、他の五人は軽禁獄六年の判決を受けたのである（安在二〇一二）。

この福島・喜多方事件以降、新潟県の頸城《くびき》自由党員等が大臣暗殺・内乱陰謀を企てたとされた高田事件（一八八三年三月）が起こった。そして、一八八四年以降、藩閥政府の弾圧に対して、反発した急進的民権派は大蔵卿松方正義のデフレ政策によって没落した農民層（困民党《こんみんとう》）と結びつき、蜂起した。自由党急進派と没落農民が高利貸の岡部為作《ためさく》の住居を打ち壊した群馬事件（一八八四年五月）や、約一万人の農民が参加した困民党が武装蜂起し、埼玉県秩父郡を一時支配下に置いた秩父事件（同年一〇月）もその一例である。

一方、加波山《かばさん》事件（一八八四年九月）は自由党急進派一六名が茨城県真壁《まかべ》郡加波山に専制政府打倒を掲げて挙兵した事件であり、参加者の内七名が死刑となった。こうした挙兵主義は自由党急進派による飯田事件、名古屋事件（ともに同年一二月摘発）に引き継がれた。そして、朝鮮での政治改革を実施することにより、国内の自由民権運動を推進しようとして未遂に終わった大阪事件（一八八五年一一月）、静岡県の旧自由党員等が政府高官の暗殺を企てた静岡事件（一八八六年六月）のように、全国各地で激化事件が相次いだのである（安在二〇一二）。こうした激化事件は実力行使が選択可能な手段として存在した一八八〇年代に、広汎な階層・職業の人々が公私にわたる負担や政府の政策、国家・政治のあり方自体を問題化し、異議申し立てを行ったものといえよう（高島千代「激化事件研究の現状と課題」、高島・田﨑二〇一四所収）。

†自由党の解党とその背景

一八八四年一〇月二九日、自由党は解党した。従来解党を主導したとされたのは、自由党総理板垣退助を中心とする「土佐派」とされてきたが、大井憲太郎等急進派にも解党への動きがあったことが近年の研究で指摘されている。一八八三年六月、外遊から帰国した板垣は解党論を唱えて党員の奮起を促す一方、「一〇万円の党資金募集計画」を打ち出した。しかし、板垣が主張した「一〇万円の党資金募集計画」は失敗に終わり、板垣は党員の違約を責めて解党に踏み切ったとされる（寺崎修『明治自由党の研究』上巻第一編Ⅲ）。

一方、自由党急進派は政党組織を解消しても、精神的結合は存続すると考えており、党組織を解散することによって行動の急進化を図ったことが指摘されている（大日方二〇一六）。このように、自由党の解党については不明な点が多いが、政府の弾圧強化や加波山事件の衝撃、党中央の統率力不足など複合的な原因があったとされる。

自由党の解党から約二カ月後の一二月一七日、立憲改進党の総理大隈重信、副総理河野敏鎌《こうのとがま》等首脳部が立憲改進党から脱党したが、改進党の党組織は維持された。こうして、自由民権運動は三大事件建白運動まで一時沈滞することとなったのである。

さらに詳しく知るための参考文献

安在邦夫『自由民権運動史への招待』（吉田書店、二〇一二）……自由民権運動史を概観した上で、現在に至る自由民権運動研究について分かりやすくまとめられている。巻末の自由民権運動史研究関係資料・文献や自由民権記念館・資料館、自由民権運動関連年表など、自由民権運動について調査・研究する上で有用である。

大日方純夫『「主権国家」成立の内と外』（吉川弘文館、二〇一六）……明治初年から日清戦争に至る「主権国家」日本の成立過程を対外関係・対内関係の両側面から統一的に把握した最新の通史であり、自由民権運動に関する指摘も豊富である。

高島千代・田﨑公司編著『自由民権〈激化〉の時代――運動・地域・語り』（日本経済評論社、二〇一四）……激化事件の全体像とそれぞれの事件に関する研究、事件後の「語り」や顕彰運動について解明している。巻末の激化事件関係年表も分かりやすく、詳細である。

長谷川昇『博徒と自由民権――名古屋事件始末記』（中公新書、一九七七／平凡社ライブラリー、一九九五再刊）……博徒など社会の周縁に位置した人々が幕末の草莽隊、興業撃剣家組織を経て、愛国交親社や自由民権運動の激化事件の一つである名古屋事件に参加する過程を史料を駆使して描いている。板垣退助監修『自由党史』が矮小化した名古屋事件像を復元・解明した力作である。

松沢裕作『自由民権運動――〈デモクラシー〉の夢と挫折』（岩波新書、二〇一六）……自由民権運動を「戊辰戦後デモクラシー」と位置づけ、江戸時代の身分制社会に代わる「ポスト身分制社会」を自らの手で作り出すことを目指した運動として描いている。著者独自の見解が分かりやすく、簡便な形でまとめられている。

第9講

西南戦争と新技術——海軍・汽船・熊本城籠城

鈴木 淳

戦争直後に九段の東京招魂社《しょうこんしゃ》に祀られた戦死者は、戊辰《ぼしん》戦争の三五八八柱に対し、西南《せいなん》戦争では六五〇五柱と二倍近くにおよんだ。これは勝者である「官軍」の戦死者だけであるから、犠牲者の総数はこの三倍ほどになるであろう。なぜこの戦いは生じ、どういう意味を持ったのであろうか。新技術を駆使した政府軍に勇敢だが時代遅れの西郷軍が敗れたという話は愛されやすく、西南戦争は新式銃や大砲を装備した政府軍に刀で切り込む西郷軍という図式でとらえられがちである。

しかし、近年の発掘調査によれば、初期の西郷軍は、政府軍の新式銃でもあった元込《もとご》め式のスナイドル銃も含め、ふんだんに小銃射撃を行った。また、幕末以来の鹿児島の兵器や弾・火薬の製造設備が廃藩後も大規模に操業し、その製品が西郷軍に供給されたことも指摘され、西郷軍の軍事技術水準の高さが明らかになっている。海軍力は政府軍に独占されたが、その指揮官の多くは鹿児島出身であり、中には征韓論《せいかんろん》を唱えた者もいた。彼らが、なぜ西郷軍に加わらなかったのかも含め、新技術の導入の時代の戦争として、西南戦争をとらえ直したい。

†鹿児島士族と政府

薩摩藩には士族が多かった。戊辰戦争に際して新政府の軍事力の中心は、薩摩、長州、土佐、肥前佐賀の藩兵であったが、旧四藩の士族を合計すれば過半を薩摩士族が占める。戦勝士族の扱いが最も課題となるのが薩摩藩であった。

西郷隆盛とともに鹿児島藩から東京に赴き御親兵《ごしんぺい》となった三千名、警視庁巡査の前身である東京府邏卒となった二千名をはじめ、廃藩前後には、戊辰戦争はじめ維新の功績で賞典禄《しょうてんろく》を与えられた五二二六名を上回る数の鹿児島出身者が、東京はじめ県外で職に就いた。御親兵は旧城下士が中心と言われるから、四千家余りの旧城下士の強壮者はほとんど出払ったであろう。鹿児島城下の士族社会は、征韓論政変後に政府に不満を感じて帰国した人々を中心に再興され、政府への不信が深かった。

このため、鹿児島県は全国で唯一、西南戦争に至るまでほぼ地元出身者だけで県庁を固め、独自性の施策を行った。全国的な地租改正により、従来年貢が課されていなかった郷士《ごうし》の耕地にも課税されることになると、県は一八七五年に、旧藩以来自活できるからとして給付していなかった耕地を持つ郷士の賞典禄を国から追加で支給するように求め、認められた。当時は島津久光が右大臣で、鹿児島の特殊事情に配慮されやすかった。

他藩と比べて優遇されていても、戦功者の不満は募ったであろう。なぜ、命をかけて戦った戦功者よりも、藩の金で留学した者の方が新政府で高い地位に就くのであろうか。明治維新が西洋の制度や技術を参照して近代国家を建設するための過程であるとすれば説明できるが、多くの戦功者は、幕府を倒して朝廷中心の国家を築くため、あるいは薩摩士族社会のために戦い、彼らが満足できる社会がもたらされると期待した。現状は新政府の専制と見える。

私学校《しがっこう》は、一八七三年に西郷に従って下野した近衛歩・砲兵を鹿児島で旧上官たちが教育した銃隊学校、砲隊学校にはじまり、彼らとその同調者は私学校党と呼ばれた。大山綱良《つなよし》県令は一八七五年末までに私学校党の有力者を各郷の区長に任用し、各地に私学校の分校が作られて若い士族たちを近代的な軍事力の担い手として訓練した。

鹿児島の軍事力のもうひとつの特色は、旧藩の集成館《しゅうせいかん》以来の軍事工業であった。集成館は新政府陸軍の大砲製造所として用いられ、火薬では一八七五年に陸海軍が国内で製造した全てが、陸軍のスナイドル銃弾では国産の七割が鹿児島製であった（『陸軍軍政年報』）。職員も地元出身者が多く、陸軍の工場責任者新納軍八《にいろぐんぱち》は西郷挙兵後も作業を続けて西郷軍に供給し、城山《しろやま》で最期を遂げた。私学校党は名実ともに軍事力の担い手であった。

†続発する士族反乱

一八七六年二月二七日、朝鮮江華府で鹿児島出身の黒田清隆らの交渉によって日朝修好条規（江華条約）が結ばれたことは、外征論を巡る状況を大きく変えた。朝鮮が新政府の外交交渉の申し入れを受け入れないから無礼だ、とする征韓の根拠が消滅したのである。周辺諸国との関係が安定すれば、軍事力の担い手として士族に期待する必要はなくなる。

政府はこれを機に、士族の特権の処分を進めた。三月には武士身分の象徴である帯刀を禁じ、八月には金禄公債証書条例で、江戸時代以来の家禄や維新の功績で与えられた賞典禄を、その数年分の額面の金禄公債証書を交付するかわり廃止するとした。それらは、武士身分の実質的な廃止を意味し、未だに武士としての誇りを保っていた人々の怒りを買うに十分であった。

一〇月二四日、熊本の神風連《しんぷうれん》が県令や鎮台《ちんだい》司令長官を斬殺して徴兵を主体とする鎮台を襲うと、これに呼応して萩《はぎ》の乱、秋月《あきづき》の乱が起こった。このとき鹿児島士族が呼応していれば、熊本城が落城した可能性も高い。私学校党には挙兵を主張する者がいたが、西郷隆盛は容れなかったという（『西南記伝　上巻』）。西郷が政府転覆を意図していたのだとすると、これは説明しにくい。

一方大久保内務卿は、七月に鹿児島県令大山綱良を東京に呼び、県庁人事の刷新を迫った。

大山は難色を示し、次席の参事は辞表を出したが、神風連以下の反乱に直面した政府は、とりあえず辞表を撤回させて県庁改革を先送りとした。さらに、すでに布告されていた金禄公債に関しても、十二月十一日に鹿児島や高知などで禄の売買が行われていたことを理由に、これらを売買禄として一割利付き公債一〇年分を給する、すなわち、従来の禄と同じ額を公債の利子として与えると布告された。これによって発行された一割利付き公債の九二パーセントを鹿児島県士族が所有し、同県の金禄公債高の六割以上を占めた（『国債沿革略　第二巻』）。大山綱良はこの処置が決定されるのを確認してから鹿児島に帰った。鹿児島の特別扱いは他藩出身者の反発を買い、政府内外の鹿児島出身者の立場を悪くはするが、大久保や大山は、このような処置により、とりあえずは鹿児島での反乱を回避できたと考えたであろう。

†海軍と開拓使

廃藩置県の前年、一八七〇（明治三）年に鹿児島藩が二隻の軍艦を献納した新政府の海軍には、前年から兵部省の海軍幹部となっていた川村純義《すみよし》以下、鹿児島出身者が多く勤務し、西南戦争直後には准士官以上の武官の三割を占めた。同年に黒田清隆が次官となった開拓使にも鹿児島出身者が多かった。

一八七三年の日清修好条規批准書交換に「龍驤《りゆうじよう》」、「筑波《つくば》」が派遣されたのをはじめ、台湾出兵、その講和全権大久保利通の派遣、江華島事件、その善後処理としての日朝修好条規締結交渉など、たびたび朝鮮、清国に軍艦が派遣された。海軍に徴兵による兵卒が入営するのは一八八五年からで、当時は志願した水夫や火夫を従える士族たちが新技術を活用した軍事力の担い手であった。一八七五年の江華島事件は、鹿児島出身の征韓論者井上良馨《よしか》が征韓の先駆けを意図して引き起こしたが（『史学雑誌』一一一編一二号拙稿）、井上は翌年に江華府に赴いた六隻からなる黒田使節の艦隊に兵員輸送船「高雄丸《たかおまる》」の船長として参加し、西南戦争では「清輝《せいき》」艦長として積極的に行動した。海軍の征韓派は、それが彼らの活動の成果でもあったが故に、近代的条約体制に合わせたアジア国家間関係の再編に満足し、国許の征韓論者と立場がずれていったと考えられる。

台湾出兵の直後には開拓使の「玄武丸」が中国沿岸に派遣され、江華府への黒田使節には三隻の武装した開拓使汽船が参加した。北海道の開拓、また士族出身の屯田兵を率いてのその防衛といった役割を果たしていた開拓使の官員たちも、海軍とともに「征韓」の成就を実感し、西南戦争時には黒田に従って汽船で艦隊に加わり、衝背軍《しょうはいぐん》の幕僚や砲兵隊ともなった。

武を尚び、征韓論の時点では西郷たちに共鳴するところがあった鹿児島出身者も、新時代の武力の担い手として国家的役割を果たし続けた結果、郷里に帰った人々と立場を異にすることになった。政府にとって、必要な新技術の担い手である彼らを引き留めることは重要であり、海外派遣が繰り返されたのはそのためでもあったろう。

†開戦過程と汽船・電信

一八七六年に木戸孝允らが鹿児島の兵器弾薬を搬出しようと主張した際には、海軍大輔川村純義が私学校党を刺激することを恐れて反対したという(『西南紀伝　中巻』)。しかし、陸軍は鹿児島貯蔵の弾・火薬を回収しようと意図し、さらに一八七七年一月一〇日にはスナイドル銃用弾薬製造機械の大阪移送も命じた。山県有朋陸軍卿は、県庁人事や売買禄問題で譲歩したこの機会なら無事に実行できると、あるいは軍事行動を起こすなら自分や艦隊も随行して同月二四日から実施される天皇の関西行幸中が良いと考えた。多分は両方の可能性を考えながらこの時期を選んだのであろう。

牙を抜かれかねない私学校党は、弾・火薬の積み取りのため三菱の汽船「赤龍丸《せきりゅうまる》」が二七日に入港すると、二九日夜から連日陸軍火薬庫を襲って弾薬を搬出し、三一日からは海軍造船所も襲った。県庁が警備の求めに応じないため、海軍造船所は二月三日に閉鎖を余儀なくされた。私学校党はこの日に帰省中の警視局関係者を捕らえ、彼らを拷問し、西郷隆盛暗殺の計画ありとの供述を得たとして挙兵の名目とした。西郷を交えて挙兵が決定されたのは五日である。

私学校党の弾薬略奪は一月三一日から熊本鎮台発の電報で伝えられ、天皇に従って京都にいた三条、木戸孝允、伊藤博文らが協議して、情勢を探るため川村らを御召船《おめしせん》を務めた「高雄丸」で鹿児島に派遣した。「高雄丸」は二月七日に神戸を発したが、東京の警視局はその復命を待たず、二月一〇日に巡査六百名を九州に向け派遣した。翌日に横浜を汽船で発った彼らのうち四八二名は二〇日にスナイドル銃を携えて熊本城に入城した。籠城兵力の一四パーセントにあたる彼らは戦死者の三二パーセントを占め、籠城戦での役割の大きさが察せられる。陸軍も一〇日に東京と大阪の部隊に出兵準備を下令し、一一日には小倉の一個中隊を汽船で長崎に派遣して警備を固めた。

「高雄丸」の報告があった一二日には東京と大阪の部隊に出動が命じられ、西郷軍の熊本県侵入を確認して一九日に出された征討の詔を受けて、二〇日に神戸から東京・大阪の部隊で編成した第一、第二両旅団が進発した。電信と汽船を駆使した素早い対応であるが、実は山県はすでに私学校党の弾薬強奪が始まる前日に熊本鎮台司令長官と東京に残った大山巌《おおやまいわお》陸軍少輔《しょうゆう》に鹿児島の挙兵を警戒するよう命じていた（『征西戦記稿　巻一』）。当初から挙兵を想定して準備した上で、電信と汽船を活用して、西郷軍に対して受動の立場に立つことを演出しつつ、手遅れとならないように兵力を投入したのである。

†戦争の推移と海軍

西郷軍は一五日から一万名以上の部隊を進発させた。九州全域を管轄した熊本鎮台の兵力は五千に足りず、歩兵の半数は小倉・福岡に駐屯していたため、熊本城に籠城した陸軍は三千に足らなかった。熊本城は二月二二日から西郷軍の攻撃を受けた。

西郷軍は陸戦用の砲を六〇門も有し、その砲撃は籠城軍を悩ませたが、攻城に参加したのは一〇門前後にとどまった（山吹会『九州砲兵概史』一九八六）。二二日、八代《やつしろ》近くの日奈久《ひなぐ》で、西郷軍の弾薬輸送に従事した唯一の汽船「迎陽丸《ごうようまる》」が海軍に捕獲されており、その砲兵力は海上輸送ができなかったことによって制約されたと考えられる。

入城を果たせなかった乃木希典《のぎまれすけ》率いる小倉連隊の主力は、この日の夜に熊本北方の植木で西郷軍に破られ、高瀬まで後退して南下してきた第一・第二旅団と合流し、二六日にはじめて西郷軍を後退させ、三月四日からは田原坂《たばるざか》一帯で一進一退の戦いを繰り広げた。

一方、三月七日以降、伊東祐麿《すけまろ》が指揮する七隻の艦隊が勅使を伴って鹿児島湾に入り、弾・火薬の製造工場を破壊し、大山県令を連行し、さらに軍艦を留めて海路での他地域や外国との連絡の可能性を断った。これにより、西郷軍の弾薬補給は難しくなった。

政府軍が田原坂を突破するのは三月二〇日であるが、これには前日に黒田清隆率いる衝背軍《しょうはいぐん》が西郷軍の背後の日奈久に上陸したことが影響していると思われる。衝背軍が熊本城を解放した四月一五日に政府軍の優位は明らかとなり、二七日に陸軍が鹿児島に上陸したことにより、他地域から見れば、西郷軍の敗北が明らかになった。それからなおも五ヵ月近くにわたって西郷軍が抵抗を続け、その末期に鹿児島市街の大半を制圧したのは驚くべき健闘ではあったが、政府軍は内陸を行動する西郷軍を電信や汽船を活用して追跡し、常に西郷軍の勝利を一時的なものにとどめた。

このように戦局を概観すれば、その帰趨を決定したのは、海軍力と、それと表裏一体の汽船の活用とであった。

†谷干城の熊本籠城策

海軍は健在でも、もし熊本城が早期に落城していれば、戦争の様相は大きく異なっていたであろう。落城というわかりやすい政府軍の敗北は、全国の士族を刺激し、実際に呼応した九州各地のほか、高知や山形の鶴岡などでも蜂起した可能性が高い。九州での西郷軍はより大規模になり、すでに上陸していた二個旅団を優に凌いだであろう。陸軍は各地の士族の動揺を抑えるために九州に集中できず、海軍も各地の海運を監視するため、当面は鹿児島に大艦隊は送れない。戦争は長期化し、政府軍が勝利しても、徴兵の熊本鎮台が破れ、新たに徴募された巡査や海軍、開拓使など士族の軍事力に依存しての勝利であれば、その後の歴史の流れが変わったかもしれない。

熊本鎮台司令長官谷干城《たにかんじょう》〔たてき〕は高知藩からの御親兵の隊長として陸軍に入った。一八七三年四月から熊本鎮台司令長官を務めたが、台湾出兵に参加し、主戦論を唱えて外交的決着に納得せず、一時は非職《ひしょく》となる。神風連の乱後の一八七六年一一月に再び司令長官となるが、政府・陸軍の本流にいたわけではないだけに、西郷軍が、谷が鹿児島出身の樺山資紀《かばやますけのり》参謀長などとともに呼応することを期待したとて不思議ではない。

しかし、谷は着実に籠城を準備した。谷の再任と同じ時期に、熊本鎮台の施設の造修や管理を担当する工兵第六方面の責任者として別役成義《べっちゃくなりよし》少佐が着任する。別役は谷の下で高知藩の工兵隊長として上京し、御親兵に工兵隊が置かれなかったため兵営の建設や城郭の管理にあたって来た。谷は別役と連携して熊本城の防備準備を進めたはずである。熊本城について研究する富田紘一氏によれば、多くの櫓《やぐら》や塀は、神風連の乱の後の時期に撤去された。

熊本城をはじめ在来の日本の城郭の櫓は、土壁を用いているが木造なので、砲撃で内部に火が入れば炎上する。また鉄砲狭間《てっぽうざま》は少なく、全体が反動で後退する野戦砲を用いることは想定していないので、櫓を撤去して露天砲台とした方が防御に適する。そこで、熊本城では多くの櫓や土塀が撤去されたが、天守閣や本丸御殿は籠城直前まで残された。熊本城を象徴して城下の士民に親しまれた建物を必要ないかもしれない籠城準備のために解体することは憚られたのであろう。しかし御殿の広大な屋根や天守閣は市街地から容易に視認でき、籠城中に砲撃を受

炎上前の天守閣と工兵が築いた胸墻と砲台（『西南戦争古写真アルバム』）

けて炎上する可能性が高い。最も軍事合理的な選択は、延焼予防のため周辺の建物を撤去しておき、籠城戦が確実になり、しかし守兵の一時的避難が可能な時期にこれらの建物を自焼することである。それが実施されたのかどうかは謎だが、御殿と二つの天守閣は一九日の昼間に炎上した。

なお籠城策は、西郷軍が城を避けて通過しては効果が乏しい。谷が二〇日夜に川尻《かわしり》の西郷軍先鋒に対し小兵力で先制攻撃をかけたのは、このためであったろう。西郷軍は砲兵の到着を待たず、二二日に熊本城攻撃を開始した。

†工兵の技術

陸軍の歩兵が自ら陣地を作るようになるのは一八八七年からで、当時は工兵隊任せであった。一方、西郷軍には工兵隊がなかった。

日本の近代工兵は、幕府が招いたフランス軍事顧問団が鳥羽伏見の戦いの後に江戸で伝習《でんしゅう》したことにはじまり、新政府陸軍は一八六九（明治二）年末から工兵教育を始めた。諸藩で最も熱心だったのは和歌山藩で、旧幕府工兵士官、さらにはプロイセン陸軍の工兵伍長も招いて訓練した。伍長によれば、士族兵は作業を嫌ったが、藩の新制度で徴兵された農民兵は喜んで従事したという（梅溪昇「和歌山藩お雇いドイツ人に関するドイツ側伝記資料とその研究の近情について」『和歌山県史研究』一二号、一九八五）。士族だけの軍隊では工兵作業を行うのは難しかったのである。

陸軍は一八七二年に招いたフランス顧問団により工兵教育を本格化したため、当面工兵隊は東京にのみ存在したが、一八七五年に大阪鎮台に、次いで一八七六年三月に熊本に工兵小隊が誕生した。熊本の工兵第六小隊は、旧幕府工兵隊として実戦を重ね、函館政権の工兵隊頭取改役としてフランス顧問の指導を受けながら五稜郭《ごりょうかく》を改修し、和歌山藩の工兵学教師も務めた筒井義信大尉を隊長に、フランス顧問団の伝習を受けた四名の少尉・曹長と二三名の下士を含む、一〇六名の精鋭部隊であった。

当時の工兵は、堡籃《ほうらん》という直径六〇センチ、高さ八〇センチほどの籠を木の枝や竹で編んで土砂を入れて並べ、あるいは、斜面を木の枝や竹を編んで支えた土塁で胸墻《きょうしょう》を築く訓練を重ねた。この時代の小銃弾は二五メートルの距離でも五〇センチ程度の土で防げたので、一列の堡籃や薄い土塁で十分であった。西郷軍はこの技術がなく、土を詰めた俵を用いたが、自重で潰れるため、それだけで胸墻を築くことは難しかった。

工兵の数は限られたので野戦での効果は限られるが、籠城準備では覿面《てきめん》である。当時の熊本

上　下馬橋付近
下　法華坂の胸墻（いずれも『西南戦争古写真アルバム』）

城の写真を見ると、随所に工兵の活躍の痕がみられる。櫓や土塀を撤去した石垣上に堡籃を並べて胸墻とすれば、火砲や多数の歩兵が利用できる。また当時熊本城の一部を街道が通っていたが、その入り口の法華《ほっけ》坂《ざか》にも胸墻が築かれ、当初ここへ突撃を繰り返した西郷軍は撃退された。このように、熊本城は清正公以来の石垣や基本構造を活かしながら、近代の工兵技術で改修されていた。このような準備なく、徴兵制による鎮台兵が勇猛な西郷軍相手に城を守れたかは疑問である。

銃砲弾を防ぐ堡籃はヨーロッパでは一六世紀から用いられたが、その作業を軍人の工兵隊が行うようになったのは十九世紀半ばからである。堡籃と縁がない平和な時代を過ごして来た日本だからこそ、それは土工作業を厭わず訓練した軍隊だけが活用できる新技術であった。そして、当時の西洋の攻城では堡籃を利用した対壕で城に迫るのが普通であった。それ故西郷軍に対壕による攻城が困難なことを含めて、籠城は政府軍の長所を最大限に利用した策であった。

†戦いを終えて

西南戦争の終結後、士族の反乱は跡を絶つ。従来は、当初は小規模な反乱であっても、他地域に波及し、ついには鹿児島士族が立って政府を覆す、という期待を持てた。政府に匹敵する軍事力を持つ鹿児島士族あっての士族反乱の時代であった。立ち上がらなかった高知士族は、以後、旧身分や地域を超えて共闘できる自由民権運動に力を注ぐ。

一八八一年には警視局の警視庁への改編に伴って巡査の小銃訓練が廃止され、翌年には開拓使の廃止によって屯田兵が陸軍に引き継がれて、陸上の軍事力は徴兵制に立脚した陸軍に一元化された。谷干城もこのころ陸軍を去り、自由民権運動とは異なる立場から政府を批判する存在となっていく。

従来の士族反乱の参加者は、士族の身分を奪われ、家禄を受ける権利を失った。これに対して、西南戦争では、すでに個人として金録公債の所有権が認められているとして、士族の身分を奪われても、公債証書は交付された。それは敗者を経済的に救済しつつ、士族の身分の意味がなくなったことを如実に示した。西南戦争を終えて、士族という身分に立脚した政府批判と政府を脅かす軍事力が消滅した。維新の軍事過程はこれで終わり、新技術を活用した国民国家の建設が本格化した。

さらに詳しく知るための参考文献

猪飼隆明『西南戦争——戦争の大義と動員される民衆』（吉川弘文館歴史文化ライブラリー、二〇〇八）……西郷軍占領下の山鹿《やまが》の自治や軍夫も含め、西南戦争全般の概説書。

落合弘樹『西南戦争と西郷隆盛』（吉川弘文館〈敗者の日本史〉、二〇一三）……表題通り西郷隆盛に注目。戦闘経緯についても詳しい。

高橋信武『西南戦争の考古学的研究』（吉川弘文館、二〇一七）……近年の発掘成果、各地の陣地の遺構、用いられた兵器や弾薬の種類などにつき詳細に紹介。なお、著者らの「西南戦争を記録する会」の調査報告『西南戦争之記録』一〜五号（二〇〇二〜二〇一二）は各地の遺跡や記録を紹介する。

熊本城顕彰会『西南戦争古写真アルバム』（同会、二〇〇七）……小冊子であるが、熊本城での工兵の活動の跡をよく示す写真が多い。この会の機関誌『熊本城』にも西南戦争関係の考察記事が掲載されている。

富田紘一『古写真に探る熊本城と城下町《増補・改訂版》』（肥後上代文化研究会、一九九九）……西南戦争までの明治初期の熊本城の変遷と城下町の風景を古写真により解き明かす。

玉東町文化財調査報告書第8集『玉東町西南戦争遺跡調査総合報告書』（二〇一二）／熊本市の文化財第48集『田原坂V』（二〇一五）／同第56集『東中原遺跡　山頭《やまがしら》遺跡』（二〇一六）……近年急速に進んだ田原坂周辺の西南戦争関係遺跡の発掘調査報告書。遺構、出土品の記録の外、文献調査、科学調査、聴き取りなどを駆使した考察がなされている。

第10講
明治一四年の政変——大隈重信はなぜ追放されたか

真辺将之

明治一四年の政変とは

一八八一（明治一四）年一〇月、筆頭参議大隈重信およびその一派とみなされた官僚たちが、政府を追放された。同時に政府は一八九〇（明治二三）年の国会開設と開拓使官有物の払下げ中止を発表する。最古参の参議であり、それまで伊藤博文、井上馨《かおる》と協力して政府内進歩派として政府中枢に地歩を占めてきた大隈が追放されたことは、世間に大きな驚きをもって迎えられるとともに、日本の政治史にとっての一大転換点となった。

なぜ大隈は政府を追放されなくてはならなかったのか。その原因となったのは、第一に、大隈が急進的な憲法意見書を提出したこと、そして第二に、引き続く開拓使官有物払下げ問題で世論が沸騰し、大隈が福沢諭吉および民権派と結託したと目されたことにある。ただし、従来の研究では、追放した側の意図、特に井上毅《こわし》の主導性が強調される一方で、大隈の側の意図、つまり彼がどのような意図のもと憲法意見書を提出したのかについては必ずしも明確にはされておらず、福沢や民権派との「結託」が実際にあったかのように、検証を経ることなく記述されている書物も多い。また開拓使官有物払下げ問題についても、誤った事実が広く流布している。本章では、大隈の意図がどのようなものであったのかということを検討したうえで、政変がなぜ起こったのかを考察し、一般に流布している事実誤認についても正していく。

†大隈財政の行き詰まり

政変の直接的原因は前述した二点にあるが、しかしより広い目で見るならば、西南戦後のインフレ進行と正貨流出に大隈がうまく対処できず、大隈の財政運営能力への不信感が醸成されていたこと、および在野での自由民権運動が盛り上がりを見せており、それに対して政府が大きな危機感を抱いていたことも、政変の前提として大きな意味を持っていた。

そもそも大隈は、幕末期に特筆するほどの功績をあげておらず、藩閥的背景を持っていたわけでもなかった。彼が維新後急速に政変の中枢に地位を持つに至ったのは、伊藤博文が「今日朝廷之会計漸維持スルヲ得タルハ大隈之力」、「経済之実理」を知っているのは「大隈壱人」であるとまで述べ（一八七一年七月一四日付井上馨宛伊藤博文書翰、日本史籍協会編『大隈重信関係文書』一、東京大学出版会、一九八三）、また木戸孝允が「大隈之才也気也義弘、村正之如名剣候」（一八七〇年八月一七日付伊藤博文宛木戸孝允書翰、伊藤博文関係文書研究会編『伊藤博文関係文書』四、塙書房、一九七六）とその能力を絶賛したように、明治維新の進歩的諸政策を主に財政面で支えるに不可欠な人物と考えられたからであった。

西南戦争に際しての莫大な戦費支出は、国立銀行条例に基づく紙幣の流通量の増大とあいまって、インフレを引き起こしていくことになる。ところが大隈は、このインフレは紙幣流通量増大が原因ではなく、輸入超過＝正貨の流出に伴って銀価格が騰貴したことに因ると誤った判断を下し、適切な対処を行うことができなかった（山本有造『両から円へ』ミネルヴァ書房、一九九四）。藩閥的背景を持たない大隈にとって、その財政能力への不信感が醸成されることは、その権力の基盤を失うことを意味する。こうしたなか、大隈の財政への影響力を減退させる官制改革が一八八〇（明治一三）年二月に行われた。参議と省卿の兼任制を止めて両者を分離し、大隈は大蔵卿の立場を離れるのである。引き続き大隈は、伊藤・寺島宗則とともに会計担当参議となりはしたが、大蔵卿の立場を離れることでその影響力は一定程度の減退を余儀なくされた。

†政府の国会開設への動きと大隈意見書

他方民間では自由民権運動による国会開設を求める動きが盛り上がりを見せていた。政府はこうしたなか、一八七九（明治一二）年一二月、各参議に立憲政体に関する意見書の提出を求め、以降、続々と各参議が憲法に関する意見を提出していくことになる。しかし大隈はなかなか意見書を提出しなかったため、不審に思った明治天皇は左大臣有栖川宮熾仁親王《ありすがわのみやたるひと》を通じて督促した。大隈は、書面では誤解・漏洩の恐れがあるため、口頭で直接言上したいと言ったが、天皇は書面で差し出すよう再び督促し、一八八一（明治一四）年三月、ついに大隈は意見書を有栖川宮に提出した。提出に当たって大隈は、大臣参議には決して見せないようにと固く申し出た。このことが、のちに大隈による「密奏《みつそう》」とされ、ライバルの伊藤を出し抜こうとしたものだと評される原因になった。

なお、この時点で、政府部内で立憲制導入に最も積極的だったのは、伊藤・大隈・井上馨の三者であった。三者は協力して国会開設への道筋をつけるべく、一八八〇（明治一三）年一二月から翌年一月にかけて、伊藤・大隈・井上は、議会開設の前提として、民心誘導のための新聞発行を福沢諭吉に依頼していた。福沢は政府が国会開設を決意したと聞いて驚くとともに、「其主義全く諭吉の宿意に合したるを以て」「必ず今の政府の人をして〔選挙で〕多数を得せしめん」と、新聞発行を引き受けた（福沢諭吉「明治辛巳紀事」、慶應義塾編『福澤諭吉全集』二〇、岩波書店、一九六三）。大隈が憲法意見書を提出したのは、こうした経緯のなかであった。

大隈は意見書において、一年後に議員選挙、二年後に国会を開くという極めて急進的なスケジュールを主張した。そして大隈は、その前提として、欽定憲法すなわち天皇の名において憲法を制定すべきだとして、内閣で委員を定めて速やかに着手し、年内に公布するように主張している。また大隈は意見書において、議院内閣制（政党内閣制）の採用を主張した。「輿望《よぼう》」すなわち民意を反映させた内閣を組織することこそが、適切な君主の補佐役を得ることにつながり、また行政と立法との一致による円滑な統治を実現することにつながるという意見であった。

大隈意見書は、内閣更迭方法についての詳細な叙述、人権の詳細規定の必要性の主張など、憲法の具体的内容にまで明確に踏み込んでいる点も含め、内容的には他の参議の意見書を凌駕していた。しかし、その反面、当時伊藤博文や井上馨が苦心していた、どうやって立憲制導入に消極的な政府部内保守派を離反させることなく、国会開設へと軟着陸させるのかということについては、ほとんど配慮がなかった。立憲制導入への反撥がいまだ根強い当時の政治状況のなかでは、問題化する可能性の大きい意見書であったと言える。

大隈意見書を受け取った左大臣有栖川宮熾仁親王は、意見書の意外な内容に驚き、三条実美《さねとみ》と岩倉具視に意見書を回覧する。意見書を一読した岩倉は、大隈に対し、意見書の意図すると

人物	提出年月	内容
山県有朋	1879 年 12 月	民撰議会は尚早。特撰議会を開き府県会議員中より徳識ある者を選出。集合解散権および議会の議決の採否権は政府の手に残す。その後漸次民撰議会に移行し国憲を確立。
黒田清隆	1880 年 2 月	議会開設は尚早。民法刑法を定め、学校生徒を操練し、農工商を振興して、無頼不平の徒の勢力を減殺することを目指す。
山田顕義	1880 年 6 月	法律（ただし人民一般の権利に関するものに限る）の議定、租税徴収・費用報告書の検査、予算書の検査、行政区域変換についての権限を人民に与え、以て国憲を仮定して勅許を得る。当面四五年間は元老院と地方官会議にてこれを行う。
井上馨	1880 年 7 月	英米のように平穏に政権交代可能な制度をにわかに導入することはできないので順序を踏む必要がある。まず元老院を廃し上院を設立して華士族から議員を選び、歳出入予算と制度法律の議決権を与える。内閣でまず民法を、ついで憲法を制定し、上院で議決させる。
伊藤博文	1880 年 12 月	漸進主義の趣旨により順序を追って歩をすすめる必要がある。まずは元老院を拡張し華士族から議官を選出する。また府県会議員から公選検査官を選出し会計検査にあたらせる。さらに詔勅により漸進主義の方向性を天下に示す。
大隈重信	1881 年 3 月	内閣にて委員を定めすみやかに憲法を制定。1 年後に選挙、2 年後に議会を開設する。議院中過半数を占める政党の首領に内閣を組織させる。また政党官と永久官を区別し、党派対立の過熱や行政事務の停滞を防ぐ。
大木喬任	1881 年 5 月	皇国建国の体は西洋と異なる。仁愛の精神に基づき、民に所を得さしむべく、国体審定の局を設け、日本の国体に基づく独特の憲法を制定し、国会を開く時期を天下に公示する。

参議が提出した憲法意見書の内容
多田好問編『岩倉公実記』下（原書房、1968）、稲田正次『明治憲法成立史』上（有斐閣、1960）をもとに作成。

ころを問うた。それに対し大隈は、「時勢今日ニ迫リ姑息ノ法ハ行ハレズ譬ヘハ門ノ片扉ヲ開ケハ一時ニ群入スル如シ寧ロ両扉ヲ開キ内ハ百官有司一途ニ力ヲ尽クシ外《ソト》国会家（在野の民権派）ニ先達テ国憲ヲ実行セラル、ヲ今日ノ適当トスル」（岩倉具視「座右日歴覚書」、日本史籍協会編『岩倉具視関係文書』一、東京大学出版会、一九六八）と答えた。つまり、その急進性は、民権派の準備の整わないうちに、断然たる良質な立憲制を実施することで、政府部内進歩派を中心とする政府与党が、その主導権を握ろうという考えであったというのである。

なお、従来の研究では、大隈意見書の急進性ばかりが着目され、大隈が欽定憲法論を唱えていたことの意味が認識されていない。しかしここが本意見書の眼目にかかわる部分であったと筆者は考える。当時民間では、民意を取り入れた合議方式での憲法制定の主張（国約憲法論）が幅広く見られたが、大隈はそれを排し、あくまで政府が民間の参与を経ることなく、優れた憲法を策定することを目論んだ。大隈の急速な国会開設の意見は、在野の民権運動に迎合したものではなく、むしろそれへの対抗から導きだされたものであった。当時、いまだ国政選挙を見据えた政党は誕生していない。そうしたなかで、急速に優れた憲法を制定し国会を開設して、民権派の政府批判の拠り所を無くし、福沢による世論誘導と併せて政府党勝利を目論む、というのが大隈の腹案であった。また大隈は、議院内閣制を主張していたが、選挙の結果で首相が選ばれるこのシステムは、場合によっては天皇親政の理念と反するものと捉えられかねない。

この意味でも、大隈の欽定憲法の主張は、重要なものであった。すなわち、そうした批判を抑えるためには、天皇が自らの意思で、議院内閣制によって輔弼《ほひつ》者が選ばれるシステムを選ぶ、という手続きが必要なのであった。

とはいえ、大隈は伊藤に対しても事前に意見書を見せておらず、それが「密奏」として批判されることになった。しかし、この「密奏」は、もともと大隈から積極的に行ったのではなく、有栖川宮の督促に断わり切れず、しぶしぶ提出したものであるという経緯を考えるべきである。そのうえ、天皇が大隈意見書をそのまま採用するなどということは考えられず、憲法の内容はいずれ内閣において議論にならざるをえない。そうなった時、当時の内閣で立憲制導入を強く主張する味方になりうるのは伊藤と井上の他にはいないのである。

旧来の研究は、伊藤と大隈の関係のみに着目し、また井上毅や佐佐木高行など、大隈を敵視した人々の史料に大きく依拠しているために、その見方に誘導されてしまっている。意見書の執筆者と目される矢野文雄は後年「何も政府を倒さうとか、薩長の人を倒さうとか云ふのではない、〔中略〕薩長の勢力を全然覆へさうと云ふに非ずして、これを矯めて政府の基礎を固めようと云ふにあつた」(松枝保二編『大隈侯昔日譚』報知新聞社出版部、一九二二)と述べている。さらに、矢野と並ぶ大隈のブレーンであった小野梓《あずさ》も伊藤との提携を主張していた。のちに政変直前の九月二九日に大隈に宛てた書翰でも「或は閣下と伊藤参議とを離間せんとする悪漢有之哉に承候得ば、此辺は兼て御戒心被游度」としたうえで、伊藤の態度に多少不満があろうとも連携を維持するようにと忠告したほどである。福沢諭吉が、伊藤・井上・大隈の三者に協力の意を固めていたこともすでに触れた通りである。伊藤・井上と協力しつつ、福沢門下をはじめとする政府内外のエリート層を取り込んで、在野の民権派に対峙していこうというのが大隈や彼に近い人々の考えだったのである。

もちろん、大隈は自分の意見が急進的であり、誤解を招くということは自覚していた。しかし前述の経緯を踏まえるならば、大隈の「密奏」は、伊藤よりもむしろ立憲制導入に消極的な政府部内保守派への漏洩を恐れたという側面が強かったのではないかと考えられる。しかし、大隈の側に伊藤を出し抜く意図がなかったということと、それを伊藤がどう受け取るかということは全く別の問題である。この部分を大隈は甘く見過ぎた。

†井上毅の暗躍

果たしてこの大隈意見書はその後政府首脳部に大きな波紋を投げかけることになる。しかし、それは提出から三カ月も経ってからのことであった。大隈が意見書を提出したのは三月一一日と推定されるが、六月半ばまでの約三カ月間は、この大隈意見書が廟堂《びょうどう》をゆるがす問題になることはなかった。ところが、六月中旬に至って、この大隈意見書が問題となり始める。六月二一日に岩倉は、三条実美と有栖川宮に対し「大隈建言も断然には候得共、実に可恐廉《おそるべきかど》も可有之と存候」（春畝公追頌会『伊藤博文伝』中、春畝公追頌会、一九四〇）と書き送り、大隈意見書の「可恐廉」に危惧を抱くようになっていく。また伊藤博文も二七日になって、三条実美を通じてこの意見書を筆写し、七月二日に至り「大隈此節の建白熟読仕候処、実に意外之急進論にて、とても魯鈍の博文輩驥尾《きび》に随従候事は出来不申」（『伊藤博文伝』中）と、怒りをあらわにして辞職を願い出るに至る。

提出から三カ月ほど経って突如問題化されるに至った背景には、太政官大書記官であった井上毅の暗躍があった。井上は、大隈意見書がイギリス憲法に基づくものであり、政党内閣の制度は君主権力を空洞化させるものであると考え、大隈の意見を退けドイツ流の憲法を制定すべきだと岩倉・伊藤・井上馨ら政府要人を説きまわったのである。さらに井上は、大隈の意見の背後に福沢派ありとして、危機感を煽りたてた。

実は井上馨は、福沢に対して国会開設を前提とする新聞発行を依頼した際に、「国会開設と意を決したる上は、毫も一身の地位を愛惜するの念あるなし。仮令ひ如何なる政党が進出るも、民心の多数を得たる者へは、最も尋常に政府を譲り渡さんと覚悟を定めたり」と語ったといい（慶應義塾編『福澤諭吉書簡集』三、岩波書店、二〇〇一）、実際に、井上が提出した憲法意見書の中には、将来的にはイギリス流の政権交代の制度を導入する含みのある文章がある。もちろん、その意見書では、急速には無理なので順序を踏むことをも述べており、そこに大隈との齟齬は存在してはいた。しかしあくまでそれは遅速の問題であり、議院内閣制そのものを、天皇権力を無にするものと危険視してはいなかったのである。井上毅の説得がいかに功を奏したかはこの一事を以ても知ることができる。

以上の経緯で、大隈意見書は政府部内で大きな非難を受けることになる。その結果、大隈は伊藤を訪問して、事前に伊藤に相談しなかったことを謝罪し、いったん二人の関係は修復することになる。この時大隈は、福沢と事前に相談したことはないと弁明したが、伊藤は、「福沢ノ私見国憲」と大隈の意見が同一だと言って納得しなかったという。ここで大隈と福沢との結託の疑念が晴れなかったことが、その後の政変へとつながっていく。

†開拓使官有物払下げ問題の紛糾

その後ほどなくして、大隈への不信感を再び醸成させることにつながる問題が起こる。開拓使官有物払下げ事件である。発端となったのは、一八八一年七月二六日の『東京横浜毎日新聞』社説「関西貿易商会ノ近状」による払下げ批判であった。そしてその後、政府に近い福地源一郎の『東京日日新聞』や丸山作楽《さくら》の『明治日報』までもが政府攻撃の論陣を張るなど、政府はジャーナリズムによる四面楚歌ともいうべき状態に置かれた。

なお、従来、この官有物の払下げ問題については事実誤認が非常に多い。たとえば払下げ先は五代友厚《ごだいともあつ》経営の「関西貿易商会」と表記されることが多いが、そのような会社は存在せず、五代が経営していたのは「関西貿易社」である。そのうえ、払下げ先は関西貿易社ではなく、開拓使官員の安田定則《さだのり》・折田《おりた》平内《へいない》らの設立した北海社が中心であって、関西貿易社は官有物のうちのごく一部（岩内《いわない》炭坑と厚岸《あつけし》官林のみ）の払下げを受けようとしたにすぎない。しかし当時の新聞の誤報に基づくこの事実誤認は、現在でも各種歴史書にそのまま記載されていることが多い。

この払下げに対して、内閣で有栖川宮と大隈が強く反対したといわれるが、その反対意見を直接的に示す史料はなく、真相はよくわからない。現在史料からわかっているのは、当初内閣中に異論があったが、八月二日付大隈宛伊藤書翰で「追々御談合申候開拓使上申之会社設立一条ハ如御承知御聞届相済候」云々とあることから（日本史籍協会編『大隈重信関係文書』四、日本史籍協会、一九三四）、八月初頭の段階では大隈も払下げについて了承していたということである。

なお、五代友厚は明治初期からの大隈の親友であり、関西貿易社自体、大隈の直輸出政策に五代が賛同して設立したものであった。五代に対する攻撃が盛んになされていた八月二七日、五代自身が自己に対する攻撃を嘆く書翰を大隈に送っており、その文中には払下げ対象である岩内炭坑に関して言及され、また五代の事業への大隈の協力の様子も記されており、少なくともこの両人のレベルで懸隔がなかったことは明らかである。また五代は、新聞社によって事実無根の攻撃が五代に加えられていることを嘆き、新聞に弁明書を掲載するなどして誤解を解こうと考えたが、大阪の経済界関係者らによる引き留めにあって、結局黙り込むこととなった。五代はこの攻撃が三菱・福沢によるものだとして憤っていたが、大隈のことは疑っている様子はない（末岡照啓「「開拓使官有物払い下げ事件」再考」、『住友史料館報』四一、二〇一〇）。一方、前述の五代の書翰を受けた大隈は、その後九月に入って、大蔵省官吏の郷《ごう》純造を通じて五代の様子を聞いてもいる（一八八一年九月一一日大隈宛郷純蔵書翰、早稲田大学大学史資料センター編『大隈重信関係文書』五、みすず書房、二〇〇九）。払下げを巡って、攻撃の火元と目された大隈と、攻撃の矢面に立たされていた五代とは、皮肉にもこのように親密に交わっていたのである。なお、現在早稲田大学には五代が大隈に送った一五八通もの書翰が残っており、両者の親しさを垣間見ることができる。ただし、政変以降のものは一通も残っておらず、政変が二人の関係に何らかの変化をもたらした可能性もある。

それはともかく、以上の関係を見れば、大隈が五代への攻撃を指示することは考えにくいことがわかる。しかし、政府要人は、これ以前に払下げ申請を却下された三菱と結託する大隈が、情報を漏洩し、裏で糸を引いているのではないかと強く疑った。開拓使長官の黒田清隆は、大隈が「陰然三菱社後払とし福沢を顧問とし後藤・板垣・副島へも内通し或は民権不平家を腹中に入れ、太政官其外諸省府県之所にも私恩を報ひ人心を収攬し大に奸策を遂ぐる手段」（一八八一年八月二一日寺島宗則宛黒田清隆書翰、寺島宗則研究会編『寺島宗則関係資料集』下、示人社、一九八七）と怒りを露わにした。そもそも、払下げ先の中心が五代の関西貿易社ではなく、新聞の攻撃に事実誤認があることを黒田も知っていたはずである。とすれば、事情を知っている大隈があえて誤報を流したとでも考えない限り、この陰謀説は成立しない。にもかかわらず、そのように黒田が疑ったのは、これに先立つ急進的な憲法意見書によって付与された、福沢や民権派との結託の疑念が拭い難いものとして政府部内に存在し続けていた結果であったろう。大隈にとって不運だったのは、七月三一日より明治天皇の東北巡幸に供奉《ぐぶ》し東京を離れていたことである。本人不在の間にさまざまな風説が盛んに流された。

†大隈周辺の動向

さらにここで考慮すべきは、福沢が実際に門下生を動かして反対運動を行い、三菱も実際にそれに関わっていたらしきことである。福沢門下生の矢田績《やだせき》は、福沢の命令によって函館で官有物払下げの反対演説をさせられ、その費用は三菱が出していたと証言している（矢田積『福沢先生と自分』名古屋公衆図書館、一九三三）。また大阪でも福沢門下で『大阪新報』に筆を執っていた加藤政之助《まさのすけ》が払下げ批判を展開し、八月二〇日には大阪戎座《えびすざ》での交詢社《こうじゅんしゃ》臨時演説会で、加藤のほか福沢門下生複数が払下げ批判の演説を行っていた(『大阪朝日新聞』一八八一年八月二三日雑報)。この加藤による批判活動も福沢のお墨付きを得たものであったという(広瀬順晧編『憲政史編纂会旧蔵政治談話速記録』三、ゆまに書房、一九九八)。

しかし福沢自身は、政変直前の一〇月一日の大隈宛書翰では「明治政府には十四年間この類之事不珍。何ぞ此度に限り而喋ゝする訳もあるまじ」(『福澤諭吉書簡集』三)と、この程度のことで騒ぐのはおかしいと素知らぬ顔で書いている。また福沢は払下げの情報を大隈経由ではなく、五代友厚経営の『大阪新報』に筆を執る加藤政之助から、関西在住の門下生を経て、入手している(『福澤諭吉書簡集』三)。当時大隈が、福沢やその門下生に払下げの情報を漏らしたという見方が政府部内では主流であったが、事実はそうではなかった。

一方、この時期、大隈のブレーンの一人である小野梓もまた、会計検査院検査官による払下げ中止建議書の提出を目論んでいた。小野はこの開拓使官有物払下げ反対を、憲法制定のための「方便」として使い、世論を盛り上げることによって薩長藩閥を追い詰め、憲法制定を認めさせようという算段であった(小野梓「若我自当」、『小野梓全集』三、早稲田大学出版部、一九八〇)。

九月以降、払下げ批判は政府部内や一部華族層にも飛び火しており、旧大名の浅野長勲《ながこと》や大蔵省の官吏らが、供奉巡幸中の有栖川宮および大隈と大木喬任《たかとう》参議に対して説得工作が盛んに行われた(大日方純夫「大隈重信政府追放の真相を探る」、『早稲田大学史記要』四四、二〇一三)。他方で、払下げを不可としつつも、民権派と結託したとされた大隈に対しても強い危機感を抱く人々も多く、佐佐木高行副議長以下の元老院議官が集会を行い、払下げ取り消しの建白書を各自提出した。また、陸軍部内では、谷干城《かんじよう》〔たてき〕・鳥尾小弥太《こやた》・三浦梧楼《ごろう》・曾我祐準《すけのり》の四将軍らが払下げ中止反対・国憲創立議会創設を求める建白書を提出する。彼ら、払下げ反対・反大隈の立場を持つ人々は、その後「中正党」と呼ばれる集団へと結集していき、三大臣に対し、大隈追放および払下げ中止、さらに薩長勢力の政府中枢からの削減を求める説得工作を行っていく（大日方純夫「一八八一年の政変における中正党の軌跡」、『日本史研究』二〇五、一九七九）。

一方、浅野長勲や大蔵省の官吏らによる説得工作は、東北巡幸供奉中の有栖川宮および大木喬任（参議）および大隈を動かし、九月下旬に至り、有栖川宮左大臣が供奉巡幸先から岩倉具視に宛てて、払下げの中止を求め、もし聞き入れられなければ辞職するとの意見書を送ることになる（一八八一年九月二四日岩倉具視日記、および二七日三条実美宛書翰、日本史籍協会編『大隈重信関係文書』四）。この有栖川宮の動きは、在京の政府要人にとっては、大隈の「陰謀」を裏付ける決定的なものとして映ることになる。一方における中正党による突き上げもあり、払下げ中止と大隈の追放は必至の形勢となっていった。

†政変の帰結とその意味

こうして、大隈が東北巡幸供奉から帰京する直前の一〇月九日、閣議で大隈罷免《ひめん》が内決される。一一日、天皇が巡幸から戻ると、大隈抜きの御前会議で大隈罷免は正式決定された。そし

官庁	役職	氏名	備考
太政官	参議	大隈重信	
	統計院幹事・太政官大書記官	矢野文雄	慶応義塾出身。
	統計院少書記官	犬養毅	慶応義塾出身。
	統計院少書記官	牛場卓造	慶応義塾出身。
	統計院少書記官	尾崎行雄	慶応義塾出身。
	会計検査院一等検査官	小野梓	
外務省	権大書記官	中上川彦次郎	慶応義塾出身。改進党に参加せず。
農商務省	卿	河野敏鎌	元嚶鳴社員。
	山林局長・大書記官	牟田口元学	
	権少書記官	中野武営	
	商務局長・大書記官	河瀬秀治	改進党に参加せず。
	駅逓総監	前島密	
文部省	調査局長・権大書記官	島田三郎	嚶鳴社員。中正党にも参加。
	権少書記官	田中耕造	元嚶鳴社員。
大蔵省	書記局長・大書記官	石丸安世	佐賀藩出身。改進党に参加せず。
	権大書記官	中島盛有	佐賀藩出身。改進党に参加せず。
	権大書記官	石橋重朝	佐賀藩出身。改進党に参加せず。
	権少書記官	森下岩楠	慶応義塾出身。
司法省	大審院判事	北畠治房	
	東京上等裁判所検事	藤田高之	
	長崎控訴裁判所検事長	春木義彰	

政変による主な退官者
齋藤伸郎「「明治十四年の政変」時退官者の基礎的研究」(『国士舘史学』14、2010)をもとに作成。備考欄に特に記載のない人物は立憲改進党に参加。

て一二日、開拓使官有物払下げの中止と、明治二三年を期して国会を開設する旨の勅諭が出された。

政変が近代日本の政治体制のあり方に与えた影響は極めて大きい。政変によって、一八九〇年の国会開設が確定されるとともに、イギリス流の議院内閣制を排し、ドイツに倣った行政権の強い憲法を制定していくという方向性が政変の結果確定した。また政変後に太政官制が改められ、参議省卿兼任制が復活するとともに、法制の起草・審査を任とする参事院が新たに設けられ、伊藤が議長になり、また政変の立役者たる井上毅は議官に列して、政変後の立憲政体確立に至る道筋を、伊藤が主導し、それを井上毅が補佐して担っていく体制が形作られた。

さらに政変は、財政問題でも大きな変化をもたらした。大隈財政から松方財政への変化である。ただし、紙幣償却と中央銀行設立による兌換制度実現に向けた動きは、大隈財政末期から始まっていた（中村尚美『大隈財政の研究』早稲田大学出版部、一九六八）。とはいえ、大隈が当局者である限り、松方財政期ほどの抜本的な紙幣償却はありえず、兌換制度の確立も遅れたことは間違いない。その意味でやはり政変は大きな転換点であった。他方、この松方の緊縮政策による「松方デフレ」は、農村への多大な打撃をもたらすことにもなる。

なお、下野した大隈は、政変の翌年、政変で下野した官吏を中心に立憲改進党を結成して政府に対抗する動きを見せるが、一八八八（明治二一）年二月に至り伊藤内閣（ついで黒田内閣）の外相として入閣し、政府に復帰する。この大隈の政府への復帰が持つ意味は、従来の大隈・改進党研究ではうまく位置づけられてこなかったが、本章で検討してきたような政変前の大隈憲法意見書の意図を理解すれば、大隈の政府への復帰は、政変前の政府部内進歩派による与党形成構想への復帰を意味するものであることは自然に理解できる。そもそも下野後に大隈が、在野民権派とともに一大政党を結党することなく、立憲改進党という別の政党を結成したのも、在野民権派との間に一線を画する政治意識があったからに他ならない。ただし、大隈の進める条約改正交渉に政府部内からも反対意見が出、大隈が爆弾を投擲されて片脚を失うなかで、改正交渉は中止に追い込まれ、この与党構想は再び挫折を余儀なくされる。その結果、大隈・改進党は再び下野し、自由党と並立しつつ政府と対抗して初期議会を迎えることになる。

政変が形作った、薩長藩閥政府と、従来の民権派による自由党、大隈らの立憲改進党という三つ巴の政治党派体制は、以降、さまざまな離合集散を繰り返しながらも、元老および官僚勢力、立憲政友会、憲政会～立憲民政党という形で大正・昭和初期まで続いていく。その意味で、明治一四年の政変は、その後の政治構造を長らく規定し続けたのだと言うことができよう。

さらに詳しく知るための参考文献

大久保利謙「明治十四年の政変」(『大久保利謙歴史著作集2　明治国家の形成』吉川弘文館、一九八六)……明

治一四年の政変の過程を、政府部内の動きを中心に詳細に検討し、特に政変における井上毅の主導的役割を明らかにした点において特筆される。本論文は初出時以来五〇年以上を経過しながら、今なお通説としての位置を失っていない。

真辺将之『大隈重信――民意と統治の相克』（中央公論新社、二〇一七）……大隈重信に関する最新の評伝。明治一四年の政変に際しての大隈のスタンスを新しい視点から描くとともに、従来の伝記で記述の薄かった議会開設以降の大隈の政治指導や、文化的活動にも多くのページを割いている。

姜範錫『明治14年の政変――大隈重信一派が挑んだもの』（朝日選書、一九九一）……政変そのものをタイトルにしたこれまで唯一の書籍。それまでの先行研究や、政変の経過を丁寧にまとめている。ただし、大隈の憲法意見書を小野梓の筆になるとする説は、真辺将之『大隈重信』でも批判されているように、成立しがたい。

山室信一『法制官僚の時代――国家の設計と知の歴程』（木鐸社、一九八四）……一四年政変を含む明治前期の法制官僚を中心とする日本の知識人たちによる、日本近代国家の建設のための「模範国」「準拠理論」探求の過程を、フランス学、イギリス学、そしてドイツ学のせめぎあいとして描き出す。明治一四年の政変は、そのせめぎ合いにおけるドイツ学の勝利として位置づけることができる。

坂本一登『伊藤博文と明治国家形成――「宮中」の制度化と立憲制の導入』（講談社学術文庫、二〇一二）……一九九一年刊行の元版を文庫化したもの。明治一四年の政変から帝国憲法制定にいたる伊藤博文の動向を追う。政変後の政府による国家形成の過程を、伊藤博文を中心に知ることができる。

大日方純夫『自由民権運動と立憲改進党』（早稲田大学出版部、一九九一）……民権期から議会開設前後に至るまでの立憲改進党の動きを、小野梓および鷗渡会《おうとかい》系を中心に詳細に描いたもの。憲法意見書に描かれた大隈の政党政治の理念が、政変後どのようにして追求されていくのかを知ることができる。

第11講

内閣制度の創設と皇室制度——伊藤博文のプランニングの再検討

西川　誠

†伊藤博文の帰朝

一八八三（明治一六）年八月三日、伊藤博文は横浜港に降り立った。ヨーロッパでの憲法調査からの帰朝である。伊藤の帰国前の七月二〇日、右大臣岩倉具視は亡くなっていた。死の直前、岩倉は枕頭《ちんとう》に伊藤の盟友井上馨《かおる》を呼び寄せ、何事かを託したという。憲法調査で得た知識と自信とともに、岩倉の喪失にも後押しされて、伊藤は政治の中心に立つ決意を固くしたであろう。伊藤は制度取調局を設置して諸制度改革に着手し、宮内卿となり天皇との関係を調整し、のちに憲法・皇室典範の起草に着手、枢密院議長となって大日本帝国憲法・皇室典範を完成させる。

したがって伊藤が主導した一連の改革は憲法と関連づけて研究され、戦前以来の憲法成立史研究を基盤に、稲田正次氏が広範な史料調査によって著した『明治憲法成立史』上・下（稲田一九六〇・六二）によって、昭和三〇年代までに通説的な理解は成立する。歴史的にどう意義づけるか、明治国家体制・近代天皇制の中でどう考えるかについては多様性はあったが、稲田氏の確定した事実とそれに基づく解釈は通説的地位を占め続けている。大日本帝国憲法に関連づけることに重点を置いたために視角は限定されていたが、浩瀚な史料によって支えられた史実の確定があったため、克服が困難な像が生まれたとも言える。

ドイツ滞在時代の伊藤博文（明治15年）

†太政官制と内閣制度

なかでも、一八八五（明治一八）年一二月二二日に創設された内閣制度については、辻清明氏の、日本官僚制の性格を統治構造における割拠性に求め、封建的割拠性を継承したために内閣が統整力を欠如させたという説とも相俟って（「統治構造における割拠性の起因」（初出は一九四四）、『日本官僚制の研究』東京大学出版会、一九五二）、稲田氏の事実確定と解釈が鉄板的な通説となった。

通説的な理解は以下の通りであろう（通説的理解については、鳥海靖『日本近代史講義』東京大学出版会、一九八八、第一二章参照）。

太政官制は、各省の決定を最高機関である太政官に上申して決定する構造となっており煩瑣《はんさ》である。上奏権が大臣に限られており、最高政策決定機関である内閣（「内閣」それ自体は太政官内に一八七三〔明治六〕年に設置されている）の参加資格は大臣・参議で卿にはないなど、権限関係が複雑である。大臣は皇族・公家しかなれず、士族出身の実力のある薩長の元勲は参議止まりであり、政治的に不都合である。よって、憲法政治開始の前に、実力者が首班となる、簡明な内閣制度が導入される。

なお内閣制度導入の理由について、のちに辻氏は、国会対応説（前節で述べた）、伊藤の野望説（前段落の政治的な要因）、内閣統合説（前段落の煩瑣さと権限関係の複雑さの解消を指す）と整理している（辻清明・林茂編『日本内閣史録』1〔第一法規、一九八一〕の序説の辻執筆部分参照）。

法令名は「内閣職権」である。準拠国のドイツに倣ってハイデルベルク官制に基づいた、首相の権限の大きい（他の大臣を統制できる）大宰相主義を特徴とした。内閣職権第一条には「内閣総理大臣ハ各大臣ノ首班トシテ機務ヲ奏宣シ旨ヲ承テ大政ノ方向ヲ指示シ行政各部ヲ統督ス」とある。また宮内大臣が内閣に入らず、宮中府中の別が確立する。

ところが明治憲法制定の際、総理大臣が他の大臣への統制権を持てば内閣は事実上連帯責任を持つことになり、それは政党内閣の導入を不可避とするという井上毅の理解から、憲法には各省大臣の単独輔弼《ほひつ》制が採用される一方、内閣の規程は存在しなくなった。折から一八八九（明治二二）年に黒田清隆総理大臣が大隈重信外務大臣の条約改正を支持し、閣議不開催などを強引に実行したために政治的混乱が発生した。憲法との整合性の保持から、加えて黒田首相の独断的な権限行使の経験から、首相の権限を削減し、同輩中の主席とする「内閣官制」が同年一二月二二日に定められた（第二条「内閣総理大臣ハ各大臣ノ首班トシテ機務ヲ奏宣シ旨ヲ承ケテ行政各部ノ統一ヲ保持ス」）。首相のリーダーシップの制度的欠如は、明治憲法の国家諸機関の割拠性と相俟って、やがて軍部の戦争への暴走を抑止できなくなる。

このように敗戦までの歴史を総括して語られれば、挑戦はますます困難になってくる。しかも近衛文麿首相が松岡洋右《ようすけ》外相を更迭《こうてつ》できなかったという史実の裏付けがある。

†内閣制度導入の意図

鉄板の通説への穿孔は、導入の意図から始まった。

伊藤や井上馨らの内閣制度導入の試みは一八八五（明治一八）年の五月頃から始まる。半年以上の時間を掛け、三条実美《さねとみ》と、さらには明治天皇を説得していく。なぜこの時期にこれほどの手間暇を掛ける必要があったのか。

この点を政治史的に深く論及したのは御厨貴氏であった。地方経営をめぐる深刻な対立から、省の統廃合や卿の変更、さらには政治力に欠ける三条の更迭が必要となったと論じた（『明治国家形成と地方経営』東京大学出版会、一九八〇）。憲法制定をゴールにした西欧の制度の着実な導入という視点からの解放であった。

同じ頃、室山義正氏は、松方財政の研究を進め、壬午事変と甲申事変による東アジアの危機のため陸海軍が軍拡を要求し、財政的な面からも、大胆な改革が必要とされたことを論じた（『近代日本の軍事と財政』東京大学出版会、一九八四。なお稲田氏も海軍増設のための費用捻出を内閣制度導入の一因と指摘はしている）。さらに大澤博明氏は、海軍内部の戦術の選択とそれに応じた軍拡の在り方をめぐる対抗の存在を明らかにした（『近代日本の東アジア政策と軍事』成文堂、二〇〇一）。一八八五年一〇月に井上馨が、陸海軍軍備の不十分さを説き、海軍卿に長州派の自らか山田顕義《あきよし》を擬し、薩摩海軍の中心人物であった川村純義《すみよし》を更迭しようとしたということを説明しうる解釈である。

また坂本一登氏は、伊藤が明治天皇との関係の調整のためにも三条の更迭を必要としていたことを論じた。そして伊藤と天皇・天皇側近の元侍補グループとの関係が好転していたから、この時期に三条の更迭を含むドラスティックな変革が可能であったとする（『伊藤博文と明治国家形成』吉川弘文館、一九九一）。

こうして憲法を目指してスケジュールに沿って導入されたというイメージは、変更されるに到っている。地方経営における対立、陸海軍整備と予算の捻出、三条の引退が複合して、一八八五年一二月に内閣制は導入された。

とするならば、内閣制度導入の際の詔勅が「内閣ハ万機親裁専ラ統一簡捷ヲ要スヘシ……従前各省太政官ニ隷属シ上申下行経由繁複ナルノ弊ヲ免レシム」と述べた太政官制の非能率さは、正しい説明なのだろうか。

中野目徹氏は、国立公文書館の公文書を調査して、文書から太政官の政策決定の在り方を追求し、各省は伺を太政官に上申し、太政官が許可を下す体制(「官符行政」)であったことを確認した(『近代史料学の射程』弘文堂、二〇〇〇)。つまり煩瑣で非能率であり、内閣制度導入の際の政府の説明は的確であった。そして太政官期の決定の在り方を詳《つまび》らかに解明した上で、内閣制度創設後の「公文式」によって内閣は法律・勅令案を調整して政治の統一を図る場となったと、内閣制度下の文書行政を基に内閣の意義を解明している。なお西川も、伺・許可の体制である以上スタッフ機能を拡大しなければならず、その解決には新しい体制が必要となることを、太政官最末期の参事院を検討して論じている(「参事院の創設」『書陵部紀要』四八、一九九二)。

中野目氏の研究は文書学の点でも新しい知見をもたらし、以後の太政官制の研究の礎となっている。ところで、中野目氏の提起した文書行政の在り方、つまり内閣の行政機関としての運営のあり方については、このにちあまり深められていないように思われる。公文書の保存方法が変更されたこともあって、各省の上申は質・量ともに変化したのか、内閣の文書処理の特徴はどのようなものか、内閣書記官局と法制局はどのような補助部局であったのか、に関する研究は少ない。近年、現代の法制局の政治力を指摘する議論があったが、戦前はどうであったのであろうか。

†内閣制度と憲法構想との関連

憲法との整合性から内閣官制によって諸省の権限が小さくなったという理解への疑問も提出されるようになる。坂本一登氏は、太政官制の反省の下、伊藤博文が首相の優越的な権限を制度化しようとして内閣制度を導入したのであり、内閣官制で大宰相主義が否定されたという解釈は一面的ではないかとの疑義を提起した（「明治二十二年の内閣官制に関する一考察」、犬塚孝明編『明治国家の政策と思想』吉川弘文館、二〇〇五）。

この議論の背景には、瀧井一博氏が、伊藤の憲法調査での成果を行政の発見にあると論じたことがある（『ドイツ国家学と明治国制――シュタイン国家学の軌跡』ミネルヴァ書房、一九九九。『文明史の中の明治憲法――この国のかたちと西洋体験』講談社選書メチエ、二〇〇三）。坂本氏はこれまでの伊藤博文のリーダーシップを解明した研究にその議論を取り入れ、伊藤は、行政の発見と内閣による政治指導を憲法体制で実現しようとしていたと指摘し（「伊藤博文と「行政国家」の発見」、沼田哲編『明治天皇と政治家群像』吉川弘文館、二〇〇二）、内閣官制下も首相のリーダーシップは維持されると主張する。

内閣職権から内閣官制となることで、確かに首相の統制権は削除されたけれども、その解釈と運用はどうであったかという問題である。

この点について村瀬信一氏が、内閣というシステムの構築という視点から政治史的に検討している（村瀬二〇一一）。首相のリーダーシップはどのようなものであったか、内閣に連帯責任観は存在したのか、会議体としての内閣はどのように運用されたのか。憲法五五条（国務大臣単独輔弼制）と内閣官制の規定通りに運用されるのであれば、政党内閣まで総辞職は存在しない。大命降下のあと首相が閣僚選考するということもおかしい。先に引いた近衛以外の首相は、大臣を事実上更迭しているではないか。内閣総辞職を、慣行が昭和戦前期には存在して新憲法下もそうであるために自明視し、一方で単独輔弼制との整合性を突き詰めて検討してこなかったのである。村瀬氏は、第一次桂太郎内閣において、内閣の一体性が確立し、総辞職の慣行が成立したと論じている。

合議体としての内閣の在り方については、検討が深まりだしたばかりである。たとえば『原敬日記』を閣議の運営という視点から検討してもいいのではないだろうか。

†内閣の統合力

内閣の規程の問題、それに関連して各省からの上申とその処理の問題、運用の問題を検討してきたが、内閣と外部との関係には、各省からの上申だけで終わらない問題がある。

まずは天皇である。内閣の決定のうちしかるべきものは上奏裁可される。「内閣制度導入の意図」の項で述べたように、中野目氏が、太政官期を中心に公文書上の上奏裁可の関係を詳しく解明している。永井和氏は、裁可印について厳密に検討し（「万機親裁体制の成立」『思想』九五七、二〇〇四）、川越美穂氏は、天皇行幸中の状況を明らかにしている（「『天皇親裁』形式の確立と挫折」『史学雑誌』一一六－一二、二〇〇七）。そして上奏裁可の関係、また副書の問題は、公文式で一応の定型が成立し、内閣からの上奏に天皇が裁可し、法律・勅令については御名御璽《ぎょめいぎょじ》によって公布することとなった。ただやはりその後については十分に追究されているとは言いがたい。裁可印には「可」「聞」「覧」があったが、もっとも軽い「覧」印の運用はどうなったのであろうか。

また内閣以外の上奏の問題がある。そもそも周知のように統帥権は内閣の統合外に在った。そして一般に陸海軍大臣が管轄する編制権は、大臣が内閣を構成することから、内閣の統合下にあると考えられている。しかし永井和氏は、陸軍は、すでに太政官期に一部編制に関して内閣を経ずに天皇の裁可を得ており、この慣行を黒田清隆内閣期に拡大化させ、伊藤博文との間に対抗が生じたが、内閣官制第四条で専任の行政事務は主任大臣が副署するという主任大臣副書主義が採用されることで、軍事関係勅令は帷幄上奏《いあくじょうそう》によって成立するという現状が追認されたと指摘した（『近代日本の軍部と政治』思文閣出版、一九九三）。さらに首相の統制権拡大を目指す伊藤が一九〇七（明治四〇）年の公式令によって総理大臣副書制を採用したことで、山県有朋と軍部は対抗的に、帷幄上奏で成立する軍部大臣のみが副署する軍令という形式を生み出したと説明する。

内閣が国務を統合するかどうかについては、内閣内外とも、内閣の政治力を含めて追究することができる課題であろう。

†皇室典範の制定

皇室制度を根本的に規定する皇室典範もまた、稲田正次氏によって制定過程がほぼ解明された。さらに、島義高氏によって史料が博捜され、制定経緯が明らかになっている（「明治皇室典範の制定過程」、小林宏・島善高編『明治皇室典範』上・下、日本立法資料全集16・17、信山社、一九九六・九七。以下引用史料は断らない限り本書による）。

一八八九（明治二二）年二月一一日公布の皇室典範の特徴は、皇室典範始め皇室関係法令を家法と位置づけ国法と分離したこと、永世皇族主義を採用したこと、譲位を禁止したこと、女帝・女系を否定したこと、長男子優先、嫡庶《ちゃくしょ》の別を設けたこと、である。

これらの特徴は、近世以前の皇室の慣習とは必ずしも一致しない。そしてこれらの方針を最終的に確定したのは、伊藤博文であった。

憲法が具体的に構想されたとき、帝室の在り方は大きな課題となった。岩倉具視は明治九年に元老院で憲法の審議が始まると、「宮禁内ノ規則ニシテ憲法ニ関セサル者……ハ固ヨリ皇家ノ私事」と断じ別に法典整備を主張する。伊藤の憲法調査中にも内規取調局を設け、帝室の制度を先行して調査立案した。帰国した伊藤は、これらの調査とは別に井上毅らと相談して皇室典範を作成していく。さらに三条に近い公家の柳原前光《さきみつ》を関与させることで、朝廷の伝統意識との調和を図る姿勢を見せはする。しかし結果として、右に述べたように、朝廷の伝統とは異なる規程となった。

「内閣制度導入の意図」の項で述べたように、伊藤は行政を発見し、王権とは異なる専門知としての行政権の確立が国家の発展に必要と考えた。しかし明治天皇は政治的意思を表明するようになっていた。天皇が、あるいは天皇と天皇をとりまく勢力が存在してその集団（広義の宮中）が不規則に政治的意思を表明しては、王権と行政権と立法権の調和は図れない。とすれば、天皇の政治意思は直接内閣に伝えられ（内閣制度の確立）、それ以外の部分は政治と無関係に運営されるべきであるし、その運営はできるだけ揺るがない方がいい。

王国であるのに宮中府中の別が追求され、内閣制度で宮内大臣が閣議に参加しないことが明確になった。皇室典範・皇室に関係する法令も家法として、つまり私的な領域として位置づけられる。そして天皇をとりまく制度に誰かの意思が加わること、つまり政治化することが避けられる。上皇は光格天皇以来存在しなかったけれども、孝明天皇が譲位の意思を表明して幕府と対抗したことを考えれば、院政の危険性は現在よりは現実的であった。近世では嫡庶長序は重視されたが、嫡長子といえども親王宣下があり儲君《ちよくん》となって、やっと後継者として確定する。嫡子長子優先は、皇位継承順を乱さぬためであった。女帝は、皇配殿下（配偶者）の問題を生じるであろう。そして皇位の安定的継続を考えれば、明治天皇に現存する兄弟がなく、男子も一人しか存在しない状況では、皇位継承者を確保する必要があった。庶子は継承者であり得たし、皇族も親王家四家に限定しているわけにはいかない。

こうして、制度としての安定を目指して、国家と皇室を分離するという方針の下に、皇室制度は整えられた。

†皇室典範増補

なお皇室典範は、二回改正が行われている。ただ改正という言葉は避けられて、増補と呼ばれた。一回目は、一九〇七（明治四〇）年二月一一日で、伏見宮系の皇族が増えすぎたため、皇籍を離脱する臣籍降下規定を加えたことである。二回目は、一九一八（大正七）年一一月二八日の皇女の降嫁先に李王家を加えるための改正であった。韓国併合の際、李皇帝家は王公族という族籍となったが、その詳細な規定は存在しなかった。そして、梨本宮方子《まさこ》女王と李王垠との婚姻をいかに法令上容認するかの問題が発生した。結局、典範では、皇族か勅旨により認められた華族と規定されていた皇族女子の婚家に、王公族が加えられた。

†皇室令の分析

稲田氏の制度的解明の上に皇室制度を歴史的にどう意義づけるかという議論は多様であったが、近年は皇室の諸制度そのものの理解を深める研究が出来《しゅったい》してきている。

まずは鈴木正幸氏の皇室財産に関する議論についての研究を承《う》けて（鈴木一九九三）、複雑な皇室財政の構造について明らかにした川田敬一氏の研究が挙げられる（『近代日本の国家形成と皇室財産』原書房、二〇〇〇）。会計では、一八九一（明治二四）年の皇室会計法で、皇室会計が国庫交付の皇室費を歳入とする常用部、現金に関する御資部、御料に関する御料部から構成され、残余は御資部に蓄積されることとなったことを示し、その後の変遷を跡づける。典範四十五条で分割譲渡不可とされた世伝御料を含む皇室財産については、一九一〇年の皇室財産令で、ようやく世伝御料と普通御料とに分類して規定されたこと、普通御料は私的財産であるが、天皇に「私」なしという考え方から、私有財産とは断言できない内容となったことを指摘する。池田さなえ氏は、なぜ皇室が土地を持つかという問いについて、当時の議論を検討し、経済的基盤論と民需供給・国土保全という国家行政担当論とを両端として分析している（「近代皇室の土地所有に関する一考察」『史学雑誌』一二五－九、二〇一六。池田氏は御料鉱山はじめ他にも論考がある）。

次に皇室令に関しては、皇室制度の整備を目的に一八九九年に設置された帝室制度調査局の活動が明らかになっている（皇室典範増補と皇室財産令の原案作成部局である）。伊藤博文帝室制度調査局総裁は、皇室関係法を家法として国法から分離する方針を変え、皇室を国家の一要素として捉え、皇室関係法も国法とすることを目指した。一九〇七年の公式令で皇室令が規定され、国務大臣の職務に関係するものは、宮内大臣だけでなく総理大臣と国務大臣も副署することとなった。「内閣の統合力」の項で述べたように、伊藤博文は、公式令改正によって内閣が政治統合の中心となる国制改革を考えていたのである（瀧井二〇一〇）。公式令の意義は軍令問題中心に検討されてきたが、川田氏の有賀長雄への着目や瀧井氏の分析によって調査局の方針が際だった。

皇室制度改革に話を戻せば、鈴木正幸氏の政党内閣が現実化する中での対応としての法的性格の明確化という評価がある（鈴木正幸『国民国家と天皇制』校倉書房、一九九〇）が、内閣による政治統合という議論と整合的であろうか。あるいは、それぞれの皇室制度を貫く整備の方針はあるのであろうか。また国分航士氏が論ずるように、公式令が出されたとしても、宮中府中の別というひとたびは成立した曖昧な概念との整合性は簡単につきそうもない（「明治立憲制と「宮中」」『史学雑誌』一二四-九、二〇一五）。

帝室制度調査局の後進である大正期の帝室制度審議会では、社会の変化に応じて、古制回帰や荘厳たる儀礼整備とは逆の方向で、費用負担が過大でなく同時代的に説明しうるという点で合理的に、皇室制度の整備は進んだと考えるが、帝室制度調査局では統一的な像があるだろうか。帝室制度調査局の活動については、前田修輔氏が葬礼関係を中心に明らかにしている（「明治後期の皇室葬礼法制化と帝室制度調査局」『日本史研究』六五九、二〇一七）が、こうした研究を重ねていけば方向が見えてくるかも知れない。

ところで、これまで述べてきたように、平成二十年代になって、皇室制度の研究が活性化している。それを支えるのが宮内省公文書の公開の進展と利用の簡便化である。今後の研究の進展が楽しみである。

二つの空白と二つの沃土

木戸孝允の一八七五（明治八）年の大阪会議の際の構想では、三権分立の上に太政大臣・参議会があり、その上に天皇が存在した。君主国において天皇が政治的意思を発動しないのであれば、それを代行するのは宰相（太政大臣）であろう。太政大臣が決断し得ないのであれば政治力を培ってきた参議会が代行せざるを得ない。二つの空白は参議会が埋める。藩士出身者には歴史的権威がなく、朝廷の慣例は理解しがたいという理由からも、大臣は必要であった。

明治維新からおよそ一五年経って明治天皇が政治意思を持ったとき、それはそれで新たな問題を生むけれども、太政大臣・参議会は不要となり内閣の位置づけが課題となる。三条・岩倉が退場して、華族制度を含めた宮中の諸制度改革、藩士出身者の内閣・大臣の構成などが整備可能となった。

こうして一八八七年前後に整備された内閣制度と皇室制度は、成立過程と法令の分析がひとたびは終了して研究は固定化した。現在は、内閣制度については運用の実態から、皇室制度については史料状況の改善から、研究が進展している状況である。

さらに詳しく知るための参考文献

基本文献

稲田正次『明治憲法成立史』上・下（有斐閣、一九六〇・六二）……古典といってよい研究。オンデマンドで入手可能。

内閣制度

坂本一登「明治憲法体制の成立」(『岩波講座　日本歴史』第一六巻、岩波書店、二〇一四)……伊藤が内閣制度で何を実現しようとしていたか、明治天皇・憲法構想と関連させ、論じる。

中野目徹「太政官制の構造と内閣制度」(『近代国家の形成』講座明治維新第4巻、有志舎、二〇一二)……親裁・閣議を中心に太政官制の改革と内閣制度の構想が辿られる。引用した著書とは視角を少し異にしており、新鮮。

村瀬信一『明治立憲制と内閣』(吉川弘文館、二〇一一)……内閣の運営や内閣の交代の在り方など、システムとしての内閣の形成を追究する。

皇室制度

鈴木正幸『皇室制度――明治から戦後まで』(岩波新書、一九九三)……昭和の研究と研究動向の到達点。

島善高『近代皇室制度の形成――明治皇室典範のできるまで』(成文堂、一九九四)……本文中で紹介した資料集を作成中に著されたもの。皇室典範制定史を理解する基本的文献。

小田部雄次『近現代の皇室と皇族』(敬文堂、二〇一三)……平成の研究の到達点。

その他

瀧井一博『伊藤博文――知の政治家』(中公新書、二〇一〇)……知の政治家伊藤博文が、どのように国制をデザインしようとしていたか、明治四〇年公式令制定に何を狙っていたかを論ずる。挑戦的な新書。

清水唯一朗『近代日本の官僚――維新官僚から学歴エリートへ』(中公新書、二〇一三)……内閣制度そのものを扱った手に取りやすい本は少ない。本書の主眼は官僚であるが、内閣や統治機構改革、内閣所属部局にも触れている。

第12講

大日本帝国憲法――政治制度の設計とその自律

前田亮介

大日本帝国憲法の制定については、これまで歴史学では規範的評価が先行しがちだった。戦後歴史学の影響下にあった第一世代は、民間の憲法草案を発掘しつつ、大日本帝国憲法の非民主性を批判し、近代化論の影響下にあった第二世代は、稲田正次『明治憲法成立史』（有斐閣、一九六〇・一九六二）を到達点とする戦前からの実証研究の蓄積に依拠しつつ、明治憲法の合理性と藩閥指導者の開明性を再評価した。後者の流れを代表するジョージ・アキタや鳥海靖の研究はまた、政府も民権派も多くの点で価値観や行動様式を共有していたことを強調し、いわば「立憲主義コンセンサス」が広く根づいていたという図式を提起した。これは、近代日本がなぜ立憲制の導入に成功したかを説明する上で一定の説得力を持つ図式であり、現在も民衆史を含む多くの明治史研究者に受け入れられている。

ただ第二世代の仮想敵だった、明治憲法の「限界」を外在的な基準で裁断する議論は、アカデミズムで影響力を失って久しい。むしろ第一世代にあった、現実の「日本型近代」と異なる政治秩序への想像力から得られる知見も少なくないように思われる。本講では伊藤博文を導き手として、憲法制定過程で生じた対立に注目し、そこでいかなる複数の「国のかたち」が想像されたかを見る。そして政治の動きのなかから憲法が生みだされ、またその憲法が政治を規定していく国家形成期特有のダイナミズムの再現を試みたい。

†政治的均衡点としての「立憲」――明治初年の憲法問題

近代日本の憲法構想の源流は、西周《にしあまね》や津田真道《まみち》といった幕末の大政奉還派知識人の公議政体論にある。西と津田はともにライデン大学に留学し、フィッセリングの講義で学んだ、オランダ立憲君主制の知識を大政奉還後の政治体制の設計に生かそうとした。明治新政府もこうした公議政体論を部分的には継承したものの、最優先の事項は軍事・財政といった権力基盤の確立にあり、憲法制定にむけた動きは副次的な潮流にすぎなかった。一八七二年半ばには、岩倉使節団派遣中の留守政府内(左院)で憲法と国会の構想が具体化するも、結局求心力を保ちえず、翌年一〇月の征韓論政変にいたる混乱のなかに埋没する。立憲制の導入は、板垣退助のような左院支持者にとっても、窮極的には軍事動員オプションの次善の策だったのである。

もっとも、征韓論政変による深刻な国内の分断を前に、憲法制定は政府中枢にとっても無視できない論点となる。政変直後の一一月には、大久保利通が「定律国法」の下の「君民共治」の原則を明示した意見書を政体取調掛に照会し、その四カ月前、木戸孝允はより具体的に華族会議と地方官会議からなる上下両院の議会開設を掲げた案を政府に提出した上で、自派の新聞にも掲載した。さらに翌年初頭には有名な「民撰議院設立建白書」が左院に提出されている。こうして真の立法府ではないものの当面それに擬しうる存在として、元老院（≒上院、左院は廃止）と地方官会議（≒下院）を設置する方向で大枠の合意が形成されていった。

こうした政府と反対派の合意の象徴が、立憲派／民権派の中心である木戸と板垣が参議に復帰した一八七五年二月の大阪会議をふまえて四月に発せられた「漸次立憲政体樹立の詔」にほかならない。板垣がほどなく政府を去るも、「立憲」を均衡点とした大久保―木戸連合の成立は、朝鮮問題の一時的収束と相まって、革命後の不安定で流動的な政局にようやく訪れた安定を意味した。そのことはまた、今後の「立憲政体」をめぐる議論が行政府主導で進むことも暗示していた。一八七六年九月、元老院に「国憲」草案の起草を命じる勅語があり、八〇年七月頃まで三次にわたる「日本国憲按」草案が作成された。同案は、上院である元老院に立法権のみならず内閣弾劾《だんがい》権や条約批准権を与え、皇帝即位の際にも元老院での「国憲確守の誓」を義務づけるなど、行政府と君主を抑制する権限をもたせるユニークな内容を含むが、岩倉具視や伊藤博文に一蹴されて陽の目を見なかった。一八七二年以来、政府内で左院―元老院が進めてきた憲法構想は、多くが非主流派による非主流の構想だった。したがって、明治一四年政変の前夜、憲法制定がついに政府中枢の喫緊の政治課題に浮上すると、こうした初期「立法」機関の活動の余地は失われていったのである。

†「君民共治」論のなかの競合――私擬憲法の君主制構想

前述のように、これまでの研究では、大日本帝国憲法と異なる民主主義的な私擬《しぎ》憲法を理想化する議論と、他方で私擬憲法に共和制構想が一つもなかったことから、政府と民権派に原理的な対立がなかったことを強調する対照的な議論がある。ただ、天皇親政運動の理論的な中核だった元田永孚《ながざね》のような「君民共治」を明確に否定する秩序構想(池田勇太『維新変革と儒教的理想主義』山川出版社、二〇一三)は、少なくとも政治エリート間では少数だっただろう。とすれば、単に「君民共治」(民撰議院)論への収斂性の高さを確認するより、そのコンセンサスのなかでの振幅を位置づけることが、意義のある作業となる。

民撰議院論争で加藤弘之(時期尚早論)と大井憲太郎(即時開設論)がともに民撰議院は立法府ではなく諮問機関にとどめること、またそれが憲法制定会議となるべきこと、という認識を共有していたように(鳥海靖『日本近代史講義』東京大学出版会、一九八八)、「憲法制定のための国会開設」という「民」の論理は、西南戦争後に本格化した自由民権運動でも主流の地位を占めた。

愛国社再興大会が西日本の士族結社の連合体から、地理的・階層的により広い基盤を備えた全国運動へ成長するなかで、一八八〇年三月開催された国会期成同盟第一回大会では、政府が国会開設を認めない場合には全国民の代表として自ら「私立国会」を立ち上げるとした愛国社系の路線が台頭する。しかし一八八一年一〇月に「国会開設の勅諭」が下り、各地域から国会期成同盟に集まった憲法案の審議すらなしえないまま、下からの私立国会＝憲法制定会議の構想は事実上崩壊する（松沢二〇一六）。

松沢裕作が指摘するように、この過程では、憲法構想で先行する非愛国社系が、愛国社系と異なり中央政府の役割を否定しない穏健な憲法制定手続きをめざしたことが、運動の共闘を難しくした構造的な背景にあった。自由民権運動の一つの原動力が、現状を身分制社会の解体に伴う秩序の崩壊状態として捉える感覚にあったため、憲法案の内容以上に、新しい秩序の創造へつながる憲法制定手続きの問題が焦点に浮上したのである。

ただ、憲法案の内容にも、なお問われるべき点が残されていると思われる。当時の私擬憲法のうち、詳細な人権保障や女性の帝位継承など、旧憲法に欠落した条項も重要だが、より興味深いのは、権力の創出をめぐる「積極的立憲主義」（スティーヴン・ホームズ）の側面における議論の幅である。とりわけ、「君民」の一角をなす天皇の位置づけは注目に値する。たとえば植木枝盛《えもり》案、立志社案、共存同衆案、交詢社《こうじゅんしゃ》案には、皇帝の国会解散権や再議請求権の規定があり、さらに共存同衆の小野梓の主著『国憲汎論』（一八八二〜八五）では、三権の最上位にある立法府を監視する「政本の職」として、議員選挙によって国会を成立させる「民人」と、国会を解散させる「君主（天皇）」の両者を「一国最重の大政」の担い手と捉えている（大久保健晴『近代日本の政治構想とオランダ』東京大学出版会、二〇一〇）。もちろん、右の諸草案には、連邦制と単一制、一院制と二院制など政体観に少なからぬ違いがある。ただ小野の例は、皇帝に強大な権限を与える植木案とともに、国会解散権を行使する天皇に民権派が制度運用の次元で積極的・能動的な役割を見出していた可能性を示唆する。私擬憲法の歴史的な評価も、一つにこうした「君民共治」論自体の多様な発展可能性に即して、与えられるべきであろう。

†「行政」と「国制」の発見——伊藤博文の憲法調査

さて、一八八一年一〇月の政変を経て、伊藤は名実ともに明治政府の第一人者となった。この間、大隈重信と決定的に関係が悪化していた薩派《さっぱ》の軍・警察への影響力は無視できず、また大隈が政府内にいた場合、憲法制定の過程で伊藤がその後塵を拝するのは明白だった。以上の政治力学の下で、伊藤は薩派と提携して大隈を政府から追放し、代わりに九年後の国会開設を国民に約束する決断を下したのである。そして政変から五カ月後の一八八二年三月、伊藤は、伊東巳代治《みよじ》や西園寺《さいおんじ》公望《きんもち》、平田東助を随行させてヨーロッパでの憲法調査に向かった（八三年八月まで)。五月中旬ベルリンに到着した伊藤は、まずベルリン大学教授ルドルフ・フォン・グナイストから国法学の、続いて五月下旬からの二ヵ月はその高弟でベルリン市裁判所判事のアルベルト・モッセからプロイセン憲法の沿革に関する講義を受けている。ただ、グナイストは日本の国会の権限が軍事や会計の領域に及ぶことに懐疑的であり、実務家モッセの逐条的な講義も必ずしも魅力的ではなかったようである。

大きな転機となったのは、八月からウィーン大学教授ローレンツ・フォン・シュタインの自宅で二ヵ月間行われた講義である。シュタインは専門分化以前の学知を象徴する百科全書的知識人で、当時、パウル・ラーバントらがビスマルク体制下で体系化しつつあった法実証主義的なドイツ国法学のなかで、明らかな傍流だった。それだけに後発国家への立憲制の導入というプロジェクトに託すものは大きかったのである。シュタインが伊藤に提供したのは、第一に、各国の歴史的沿革や比較史への関心に基づく、多様な立憲政体の発展という展望である。第二に、立憲君主制の運用を支える「行政」への洞察がより重要だった。瀧井一博の研究(瀧井二〇〇三)によれば、シュタインは国家を一個の人格と捉える独特の有機体論から、①国家の自己意識を具現化する機関としての君主、②国家の意思を形成する機関としての立法部、③国家の行為を司《つかさど》る行政部、の三要素を見出しており、とりわけ君主と立法部の双方から自律した行政部に決定的な重要性を認めていた。この「行政国家」の発見は、伊藤の内閣機能強化への一貫した志向に霊感を与えただろう。第三に、社会のたえざる変化に柔軟に対応する上で欠かせない、行政の実態へのまなざしは、上昇して狭義の憲法典を越えた「国制」への開眼をもたらした。伊藤は、憲法の文言より広く「国のかたち」全体を視野に入れた「国制」の発見を通じて、憲法を、ひいては大隈系勢力への比較劣位を、相対化できるようになった。

伊藤はこのシュタイン講義に敏感に反応した。そもそも滞欧中の伊藤は制度調査よりも「アクチュワルのポリチックス」と「アドミニストレーション」に関心を寄せており、単なる「好議会」や「好憲法」では意味がないというプラグマティックな認識に立っていた（「一片之憲法而已《のみ》取調候而も何の用にも不相立《あいたたざる》儀に御座候」）。そして外延が曖昧な「国制」という視座は、伊藤の状況主義的な政治観、さらにこの世は絶えざる変遷のもとにあるとの世界観とも結びついて、諸政治勢力の妥協と調和に支えられた「憲法政治」という理念に伊藤を導いた。それは制度としての憲法よりも、調和を演出する伊藤の属人的な周旋に依拠した大らかな立憲主義であり、草創期の制度の可塑性を前提としていた。

その後、伊藤は一八八三年三月にイギリスに渡って憲法調査を継続し（この詳細は不明）、五月ロシアでアレクサンドル三世の戴冠式に出席して帰国の途に着いた。帰国後の伊藤は、渡航前とは一変し、「立憲カリスマ」（坂本一登）といいうる威信を獲得していた。伊藤の影響で日本の政治家たちの「シュタイン詣で」は相次ぎ、シュタインも技術的な法律論より巨視的な国家論を語るため、各人とも自らの関心や理解枠組みにひきつけた受容が可能だった。憲法制定者としての伊藤の求心力はこのようにして確かなものとなった。

†「憲法の主義」をめぐる格闘――諸草案の検討から枢密院審議まで

宮中改革と内閣制導入を終えた伊藤は、一八八六年からいよいよ憲法草案の作成にとりかかる。まず、法制官僚の井上毅が政府顧問のヘルマン・ロェスラーとモッセに諮問しつつ一八八七年四・五月頃に「甲案・乙案」を作成し、前後してロェスラーの「日本帝国憲法草案」も提出された。この三案を基礎に、六月から伊藤・伊東巳代治・金子堅太郎の三人が伊藤の別荘のある神奈川県夏島で議論を進め、八月に「夏島草案」が起草される。そして夏島草案に対し井上とロェスラーが作成した修正意見をもとに、先の三人に井上を加えた四人で再検討が行われ、二カ月後に「十月草案」の成立をみる。さらに翌年初頭から再び井上の修正意見をもとに四人が集まり、「二月草案」が完成する。三月、これに若干の加筆・修正を加えて浄写した上で、四月に正式な憲法草案が天皇に奏呈された。その後、草案は新設の枢密院で同年六月から翌年一月末まで審議され、一八八九年二月一一日、大日本帝国憲法として発布される。

以上の経緯で最も興味深いのは、伊藤博文と井上毅の意見の対立である。そしてここに「進歩」＝伊藤、「保守」＝井上といった単純な図式をあてはめると、当時の憲法をめぐる議論の射程を見誤ることになる。たとえば第六章「会計」の審議では、政府と議会の関係をめぐって、ロェスラー—伊藤・対・モッセ—井上、という対抗関係が現れた（坂井一九八三）。まずロェスラーが予算不成立の場合の最終的な措置を皇帝の裁決に委ねていたのに対し、モッセは議会の予算議定権には否定的ながら、主権者の意思より法律（前年度予算執行）を優位においていた。そして予算議定権の除外項目についても、ロェスラーが「国王の憲法上の権利」による支出を聖域化しようとしたのに対し、モッセはあくまで「法律に基づく支出」（既定費）にこれを限定し、また緊急勅令の財政への適用の可否でも両者ははっきり分岐した。井上は多くの点でモッセの結論と一致しており、その批判もしばしばロェスラー案に向けられた。井上はロェスラー色が強まった夏島草案での、予算不成立の際の政府原案執行について、それがビスマルク流であり、「是れを以て憲法の正条となさんとするに至ては憲法亦《また》憲法に非ざるべきなり。何となれば天下豈《あに》専制の憲法あらん乎」と激烈に批判している。この結果、十月草案では政府原案執行は斥けられ、岩倉具視名義で起草した「大綱領」（一八八一年）以来の井上の持論である前年度予算執行が採用された。

このように井上毅が議会の権限を守るべく一貫してふるまったのに対し、伊藤は多くの場合、ロェスラーと同じく議会に冷淡、ないし無頓着だった。伊藤は井上が重視していた議会の上奏権や質問権を夏島草案で削除しており、上奏権の位置づけも枢密院審議の最後まで二転三転した。それだけに、伊藤が二月草案の起草過程で、ロェスラーの「天皇の憲法上の権利」をモデルに、議会をバイパスできる費目の範囲拡大を意図した修正を加えたことは、驚くに値しない。

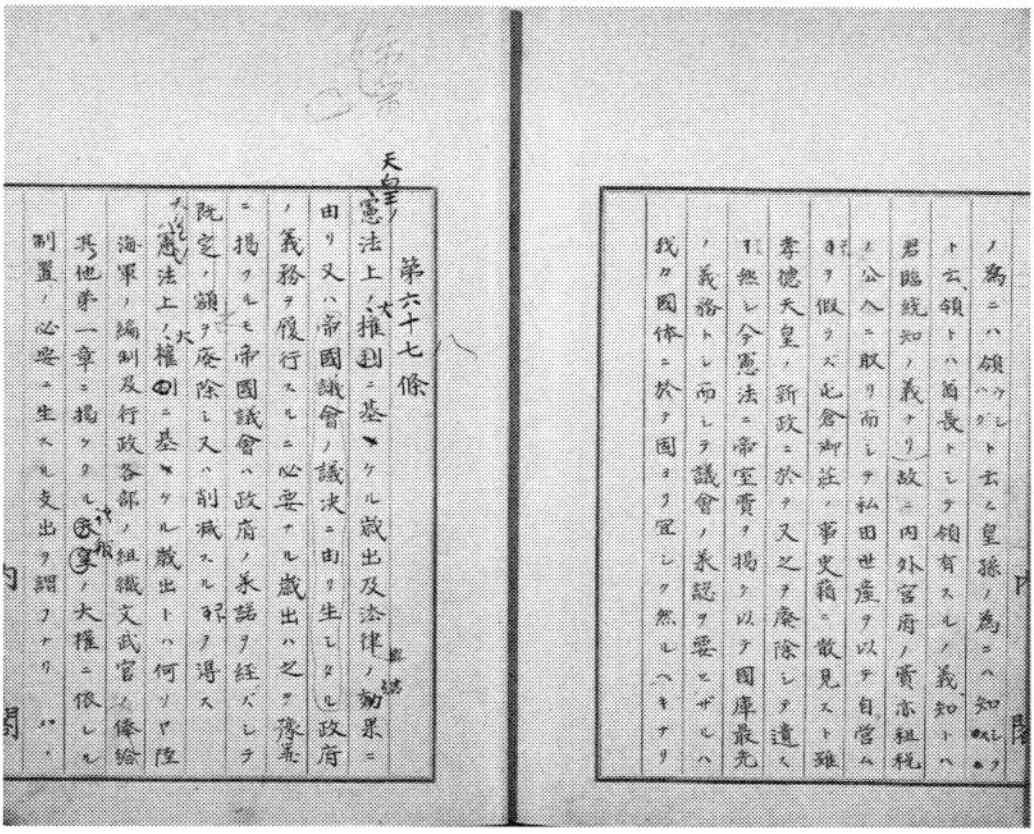

浄写３月案における憲法67条（1888年３月作成。国立国会図書館所蔵）

ただこれには井上の巻き返しがあり、浄写三月案では「政府の承諾」の条件つきで該費目を審議する権限が議会に与えられた上、「既定ノ額ヲ」の五文字が追加されたことで意味が一変し、既定費の確保のため（だけ）の条項に換骨奪胎された。すなわち、新規予算など、既定費以外の支出で議会を迂回することはほぼ不可能になったのである。そのため枢密院審議では司法大臣の山田顕義がこの五文字の削除をめざす動議を提出し、伊藤も乗じる動きを見せるも僅差で否決され、憲法六七条「憲法上ノ大権ニ基ツケル既定ノ歳出……ハ、政府ノ同意ナクシテ帝国議会之ヲ廃除シ又ハ削減スルコトヲ得ス」に結実する。仮にこの過程で、モッセ―井上ではなくロェスラー―伊藤ラインの構想が通っていた場合（すなわち「既定ノ」が削除されていた場合）、初期議会の予算闘争は政府の圧倒的な優位のもとで進み、衆議院との妥協はより難しくなったはずである。

他方、君主と内閣の関係をめぐっては、井上毅は伊藤の前に相次ぐ後退を強いられた。そもそも井上およびモッセは「天皇大権」についてはあえて茫漠とした表現にとどめることが望ましいという立場であり、大権事項を憲法の条文上に列挙明示して聖域化しようとするロェスラーとはこの点でも対立があった。とくに「シラス」という『古事記』由来の統治理念を有していた井上は、現実には大権が制限的に行使されるという前提に立ちつつも、第一に天皇は法を超越し（欽定憲法、憲法改正発議権の専属（憲法七三条））、第二に政府と一体不可分である（「政府の意想は即ち天皇の叡慮にして政事に就ては内閣と帝室の区別を立つる事能はず」）、という擬制が崩れることに、極度に警戒的だった。天皇は「神聖不可侵」とする有名な規定（憲法三条）の挿入に憲法起草者では井上だけが反対したこと、また天皇と内閣は「道徳上の関係」で結ばれ、大臣輔弼《ほひつ》のような「憲法上の関係」を持つべきでないとしたことは好例である。井上にとって天皇大権は憲法の条文で表象不可能であり、それが明文化されればされるほど、神秘は失われてしまうのである。

ところが、伊藤が憲法制定過程で最も重視していたのは、シュタインから学んだ、君主と立法府から自律した行政府＝内閣を中心とする政治システムの制度化だった（坂本一登『伊藤博文と明治国家形成』吉川弘文館、一九九一）。そのため伊藤は、天皇と内閣の関係の明記を避けて天皇親裁の建前を保とうとする井上を尻目に、「天皇は諸大臣の輔弼を以て大政を施行す」、「行政権は帝国内閣に於て之を統一す」といった条文を提出し、夏島草案以降、井上の憲法構想と乖《かい》離《り》した方向へ議論を導いていく。実際、夏島草案と十月草案を通じて天皇の神聖不可侵と大臣輔弼が明記され、議会への議案提出の主体も天皇から政府に変更された。さらに二月草案では、井上の主張する天皇の「内閣臨御」「万機親裁」規定が削除され、逆に内閣による副署の規定が挿入された。井上の意見もわずかに取りいれられて国務各大臣による単独輔弼規定が加わり、政党内閣と親和的な内閣の連帯責任こそ弱まったものの（憲法五五条）、内閣が天皇から独立した機関たりえないという一体性の擬制にこだわる井上のプレゼンスの低下は明らかだった。

井上の後退が決定づけられた二月草案では、いま一つ、天皇の諮問機関としての枢密院に関する規定が登場している。これは伊藤が井上の反対を押しきり、政府と議会の対立が極大化した際の最終的裁決を担う機関として、ロェスラー案に沿って設置したものだった。伊藤は枢密院設置の必要性を説いた井上宛書簡のなかで、「極処に到ては至尊之御裁断」が下ることを「我憲法の主義」とみる認識を示している。当初枢密院に期待していた国事裁判所的な性格は井上の抵抗で後景に退いたものの（宍戸常寿『憲法裁判権の動態』弘文堂、二〇〇五）、伊藤が天皇を政府・議会双方の上位にある予算争議の調停者として捉えていたことが窺える。これは、たとえば前述の小野梓の議論にあった、議院内閣制を前提に、国会を監視し、解散させる積極的な役割を担った君主像とは異なる秩序構想であろう。天皇は政治過程を鞭撻《べんたつ》するというより、あくまで調和の担い手なのである。

そして伊藤は首相を退いて枢密院議長に就任し、六月からの枢密院審議では院内の保守派に配慮しつつ、硬軟おりまぜた議事進行を行った。天皇の憲法への拘束（憲法四条）や議会の予算議定権は守り抜いた反面、議会の法案提出権や上奏権については当初の方針を柔軟に変更している。伊藤の議会観は一定しなかったが、挙国一致の観点から議会の協賛を不可欠とみる点において保守派と決定的に異なっていた。実際、条約改正交渉を抱えていた伊藤は、大権事項である外交に議会を関与させる戦略的有効性を指摘している（三谷太一郎「明治期の枢密院」『枢密院会議議事録』一五、東京大学出版会、一九八五）。光の反射も繊細に計算したガラス細工のような法秩序を志向する井上と対照的に、伊藤は政治的なコンセンサスに支えられた憲法制定手続きを優先したのである。さらに、伊藤は初代の首相・宮内大臣・枢密院議長・貴族院議長（・韓国統監）でもあり、設計した制度の運用を自らが主導できない状況は考えられていなかった。

†制度としての憲法の自律――初期議会とその後

大日本帝国憲法の特徴は天皇大権の形式的強大さにある。すなわち、統帥大権（一一条）、編制大権（一二条）、外交大権（宣戦・講和・条約締結、一三条）など軍事・外交に広汎に及び、条約批准の権限も枢密院が有していた。そのため帝国議会の権限は、国会を「国権の最高機関」とする現行憲法とは異なり、法律と予算の協賛権（五条・三七条・六二条・六四条）に限られていた（皇室費は関与できず）。また民党が過半数を占めた初期の衆議院にとって、親政府系勢力が根強い貴族院の存在も難関だった。

ただ大権に基づく「既定ノ歳出」については「政府ノ同意」を得ることで、また新規の歳出についても政府の同意いかんを問わず、議会で廃減することが可能だった（六七条）。さらに、予算不成立の場合には政府原案ではなく前年度予算が執行（七一条）されたため、日清戦前のように政府が現状の予算規模で満足している場合は政府が有利だった（衆議院の減税法案も貴族院で否決できる）が、日清戦後のように政府が予算規模の拡大や増税を望む場合は議会（衆議院）の側が有利となり、妥協は不可避となる。かくして当初激しく対立した政府と議会は、曲折を経ながら次第に相互接近していく（坂野一九七一）。

それゆえ政府中枢も、民党への譲歩の必要はあらかじめ認識していた。憲法発布の翌日、黒田清隆首相は有名な「超然主義」演説を行い、伊藤も続いたが、両者の演説は「国是」を世論の上位に置き、政府は「政党の外」に立つと強調しつつも、実際にはすべての党派に参加を呼びかける挙国一致の宣言だった。第一議会での憲法六七条問題をめぐる衆議院との妥協も、こうした融和志向の延長上にあったといってよい。だが民党を嫌悪し、政府の妥協方針に反発する専門官僚の中には、都筑《つづき》馨六《けいろく》や白根《しらね》専一《せんいち》のように、天皇大権を拡張し議会権限を極小化する方向で「超然主義」を再解釈する動きが生じてくる。彼らは当初は少数派だったが、政治的な結集軸だった六七条問題が官僚層の敗北のうちに終焉した第四議会後は山県有朋のもとに結集し、議会と対抗する専門性の論理として「超然主義」を彫塑《ちょうそ》していった。

なお初期議会を通じて、憲法停止の主張は少なくなかったものの、停止の危機が現実にあったかは疑問である。危機といいうる危機は第四議会であり、山県も最終局面では禁じ手である議会の事後承諾条項（六四条第二項）での打開を伊藤や井上馨に訴え、敗れたが、これはむしろ事態紛糾の責任者として名誉ある撤退を模索したものと解すべきだろう。

ただ皮肉なことに、その後立憲制の運用に習熟していったのは、憲法制定者の伊藤ではなく、山県系であった。実際、伊藤は第四議会、第一五議会と二回も天皇の詔勅《しょうちょく》に頼り、解散も頻繁に行った。さらに、衆議院のみならず、貴族院や官僚層が次第に反旗を翻した。第二次伊藤内閣が総辞職したとき、自由党に接近していた白根逓信大臣は、伊藤が試みた「功臣網羅策」を「憲法実施前、即ち前世期の説」と批判し、「立憲政治は少くも政治上の意見を二個に分け其の是非特質を互ひに討究するを一利益とす」と強調した。また星亨《ほしとおる》率いる憲政党と提携した第二次山県内閣の成立に際し、ある山県系の代議士は、山県内閣こそ「立憲」であり、挙国一致に固執する伊藤の方が旧態依然たる「超然主義」だと説いた。伊藤は一九〇〇年に立憲政友会を創設して政党総裁となるも、議会政治への適応力を欠いており、まもなく枢密院議長への転任を受け入れる。大日本帝国憲法下の諸機関がそれぞれの論理によって自律しはじめるにつれ、政治の前線における伊藤の周旋の余地は失われたのである。

そして伊藤の退場後に、憲法に即した政権運営を制度化した政治指導者が、山県系第二世代の桂太郎にほかならない。伏見岳人の研究（『近代日本の予算政治 1900—1914』東京大学出版会、二〇一三）によれば、首相としての桂は、政友会に戦後の政権委譲を約束して臨んだ日露戦争中の第二一議会について、その成果を国家財政の運用における「至大之進歩」と捉え、議会の姿勢を憲法実施以来の「珎敷事《めずらしき》」と評価した。さらに桂は、政友会の与党化を通じて分立した行政府と立法府を架橋しようとする自らの政治指導を「立憲的動作」と位置づけた。こうした桂の姿勢に対し、政友会指導者の原敬は二回目の政権引継ぎを前に、「今迄の元老は憲法実施前の元老」であり、「憲法実施後の元老は君〔桂〕より始まる」という有名な言葉を送っている（『原敬日記』一九一一年八月二六日の条）。日露戦後の政党内閣の確立を促進したのも、かかる「憲法実施後の元老」だった。大日本帝国憲法下の分立的な諸機関の統合に、いまや政党の存在は不可欠となっていた。

民主化と帝国化のなかで——憲法学説論争

このように日露戦後に立憲制の運用が制度化され、政党内閣が確立していくとともに、東京帝国大学法科大学教授の美濃部《みのべ》達吉《たつきち》が唱えた、①天皇機関説（国家を法人とし、君主はその最高機関とする）、②天皇超政論（天皇の政治不関与）、③憲法変遷論（社会の要請に応じて憲法の実質的内容は変化する）等からなる憲法理論が、支配的な学説として定着することになる。この美濃部学説を天皇主権説から批判した穂積《ほづみ》八束《やつか》および上杉慎吉との論争はよく知られており、同時代的には美濃部の完勝に終わった。

ただ、美濃部学説は、政体の点でも領域の点でも急速な変貌を遂げつつある明治国家の正統学説としては、構造的な脆弱性を内包していた。まず、大日本帝国憲法が君主制原理に基づく以上、「主権の自己制限」という論理的な矛盾をはらんだ要請に、美濃部のように「国家の自己制限」という静態的な法学のモデルに読み替えて対応することには限界があった（長谷部恭男「大日本帝国憲法の制定」同編『論究憲法』有斐閣、二〇一七）。穂積—上杉学説への正面からの反駁は、法理論上も困難を伴ったのである。

さらに、美濃部が一九〇七年にいち早く紹介したゲオルグ・イェリネック由来の「憲法変遷」論にも、政党内閣の理論的な支柱という役割を超えた、一抹の危うさが存在した。美濃部は憲法変遷を、「社会的正義及社会的利益の較量」によって発見される「理法」を法源とすることで正当化しようとした。当然、条文や論理によらない「類推解釈」の余地は大きくなるわけであり、穂積から密輸入した国体論に沿って憲法変遷を大らかに肯定する美濃部の姿勢に、厳格な憲法典解釈を志向する上杉や、憲法（裁判所）による権力の監視を重視する、同じく天皇機関説論者の佐々木惣一は激しく反発した（西村二〇一六）。そして美濃部自身の立場も、世界恐慌後には政党内閣の否定にむかう。

ドイツ留学中の美濃部達吉（左から加藤正治、杉山直治郎、一人おいて美濃部達吉、筧克彦、ベルリンにて撮影。家永三郎『美濃部達吉の思想史的研究』岩波書店、1964より）

　他方、一八九五年の台湾割譲と一九一〇年の韓国併合による帝国建設は、領土の規定のない大日本帝国憲法にとって重大なチャレンジとなった（石川健治「憲法のなかの「外国」」早稲田大学比較法研究所編『日本法の中の外国法』成文堂、二〇一四）。そもそも美濃部学説は「国民国家仕様」の憲法理論であった。その背景にあるイェリネック『一般国家学』でも、単一の「国民」「国土」「主権」を三要素とする「国家」概念を、領邦国家の統一による国民国家形成という一九世紀ドイツの経験に即して構築しており、イェリネック自身がドイツ帝国の海外領土拡大に批判的だったことと相まって、美濃部に憲法の空間的限界への視座は育まれなかった。それだけに、石川健治が指摘するように、国家元首としての天皇の位置をめぐる天皇機関説論争と、韓国併合を契機とする、国際法学者・立作太郎と美濃部の論争を通じた「憲法」「国家」「国土」の問い直しが同時並行的に行われたことは、きわめて象徴的であった。また一国多制度という新事態に対応するなかで、公法学でも第一次世界大戦後のウィーン学派との交流を経て京城帝国大学に着任し、外地法の権威となる清宮四郎のような、「帝国仕様」の憲法の内在的な探求も生まれてくる。こうして明治末期以降、美濃部学説が政治エリートに広く受容されていくのをよそに、大日本帝国憲法は内政・外交の双方で、当初は想定されていなかった二〇世紀的課題に直面することとなるのである。

さらに詳しく知るための参考文献

松沢裕作『自由民権運動――〈デモクラシー〉の夢と挫折』（岩波新書、二〇一六）……自由民権運動を身分制社会の解体という視角から再定位した力作。私擬憲法や私立国会に大日本帝国憲法に収斂しない自由な想像力があり、新しい秩序をめぐる運動側からの代替選択肢の模索として理解すべきことを的確に指摘する。巻末の文献解題も必読。

瀧井一博『文明史のなかの明治憲法――この国のかたちと西洋体験』(講談社選書メチエ、二〇〇三)……明治一四年政変後の憲法をめぐる思想布置を理解する上でまず手にとるべき一冊。伊藤の憲法調査が、実際は憲法を相対化する「国制」の発見だったという重要な知見を導きだし、明治憲法制定史を特殊日本的ではない、普遍的な「文明史」のなかへ解き放つ。伊藤と競合しつつ地方自治制の設計にむかったもう一人の長州閥リーダー・山県有朋の姿がのびやかに描かれていることも印象深い。

坂井雄吉『井上毅と明治国家』(東京大学出版会、一九八三)……井上毅の秩序構想と立憲主義に肉薄した書。本講に関する範囲では、議会の予算審議権(憲法六七条草案)をめぐる井上と伊藤の齟齬に注目した第三章が、稲田正次『明治憲法成立史』の事実の海から斬新な論点を析出した好論文であり、研究が手薄な憲法制定過程についての政治史としても今なお貴重。

坂野潤治『明治憲法体制の確立――富国強兵と民力休養』(東京大学出版会、一九七一)……明治中期の政治史研究のみならず、近代日本の憲法史の理解を一変させた古典的名著。一八九〇年代に憲法発布および議会開設という制度的変化があったにもかかわらず、藩閥政府の「富国強兵」政策が再選択されていく過程を、乾いた筆致で鮮やかに分析する。著者の憲法史の仕事としては『近代日本の国家構想』(岩波現代文庫、二〇〇九)所収の井上馨論と美濃部達吉論も挙げておきたい。

西村裕一「憲法改革・憲法変遷・解釈改憲――日本憲法学説史の立場から」(駒村圭吾・待鳥聡史編『「憲法改正」の比較政治学』弘文堂、二〇一六)……戦前日本の公法学に関する研究水準を飛躍的に高めている憲法学者が、戦前から戦後にいたる「憲法変遷」をめぐる学説史を俯瞰。美濃部達吉や上杉慎吉についての多くの通俗的な理解が裏切られる。同じ著者の「憲法――美濃部達吉と上杉慎吉」(河野有理編『近代日本政治思想史』ナカニシヤ出版、二〇一四)、「穂積八束を読む美濃部達吉――教育勅語と国体論」(岡田信弘ほか編『憲法の基底と憲法論』信山社、二〇一五)も併読されたい。

第13講

帝国議会の開幕——衆議院の「民党」と「吏党」

村瀬信一

†「民党」「吏党」という言葉

政治の世界にも流行語はある。初期議会、つまり一八九〇（明治二三）年一一月の第一回帝国議会開幕から一八九四年七月の日清戦争勃発までの、衆議院内の党派状況を表す用語として流行したのが「民党《みんとう》」・「吏党《りとう》」であった。作者は中江兆民《なかえちようみん》だといわれる。一八八九年二月、大日本帝国憲法発布の際、藩閥政府を代表する薩長指導者、黒田清隆首相と伊藤博文枢密院議長が同趣旨の演説を行っている。政府は「超然主義」の方針のもと、政府に好意的か否かを問わず与党を持たないというのである（多少、政党との結びつきに含みを持たせてはいるが）。与党がない以上野党もなく、衆院内の色分けには別の用語が必要になり、「民党」・「吏党」が登場した。

帝国議会が開幕すると、かつて自由民権運動を担った自由党・改進党は、政費節減・民力休養（行政費を削減し、地租軽減その他減税にまわせという要求）を藩閥政府に迫った。この二党及び同調する勢力を「民党」と呼び、これに距離を置く人々を「吏党」と呼んだ。しかし、両者の対立軸は一般にいわれているほど明瞭ではなく、政党はまだ組織らしい組織を持たず、代議士の党への帰属意識も薄かった。選挙戦では互いに相手候補を「吏党」呼ばわりする現象すら起きた。しかし、この「民党」・「吏党」も、流行語の宿命で時間の経過とともに廃れる。その過程をたどる作業は、即当該期の政治史を描くことにつながろう。

†大同団結運動の展開

自由党は、一八八四（明治一七）年解党した。同年、改進党も党首である大隈重信らが脱党し、開店休業状態に陥った。しかし、政府が約束した国会開設の年、一八九〇年が数年後に迫っている以上、かつての民権運動の主役たちも民権派再結集、活性化をはかっていかなければならなかった。拱手傍観《きようしゆ》していれば、憲法発布から議会開設以降の主導権を政府に握られることが予想された。

いち早く活動を開始したのは自由党の星亭《ほしとおる》であった。河野広中《ひろなか》などと違い、獄中生活が短期間で済んだ星は、新聞『自由燈』の発行などで運動を細々とつなぐ一方、髀肉《ひにく》の嘆《たん》をかこっていた後藤象二郎《しようじろう》を担ぎ出し、大同団結運動を始めた。後藤の知名度と資金力を利し、自由党の枠を越えて民権派勢力を結集し、一大政党をつくろうとしたのである。
この運動は、改進党系も巻き込もうとするなど、新しい党派形成の方向が示された点で注目された。星は、単純な自由党再結成と異なることを強調している。民権運動時代の自由・改進両党の対立を克服しようという試みを、改進党への反感を特に強く持っていた星が主導したことは注目された。折から井上馨外相の条約改正交渉への反対運動が盛り上がったため、運動にもはずみがついた。

しかし、一八八七年一〇月の懇親会における星と改進党・沼《ぬ》間《ま》守一《もりかず》との軋轢《あつれき》、それにより沼間が重傷を負ったことで両派間に亀裂が入り、改進党内で大同団結に同調したのは、尾崎行雄ら少数にとどまった。同年末、保安条例施行により後藤とその側近を除く運動の中核部が東京から追放され、直後に星が出版条例違反に問われて再び獄中の人になったことで、運動は曲がり角を迎えた。

星亨

翌一八八八年二月、大隈は外相となり、条約改正交渉に邁進していく。それが成功すれば、二年後の第一回総選挙で改進党が優位を得ることが見込まれたため、自由党系と改進党系が共同歩調をとる途は当面断たれた。

他方、藩閥政府の中にも、支持政党を持たずに立憲政治を運営できるか、という問題意識を持つ者がいた。井上馨《かおる》である。在野の反対運動による自らの条約改正交渉失敗を契機に、彼は配下の青木周蔵・陸奥宗光《むつむねみつ》、実業家の渋沢栄一、新聞人の関直彦といった人々と語らい、自治制研究会、通称自治党と呼ばれる穏健な政府支持党をつくろうとした。超然主義維持を第一とする伊藤博文など他の藩閥メンバーから危険視されたため、憲法発布前後に断念したが、大岡育造・益田克徳《かつのり》ら改進党から自治党に流れた者もいたように改進党と路線的に近く、実際一時は自治・改進両党の提携案さえ浮上していた。温和な分子からなる親藩閥政府党というイメージが示されたことは注目された。

†大同団結のゆくえ

一八八九(明治二二)年二月一一日の憲法発布と同時に行われた大赦により、星亨ら民権運動のリーダーたちは出獄した。星が四月、藩閥専制下の日本との条約改正交渉には応じないよう、広く外国の政党指導者に訴える目的で外遊に出たのに対し、河野広中や大井憲太郎は継続中であった大同団結運動の渦中に入っていった。そして、その頃から帝国議会の姿が視野に入ってきたためか、運動の目的はより明確になっていった。民権運動時代の、「壮士《そうし》」と呼ばれた下部党員の急進的な動きによらず、着実な「地方有志家」を政党に組織化し、その中から良質の代議士を議会に送り込もうというのである。運動体から、選挙において機能する組織＝政党への脱皮をめざしたものと言い換えられよう。そして、その政党は民権運動時代の「革新党」ではなく、政権を担当し得る「為政党《いせいとう》」でなければならなかった。大同団結運動機関誌『政論』にはそうした構想が示されたし、それに呼応するように府県会議員クラスの地方名望家などは、第一回総選挙への参戦をめざして行動を活発化させていた。こうした面において明確に脱・民権運動であった。

ただ、その一方で河野も、彼のライバルとなる大井も民権運動の名士であり、そのキャリアとイメージが唯一の政治資産であった。その彼らの行動は、多くの人々が持っている民権家としての活動の記憶に訴える結果になる。民権運動とは違う論理の結集をはかろうとしても、民権運動時代の人間関係その他と無縁たり得ないという現実が厳然としてあった。「壮士」の動きは議会開設後もしばらくは政党にとって不安定要因となる。現に大井は、民権運動時代の行動様式から抜け出せず、議会開設後不振に陥っている。

大同団結運動は河野派（大同倶楽部）と大井派（大同協和会、のち再興自由党）に分裂したが、そこへかつての自由党総理・板垣退助が分裂の収拾を狙って参入するも失敗し、結局、前記二派に板垣率いる愛国公党《あいこくこうとう》を加えた、旧自由党三派が鼎立《ていりつ》した。明治二二年秋に大隈外相の条約改正交渉が挫折したため優位を築くことに失敗した改進党とともに、旧民権派勢力は第一回総選挙へとなだれ込む。

†第一回総選挙と政界再編成

第一回総選挙は一八九〇(明治二三)年七月一日に行われ、三〇〇人の代議士が誕生した。大同団結三派は大同倶楽部《だいどうクラブ》が多少選挙向けの態勢をとり得た程度で、他は組織として選挙に取り組む機能を持たず、改進党にしてもその点で大差なかった。また、有権者の納税資格が直接国税一五円以上という制限選挙下にあって、当選してくる代議士は、有名な民権運動名士を例外として、おおむね地主層であった。彼らは地方名望家として多年にわたり築き上げた人望によって当選したのであって、事実としても意識としても党との関係は希薄であった。党員としてではなく個人、いわば点として当選したのである。当時の新聞も選挙結果を盛んに報道したが、当選者の党派所属は各紙まちまちで、その時点で消滅していたはずの自治党所属を伝えられた当選者もいた。このような代議士たちをどうまとめ、政治的な力に変換するかは難問であった。

選挙終了後一月足らずの七月下旬にいち早く姿を現したのは「吏党」と呼ばれた大成会《たいせいかい》であり、第一回帝国議会開幕時に所属代議士七九名を数えた。規約上は自らを代議士から成る院内団体であると規定し、趣意書では目標を「国家の隆盛と人民の幸福」に据え、国権拡張に支障を来さない範囲での減税、国情民度に即した法律制度の完成、国益を損なわない条約改正などを政策目標として謳い、「着実公平」・「中正不偏」を宗としていた。穏健な民権派といったイメージであり、実際、大成会の中には山口千代作・三浦信六・香月恕経《かつきゆきつね》のような自由党系、増田繁幸《しげゆき》・佐々田懋《さ さ だつとむ》・吉岡倭文麿《し ず まろ》といった改進党系の、かつての民権家たちも含まれていた。穏健着実路線は、大同団結のある一面の継承でもあった。

「民党」の方も、大同団結の原点にかえったような道を歩もうとした。大同倶楽部・再興自由党・愛国公党の旧自由党三派と改進党、そして九州において独自の路線をとっていた九州連合同志会の五団体が連合し、一大政党をつくろうというのである。これは星が大同団結を立ち上げた際の構想に近かった。

このような方向が模索されたのは、大成会を意識したのか、あるいは可能な限りの多数を糾合して藩閥政府打倒につなげようとしたということであったろうか。しかし、結局改進党を除いたかたちで九月、立憲自由党結成に至る。民権運動以来の確執を清算することはできなかった。党名の「立憲」に、改進党の将来的な加入の可能性を含みとして残したし、議会が開幕すると両党は共闘したが、やがて完全な決別に至るのである。それを予見するように、第一回帝国議会終了後、立憲自由党は自由党と名称を改めた。

ともあれ、これで所属代議士一三〇人の第一党が成立する。改進党は、四〇人の少数党にとどまった。この勢力配置でもって、日本の立憲政治がすべり出すのである。

†「富国強兵」と「民力休養」

一八九〇（明治二三）年一一月下旬に開幕した第一回帝国議会は、自由党・改進党の民党連合主導により、予算委員会が歳出予算の一割以上にも相当する官吏俸給等行政費約八八八万円削減という予算査定案を、第一次山県有朋内閣に突きつけたために紛糾した。民党の狙いは当然、削減分を地租軽減その他減税に振り向けることであった。もとより減税は有権者受けのする政策であったのに加え、民権運動が最も戦闘的であった松方財政時代の記憶に訴える効果への期待もあり、現に壮士たちは院外で気勢をあげた。しかし、それは朝鮮半島をめぐって高まりつつあった清国との緊張に備えた軍備拡張をめざす政府の方針――「富国強兵」と相容れなかった。

吏党といわれた大成会も実は減税をめざしていた。民党より下回るものの、総額五五八万円の歳出削減を盛り込む予算修正案を準備していたのである。既述のとおり有権者も代議士も多くが地主層である以上、民吏両派とも政策的に顕著な相違はなかった。しかし大成会は、査定案の削減額が過大であるのに加え、本来なら法案提出の必要のある官制改革や俸給削減を予算審議でなそうとしているとし、民党主導の予算査定案廃棄動議を提出した。発足の際の趣意書にいう国権拡張に支障を来さない範囲での減税にそった行動であったが、動議は否決された。

その後の展開は周知のように、山県内閣が自由党の土佐派を切り崩し、六三一万円程度の削減という線での妥協成立となった。そのきっかけとなった緊急動議こそ大成会所属代議士・天野若円《じゃくえん》の出したものであるが、基本的に政府と自由党との間で事態が収拾されており、大成会は脇役であった。民党の陣営も、妥協に動いた土佐派が自由党を脱党し、自由倶楽部を結成したことで動揺を余儀なくされた。そうした状況を踏まえて、双方に再編の試みがなされていくのであった。

†それぞれの試み

第一回帝国議会が終わると、民吏両派にそれぞれ動きがあった。民党内では、自由党が板垣退助を総理に据えた。板垣は土佐派のリーダーとして妥協に動いた張本人で、その彼を総理に迎えるのはわかりにくい人事に映るが、厳しい予算削減を主導した自由党代議士たちとしても、削減分を法改正によって減税にふりむける時の障壁（貴族院の存在等）を考えれば、振り上げた拳のおろし所を見出す必要はあった。板垣以下土佐派が「裏切り」で泥をかぶってくれたのは、自分たちの面子を保つ上で好都合だった。また、そもそも東アジアの情勢に鑑みて、政府の

「富国強兵」路線の全否定は困難という事情もあった。

他方、吏党陣営でも再編への動きが見られた。まず「集会及政社法」でいう政社《せいしゃ》組織にして、結束を強めようという提案が出されたが、所属代議士の行動の自由を妨げるとの反対で潰れる。次いで「協同倶楽部」という、大成会とは別組織をつくり、そこに大成会員と無所属議員とを糾合し、より大きな会派をつくってから政社化に着手、という計画が浮上したが、それも合意を得られず失敗し、大成会から離脱する議員が少なからず出た。彼らは各々巴《ともえ》倶楽部・独立倶楽部という小会派をつくり民党に接近したため、吏党再編は完全な失敗に帰した。

†民党の優位、吏党の模索

山県内閣に代わり一八九一（明治二四）年暮れ開幕の第二回帝国議会に臨んだ政権は、第一次松方正義《まつかたまさよし》内閣であった。同内閣は前期議会で削減された歳出分を財源とする軍備拡張・治水費・鉄道拡張を予算案に盛り込んだが、やはり民党の激しい抵抗にあった。議会開会直前に自由党板垣、改進党大隈両党首の会談が行われ、「土佐派の裏切り」による亀裂は修復されていたのである。軍艦製造費否決に激怒した樺山資紀《かばやますけのり》海相の「蛮勇《ばんゆう》演説」をきっかけに、松方内閣は一二月二五日、憲政史上初の解散に踏み切り、それから翌一八九二年二月一五日の投票日に向け、白根《しらね》専一《せんいち》内務次官らの主導によるとされる、有名な大選挙干渉（全国で死者二五人）が展開された。

しかし、それでも民党優位を崩せなかった。自由党九州派の松田正久ら領袖クラスの前代議士や、党内での頽勢を挽回すべく出馬した大井憲太郎を落選させる戦果を挙げたものの、解散が反藩閥政府気分を昂揚させ、党派への帰属意識の薄い候補者を敵にまわし、選挙区内の「すべての候補が民党を標榜」（有泉貞夫『明治政治史の基礎過程』）する現象すら起こったためであった。この結果を受け、総選挙後の臨時議会であった第三回帝国議会でも、松方内閣は民党の攻勢に苦しみ、一八九二年七月末に退陣した。

その間、吏党の動きはどうであったか。解散直前に大成会は「四分五裂」（一八九一年一二月七日付伊藤博文宛伊東巳代治書翰）状態となっていたが、総選挙後に穏健派代議士たちが中央交渉会を結成した。しかし、これは結束のゆるい院内会派で、民党に対峙し得るものではなかった。この中央交渉会は、第三回帝国議会終了後、六月下旬に国民協会に改組された。薩派元勲・西郷従道《つぐみち》を会頭、大選挙干渉当時の内相で長派の品川弥二郎《やじろう》を副会頭とし、結成時点では白根専一ら内務官僚の支援を得られる展望があったが、松方内閣退陣は大きな痛手となった。

薩長の代表者をトップに仰ぐ藩閥政府支持党構想は、一八九二年初頭に内務官僚の間で芽生えており、国民協会はその具体化であった。大成会や中央交渉会より政党に近い組織を持ち、また佐々友房《さっさともふさ》ら明治初年の征韓派の流れをくむ熊本国権党《こっけんとう》系が流入したことで、より国権主義的色彩を帯びた。以後の国民協会は、民党は国家の利益よりも政権参入を優先する「私党」にすぎない、という主張を鮮明にしていくことになる。それは具体的な政策面での民党との差別化が難しいことを示していた。

†「和衷協同」の詔勅と「吾人ノ意志」

松方内閣退陣のあとは伊藤博文が一八九二（明治二五）年八月に第二次内閣を組織した。首相経験者の黒田・山県をはじめ、元勲クラスを閣僚に網羅した豪華メンバーで、松方内閣の不首尾の、いわば後始末を引き受ける伊藤は、その立場を利して議会対策などに強い指導力を発揮していくことになる。また、第三回帝国議会で「選挙干渉ニ関スル決議案」が可決され、大選挙干渉について政府が何らかのけじめをつけることが求められたことを受け、地方官の大規模な異動を行うなど、前内閣との姿勢の違いも明確に示された。

その伊藤内閣と民党とは一一月下旬開幕の第四回帝国議会でやはり衝突した。民党側は軍艦建造費その他の予算削減攻勢で内閣を追い詰め、内閣もまた妥協する姿勢を見せなかった。対立に決着をつけたのは年明けた一八九三年二月一〇日に天皇が降した、いわゆる和衷《わちゅう》協同の詔勅であった。貴衆両院には予算削減要求抑制を、政府には行政整理実行を求めるものであった。天皇を煩わせたということもあり、これで予算問題を争点とする動きは一つの山を越え、議会終了後には行政整理も一定程度実行された。

同時に、自由党と改進党との間に決定的な亀裂が入ったことも重要な意味を持った。それを主導したのは、外遊から帰国して第二回総選挙で当選し、衆院議長となっていた星亨であった。星は第四回帝国議会中の一八九三年一月七日の自由党大演説会において「吾人ノ意志」と題する改進党批判をぶち上げる。

民権運動期の、政府の弾圧と戦う自由党の苦悩と、それに冷たい視線を向けた改進党との対比を強調し、改進党との共闘関係解消と、藩閥政府との提携の可能性を示した。「民党ト云フ字ハ私ハ嫌ヒデアル。又改進党モ嫌ヒデアル」(『自由党党報』二八号)という直截的にして刺激的な一節に、演説の意図は凝縮されている。藩閥との協調、単独多数党への志向と、まだ根強い民権運動の記憶をつなげる発想は画期的であった。大同団結運動当時は改進党を排除しない構想を示した星が、改進党との絶縁を演出したのである。

当時の外務大臣は、星にとっての若年の頃からの恩人・陸奥宗光であった。その陸奥が推進していた条約改正交渉支持へ自由党を誘導することに自らの政治生命も賭した星の、乾坤一擲《けんこんいってき》の勝負がこの演説であり、これをきっかけに自由党は伊藤内閣への接近を開始する。一方、取り残された改進党と、吏党・国民協会が接近し、条約改正交渉反対運動に傾斜する。院内の対立図式は大きく変動し、一八九三年暮れ開幕の第五回帝国議会の波乱(星の議員除名等)へと向かうのである。

†「与党」の出現

政党とは政権に参入して国政の責任を負うことを追求する組織である。責任を負う絶好の機会は、一般的には強固な挙国一致を必要とする戦争であり、明治期の日本固有の課題としては条約改正があった。

その二つの機会は、一八九四(明治二七)年春から夏にかけて同時に到来する。日清戦争勃発と、イギリスとの改正交渉成功である。それらを主導したのは陸奥宗光であった。彼と親しい星亨の主導で伊藤内閣と接近し、二つの機会を利した自由党が台頭したのは、必然的かつ象徴的であった。「民党」の主役が「与党」に姿を変え、政治地図が大きく塗りかわった瞬間であり、「私党」ではなく、国家の命運を担う存在となった瞬間であった。

さらに詳しく知るための参考文献

坂野潤治『明治憲法体制の確立――富国強兵と民力休養』(東京大学出版会、一九七一)……初期議会政治史研究の古典的名著。財政問題を軸に据えて本書が描く、藩閥と政党が明治憲法の枠組みにそって懸命に立憲政治を運営しようとする姿は、新しい実証主義的近代史研究の時代の到来を告げるものであった。

佐々木隆『藩閥政府と立憲政治』(吉川弘文館、一九九二)……前掲坂野書と同じ時期を扱いながら、基礎的な事実を洗い直しつつ立憲政治の慣習形成期として位置づけ、藩閥の抑制的な態度を強調する。緻密な叙述はまさに圧巻といえる。

有泉貞夫『星亨』(朝日新聞社、一九八三)……自由党を藩閥政府との提携に向かわせ、さらに伊藤博文を総裁とする立憲政友会につくり変えた剛腕の政治家の生涯を余すところなく描き切る。著者の意図とは無関係に、利益誘導による党勢拡張という、戦後保守政治の手法の開発者でもある星の伝記が、田中角栄のロッキード事件一審有罪判決と同年に出たことは、象徴的などという表現を越えている。

前田亮介『全国政治の始動――帝国議会開設後の明治国家』(東京大学出版会、二〇一六)……帝国議会という、全国的な視点から地域利害の調整・統合を議論する場が登場したことで国民国家が形成されていった、という視点から、帝国議会開設後の一〇年を精緻かつダイナミックにとらえ直す。前掲『明治憲法体制の確立』を世に問うた時、坂野潤治氏は三四歳であったが、前田氏が本書を出したのは三一歳である。内容もさることながら、若くなければ書けないスケール感と熱気も味わうべきであろう。

村瀬信一『明治立憲制と内閣』(吉川弘文館、二〇一一)……自著を挙げるのは気が引けるが、議会開設が藩閥内部にどのような影響を与えたかを考察した。太政官制時代の「薩長均衡」を重視した微温的な政権交代方式から、首相を中心に連帯して政策遂行上の責任を負うかたちでのそれに変わっていく過程を追ったもの。

村瀬信一『帝国議会――〈戦前民主主義〉の五七年』(講談社選書メチエ、二〇一五)……気の引けついでにもう一冊。制度としての帝国議会がどのような枠組みを持ち、また運営されていったか、それにたずさわった政党や代議士がいかなる活動をしていたかを平易に説いたもの。当時の日本人の、手探りながらも熱い実践を読みとっていただければ幸いである。

第14講　貴族院の華族と勅任議員——創設の理念と初期の政治会派

小林和幸

貴族院の評価

明治憲法によって、帝国議会の一院として衆議院とともに設置された貴族院は、かつては、「特権階級を代表する「天皇制」の支柱」などといった一面的な評価が主流であった。貴族院は、しばしば日清戦争前の初期議会においては藩閥政府に忠実であったと指摘され、明治後期には、超然主義的な「官僚閥」（あるいは「山県閥」と呼ばれた）が支配する「立憲政治の阻害者」として描かれた。研究も衆議院に関しては多角的に進む一方、貴族院への関心はおおむね、いかに衆議院の政党活動を掣肘《せいちゅう》・抑制したかという点に向けられてきたのであった。

しかし、近年の貴族院研究では、そうした貴族院像を問い直し、総体としての貴族院だけでなく、貴族院議員の立憲政治運営に関する思想や、議会政治の経験を重ねて変遷していく多様な院内会派間の対立や提携の実態を実証的に検討しようとする方向にある。

立憲政治の目的が、君主権をはじめとする諸権力の制限と政治参加等の国民の権利を保障することにあることは言をまたないであろう。また、明白に国民代表による議院「第一院」に対する「第二院」の役割を考えるとき、必ず引用されるフランスの革命思想家シェイエスの「第二院（上院）が代議院（下院）と一致するときは、無用であり、代議院に反対するならば、有害である」との言葉がある。これは、結論として一院制を主張するものである。

貴族院でも、創設以来、政府あるいは衆議院に対して、独立して「自立的」に権限を行使するか、もしくはそのいずれかの統制を受け入れて「自制的」に振る舞うかという模索があった。国民の公選によらない貴族院は、創設されるに際して、公平な立場からの権力監視や、未発達な政党が国民や国家を見ず自己利益追求に向かうことを抑止する役割を期待された。貴族院を歴史的に考察するには、政府や衆議院に対峙する中で、そのような付託に貴族院がどのように応えたかが問われることになろう。

以下、本講では、基本的なことながら正確な理解が不十分と思われる貴族院の構成者や貴族院創設の理念について述べるとともに、議会開設から明治後半期に至る、貴族院議員の実際の政治活動を概観する。

†貴族院の構成者

明治憲法で「貴族院ハ貴族院令ノ定ムル所ニ依リ皇族華族及勅任セラレタル議員ヲ以テ組織ス」（第三四条）と規定される通り、皇族議員、華族議員、勅任議員が貴族院構成者である。このうち皇族議員は、成年皇族男子全員を議員とするものであるが、皇室の政治的中立性の観点から（皇族男子がほとんど陸海軍軍人であったことも考慮されたと思われる）議場に出席しない慣例であった。したがって、政治活動が期待されるのは、華族ならびに勅任の議員である。

華族議員は有爵議員とも呼ばれる。一八八四（明治一七）年に制定された華族令で設けられた公侯伯子男の五爵を母体とする議員である。華族議員は、公・侯爵全員（当初は満二五歳以上で後に満三〇歳以上、世襲・終身、歳費はない）及び伯・子・男爵の中から同爵者間の選挙で選ばれた者（任期七年、当初は各爵おおむね五分の一の人数を選挙）からなる。伯・子・男爵の選挙は、完全連記制（選挙すべき人数の全員を連記して投票する）という特殊な選挙制度で行われていた。これは、選挙候補を推薦する団体を作った場合、多数派に圧倒的に有利な選挙制度であり、優位に立った選挙母体が選挙を完全に支配することになった。なお、伯・子・男爵選挙は、各爵の「互選」とされることも多いが、互選とは選挙人被選人とも同一資格の場合に用いられる用語であり、伯子男爵は、選挙人は成年以上、被選人は二五歳以上であるので、厳密には「選挙」が正しい。選挙規定も「貴族院伯子男爵議員選挙規則」との名称である。なお、陸海軍の現役軍人や宮中の要職にあるものは、政治的中立性の観点から議員との兼任は避けられた。この場合、選挙される伯子男爵は、当選を辞退するなどの措置がとられ、世襲で全員が貴族院議員となる公侯爵は、議席に出ないことを慣例とした。

勅任議員には、「国家ニ勲労アリ又ハ学識アル者」（貴族院令第一条）から選ばれる勅選議員（終身）と互選議員がある。前者は内閣の推薦で勅任される者で、後者は、各府県の多額直接国税納税者上位一五名から一名を互選する（任期七年、当初は北海道、沖縄県、小笠原島は除外）。互選議員は、選出された者を天皇が勅任するという手続きを経て貴族院議員となった。大正期の貴族院改革にともない各府県納税者上位一〇〇名（一名選出）もしくは二〇〇名（二名選出）と互選資格が拡大されている。

なお、この場合の「直接国税」とは地租と商工業の自営による所得税であって、資本利子税などは除外されていた。これは、土地所有者と自営商工業者は多額納税者議員になり得ても、俸給や利子配当による資本家にはその資格がないことを意味する。たとえば、最初の互選で東京府の最上位層の所得額、税負担者、岩崎久弥《ひさや》や渋沢栄一らは互選資格は与えられなかった（百瀬孝「第一回貴族院多額議員選挙について」『日本歴史』四六〇号）。これは、枢密院における「貴族院令」審議での金子堅太郎の説明によると、工業商業者に名誉をあたえることで、我国の工業商業の発展を図る意図があったという。また、大正期、帝国学士院互選議員が加えられた。勅任議員の総数は、華族議員を超えないものとされていた。

†創設の理念

伊藤博文は、枢密院における貴族院令の審議で、繰り返し英国貴族院を理想としたことを述べている。たとえば「上院ノ組織ニ於テハ、原案起草者ハ英国ノ制度ニ流涎《リュウゼン》シテ止マザル者ナリ。……英ノ貴族ニ至テハ、其立憲制ニ於テ貴族タルノ地位ヲ占ムルノ趣、実ニ之ヲ完全無欠ト云ハザルヲ得ズ」(『枢密院会議議事録』明治二一年一二月一四日)と言及する。英国上院が英国王室の安定に寄与していると見て、貴族院のモデルと位置づけたのである。

また、伊藤博文は『憲法義解』の中で、貴族院について「貴族院にして其の職を得るときは、政権の平衡を保ち、政党の偏張を制し、横議の傾勢を撐《ささ》へ、憲法の鞏固を扶《たす》け、上下調和の機関となり、国福民慶を永久に維持するに於て其の効果を収むること多きに居らむとす」としている。貴族院には、「政党の偏長を制」することとともに、「国福民慶を永久に維持する」役割が期待されていた。先に見たように貴族院の構成は、門地・学識・富において社会の上層の地位を占める者によったが、これによって、衆議院に欠如するおそれがあると目された学識、政治的視野を有し国家的見地に立った「公議」・「公論」を保障する役割を担わせようとしたのである。美濃部達吉は、衆議院の政党が多数の横暴により「党利ノ為ニ国家ノ利益ヲ犠牲トスル」（『憲法撮要《さつよう》』）おそれがあるとき、国家の利益を優先する存在として貴族院を説明している。そうした役割に応えるため、貴族院は特にその独立性の維持に配慮されていた。政党勢力からの独立という点で、貴族院に政治会派は〝公認〟されず、政党勢力の侵入を警戒した。

政府からの独立という点も、設立当時、一定の配慮がされている。明治二〇年、井上毅《こわし》がヘルマン・ロエスレル（ロェスラー）に上院の性格について行った質問に対し、ロエスレルは、「上院を組織するに当り、必要なるものは一には上院は政府に対して幾分か独立なるへきこと」（「明治二〇年三月九日付ロエスレル答議」）と述べている。貴族院令制定の際、勅選議員の任命に国家への勲労や学識を資格として設け政府の便宜のみでの勅選に歯止めをかけたこと、多額納税者議員を任命ではなく互選としたこと、勅選議員に人数の制限を付したことなど、いずれも政府が直接貴族院を支配下に置くことを避けるための予防的措置であると、説明されている（「貴族院組織令註解」）。

当初、貴族院は、政党からの独立はもちろん、政府からも独立すべき存在として準備された。憲法起草者にとって、より重要であったのは明白な支持基盤を創ることより、日本の帝国議会の立憲政治体制としての信頼性確保であったのであろう。しかし、議会開設後、政党による藩閥政府への対抗が明白になると、藩閥政府は、貴族院を藩閥側に誘導しようと努める。

貴族院は、帝国議会の構成者としては、「貴族院衆議院」とする呼称の順位や天皇親臨の開院式の場所として使われるなど名目上、衆議院よりも上位者として位置づけられている。また、その組織を規定する「貴族院令」の改正は、貴族院の議決によるとされ政府や衆議院の容喙《ようかい》を許さず、解散もなく、議員全員が一度に改選されることがないばかりか、公・侯爵の世襲議員や勅選議員は終身であったことなど身分的にも高度に保障されていた。これは、貴族院に、内閣の変転や政党の消長に関わりなく恒久的保守的性格を持たせ、公正慎重な議決を行い得るようにするとの目的によるものであった。

その結果として貴族院は、強固な独立性を有する強力な議事機関となった。貴族院は、衆議院を掣肘し得るだけではなく政府の死命を決しうる存在でもあった。ただし、貴族院は、一般の権限は、衆議院と対等であり、予算の先議権も衆議院に譲っていた。この予算先議権を過小評価する見解もあるが、衆議院で可決された予算案を修正することは、予算不成立のリスクを高めることになるものであり、実質的に貴族院の審議に少なからぬ制約を加えるものであった。

†初期議会――政治会派の成立と攻防

日清戦争前までのいわゆる初期議会では、衆議院の民党が「民力休養」を唱え、予算削減による地租軽減を要求して、激しく藩閥政府と対抗したことがよく知られている。一方で、貴族院では、そうした民党の反抗に対し、藩閥政府の忠実な「藩屏《はんぺい》」であったと見なされることがある。確かに、民党が要求する地租の軽減は、貴族院がその法案を審議未了か否決で葬り、政治的な自由を確立するための諸法案も結果的には貴族院は、第二次松方正義内閣が成立するまで、同様に葬り続けた。

しかし、貴族院全体が藩閥政府に忠実であったとまでは、言い切れない。すでに第一議会の際、政党との妥協によって衆議院を通過した予算案について、その無条件での可決を望む山県有朋内閣の意向に対し、子爵谷干城《たにかんじょう》〔たてき〕（短期間の審議に反対して予算委員長の辞任を表明）らのグループは、予算審議権の確保を唱え、反対する態度を示している。この頃から議案研究や議員の懇親に名をかりた政治的な結合が貴族院にもあらわれ、公認されないまま、院内の政治会派として実質的な活動を開始する。

続く第二議会には、谷干城が、民党の民力休養の主張に対抗して積極主義の予算編成を行った第一次松方内閣に対し、「施政ノ方針ニ関スル建議案」（いわゆる「勤倹尚武ノ建議案」、谷自身は「勤倹富強ノ建議案」と呼ぶ）を提出し、行政整理を行って予算を節減し、民力の養成と国防の完備に充てるよう求めている。

この建議案は、貴族院での議決を通じて政府に働きかける慣行をつくり、政治を議会中心に運営させようとするものであった。政府に対する自立的な態度が明白に示されていた。

松方内閣は、民党の予算削減の主張と同様に、政府が進める財政運営の積極主義に反対するものと認識して、その可決阻止に動いた。貴族院では、建議案に賛成する勢力が政治会派を結成し、一方、政府側は、これに対抗する会派を政府支持にまとめて、この建議案を七八対九七の僅差で否決せしめた。

この様子を、金子堅太郎が伊藤博文に宛てた書翰で、建議案否決以後の貴族院について「貴族院中ニモ追テハ民党ト吏党トノ名称並ニ事実発生シ、随分困難ナル事ニ可相成《アイナルベク》候。其民党ハ三曜会（近衛〔篤麿――〔 〕内引用者、以下同じ〕公一味）及勤倹尚武連（谷〔干城〕三浦〔安《やすし》〕一味）ヨリ成立シ、吏党ハ研究会（千家《せんげ》〔尊福《たかとみ》〕中山〔孝麿《たかまろ》〕侯）之連中ニ御座候。其総員ハ互ニ伯仲スルモ、民党ハ今回之敗北ニテ堅固ナル団体トナルモ、研究会ハ其内実未ダ堅固ナラザル事実有之《コレアリ》候」（明治二四年一二月二〇日付伊藤博文宛金子堅太郎書翰、『秘書類纂　帝国議会資料』）と述べている。金子の書翰にも現れている通り、貴族院の「民党」と「吏党」と目される二勢力が成立した。

そもそも、谷干城は、議会開設以前から、貴族院議員となる華族の役割について「華族ノ資格」（『華族同方会報告』二号）という演説を行い、華族は「国家の藩屏《はんぺい》」たるべきであると述べ、輿論の是認する政治的方針に立って、進んで政治行動を行うべしと論じた。また、政府は行政官に過ぎず、皇室と同一のものではなく、積極的に政府へ意見を述べることは、「皇室の藩屏」たる華族の役割であると主張していた。「皇室の藩屏」は皇室の擁護者といった意味であるが、それが直ちに政府の擁護者の意ではないとする点に注目すべきである。谷と同様に政治的な独立意識をもつ華族議員は多かった。

そうした華族議員と、維新以来、官僚としてあるいは元老院議官として官歴を積み上げ、年齢的にも藩閥指導者に比肩し、一家言を持つ勅選議員らが集まり、書翰中の「谷三浦一味」すなわち「懇話会」という政治会派を結成した。初期議会では、六〇名前後の会員を擁する大会派であった。所属議員は、華族議員、勅選・多額納税者議員にまたがる。

また、書翰中にもある「三曜会」は、近衛篤麿《あつまろ》（公爵）、二条基弘《もとひろ》（公爵）に代表される会派であり、政策・議案調査のための「月曜会」を発展させる形で成立した。「三曜会主意書」では、貴族院議員として持つべき精神を記し、政府と政党の間にあって公平性を失わず「誠意誠心我が皇室を護り、我が憲法を守り又以て忠実に国利民福の道を講ずべきのみ」と述べている。五摂家の筆頭の家柄に生まれ、ドイツに留学して議会政治を学んだ近衛は、華族が「責任ノアル所ヲ忘レ現政府若シクハ民間ノ政党ニ利ヲ以テ誘ハレ若クハ使嗾《しそう》セラレテ其素志ヲ飜カエスカ如キ不良ノ輩」（「華族ノ義務ニ就テ同族諸君ニ一言ス」『華族同方会報告』二五号）となることを厳しく戒めており、貴族院の独立保持という点で前述の谷の主張に近く（時に政治志向の相違は生じたが）、懇話会・三曜会は、連合して活動した。両派は、藩閥政府から自立的で、国民重視の立場から貴衆両院の議会主義的政治運営を求め、必ずしも政党を忌避せず、「保安条例」の廃止や「新聞紙条例」の改正を求めるなどの政治的自由の擁護にも積極的であった。

これに対する研究会は、一八九一(明治二四)年一一月、それまでのいくつかの政務研究団体などを再編して発足した。当初は、千家尊福(男爵)、堀田正養《まさやす》(子爵)、岡部長職《ながもと》(子爵)らを中心とする会派であった。懇話会や三曜会が会員の自主的行動を容認したのと違い、会の決議で所属議員を拘束する規則を有し、政治的に強固なまとまりをもっていた。また、研究会は、特に「貴族院が常に公平中正の見地に立ち穏健質実の態度を示めし以て政党政治に因て生ずる憂患を防遏《ぼうあつ》するの責務ある」(鍋島直虎「研究会小史」)との認識のもとに、「非政党主義」を特徴とし、伊東巳代治の指導を受け、藩閥政府の与党的な態度を示す。藩閥政府は、貴族院の動向が不安定な時には、この研究会を頼ることになる。

なお、松方内閣では、貴族院に自派を確保するため、一八名の新任勅選議員を任命し、これが後に有力な官僚派の会派となる「茶話会《さわかい》」結成の契機となった。研究会とともに藩閥政府の与党的存在であった。

第三議会において、第二回衆議院議員選挙で行われたいわゆる「選挙干渉事件」に対し、貴族院の懇話会・三曜会が中心になり選挙干渉を非難する建議案を提出する。松方内閣に対する弾劾の意味を含んだこの建議案は、八八対六八をもって可決されるのだが、これは研究会などの政府派の出席者の少ない間隙を突いて、提出可決せしめたものであった。この頃、懇話会・三曜会連合は完全な少数派とは言えず、貴族院を左右する力もあったのである。選挙という立憲政治の根幹に関わる問題で、貴族院が政府監視の役割を果たそうとしたことに意義を見出すことができよう。

また、第三議会では、予算案の軍艦建造費を巡り、貴衆両院が対立し、枢密院に憲法判断を仰ぐ事態が生じた。枢密院の結論は、貴族院は衆議院と対等な予算審議権を持つことを確認したものであった。衆議院が優先されないということは政府にとって有利になったとも見られるが、両院が対立した場合は、両院協議会となり、そこで両院に妥協が成立しない場合は、予算不成立となる。この時も貴族院が復活した予算（軍艦建造費・震災予防審査会設備費）の内、軍艦建造費は、両院協議会でも衆議院側の合意が得られず削除された。枢密院の判断をもって、貴族院による衆議院の予算査定案修正で政府が救われたという表現を目にすることがあるが、正確な評価とはいえない。貴族院が修正しても衆議院が同意しなければ予算は成立しない。むしろ、たとえば衆議院と政府に妥協が成った案に貴族院が反対した場合、政府にとっては厄介な問題となる。政府に有利というより、貴族院の権限が確保されたというべきであろう。

第四議会からは伊藤博文の内閣となった。伊藤内閣は、衆議院で自由党との関係を深めていくが、第五、六議会では、貴族院の懇話会・三曜会が衆議院の改進党や国民協会などの連合「硬六派《こうろっぱ》」（政府の軟弱外交を批判し対外強硬論を主張する政党連合）と結んで、条約問題で政府と対抗した。衆議院で多数派となった硬六派は、現行条約を励行することで列強に不便を与え、条約改正に持ち込むべきと建議案などで主張したが、伊藤内閣は、これを攘夷的とみて進行中の改正交渉に支障が出ることを恐れ、第五議会解散を断行して押さえ込んだ。これを見て、貴族院の懇話会・三曜会の議員等は、一八九四（明治二七）年一月二四日「意見（忠告）書」を伊藤首相に提出して政府を非難した。政府が衆議院の建議案を開国進取の国是を妨げると即断し、内閣は議会での説明もなしに解散し、言論をふさいだのは、「議会の本義」に反すと批判したのであった。

伊藤首相は伊東巳代治を通じ研究会を強力に統制することで、貴族院内の批判に対抗したが、衆議院の政党と結んで、政府を追及する貴族院の勢力の存在は大きな脅威となった。第六議会も外交問題を理由に解散となると、貴族院の政府反対派は、衆議院の対外硬派の選挙応援を行った。

†日清戦後——政党勢力の進出への対応と伯子男爵の改選

この後、日清戦争による挙国一致の時期を経て、日清戦後、伊藤内閣は公然と自由党との提携を表明する。衆議院の賛成を得て「戦後経営策」（軍備拡張・産業振興などの積極的政治経済運営策）を推進するためであった。しかし、「非政党主義」の観点から、政党と内閣の提携に反発した研究会は、次第に内閣から距離を取るようになる。特に伊東巳代治が自由党と内閣の提携工作に関わるにつれ、伊東と研究会のつながりは薄れ、研究会は清浦奎吾《きようらけいご》や平田東助《とうすけ》といった反政党的な勅選議員の指導に服するようになった。それまで藩閥政府が培ってきた「非政党主義」が、政党と近づく内閣に対抗する理由となった。

それでもなお、伊藤博文は、首相在任末期の一八九六(明治二九)年、外国新聞記者に対して、内閣は天皇に対してのみ責任を負うことを述べ、「われわれの力は貴族院にあります……私は貴族院の首相なのです」と述べている(「ニューヨークタイムス」一八九六年七月二〇日号、『外国新聞に見る日本』所収。奈良岡聰智「アーネスト・サトウの日本政治観」『法学論叢』一五六巻三・四号)。この時伊藤が「貴族院の首相」と述べることができたのは、研究会が内閣を支えたからである。国内政治上における効用はもちろん、対外的に議会の支持を得る「立憲」的な政府であることを主張する際にも、研究会の存在は大きかったのである。

さらに、改進党の大隈重信を入閣させた第二次松方内閣(松隈内閣)の成立は、貴族院に変化をもたらした。対外硬運動以来、改進党と接近していた三曜会・懇話会系議員は、軍備拡張計画の撤回や政治的自由(言論集会結社の自由)の実現を期待してこれを支持したのである。松方首相の推薦により、貴族院議長となった近衛篤麿は、三曜会の領袖であり、議事運営で強い権限を持つ議長を近衛が担ったことは貴族院で三曜会や懇話会を有利にした。ただし、政府から自立的傾向の強い三曜会・懇話会は、部分的な内閣支持（前内閣以来の「戦後経営策」には反対）に止まった。第一〇議会で、谷は、松隈《しょうわい》内閣支持の姿勢を示しつつも「軍備緊縮上奏案」を議会に提出し、軍備拡張に偏し民力の発達に顧慮しない戦後経営策に公然と反対を表明した（研究会の反対により僅差で否決）。自由党などの政党も軍備拡張に賛成する中、国民負担の増大を危惧する貴族院勢力の反対は、注目すべきものがある。

一方、政党との接近を理由に全面的な内閣支持を躊躇した研究会は、これも部分的な内閣支持の道を選択することとなる（「是々非々主義」）。戦後経営策については支持するが、政党優遇政策には反対した。貴族院は、両派の拮抗の中にあった。研究会の賛成により、懇話会や三曜会の多数が削除を求めた軍拡予算が貴族院を通過し、内閣も同意した新聞紙法改正など政治的自由の実現は、平田東助らが中心になり研究会が反対したが、懇話会・三曜会の活動によって成立した。

このような中、一八九七（明治三〇）年、伯・子・男爵議員の初めての改選が行われた。完全連記制の選挙制度のもと、この時、研究会はすでに尚友会《しょうゆうかい》という選挙母体を有していた。これが、力を発揮して、研究会が特に子爵選挙で圧倒的勝利を収め、三曜会・懇話会は、凋落していく。この選挙を機に各爵網羅的な会派であった研究会は子爵が中心となる。改選の後、研究会所属男爵議員の多くが離れ、独自に男爵議員の会派「木曜会」を結成した。木曜会も選挙

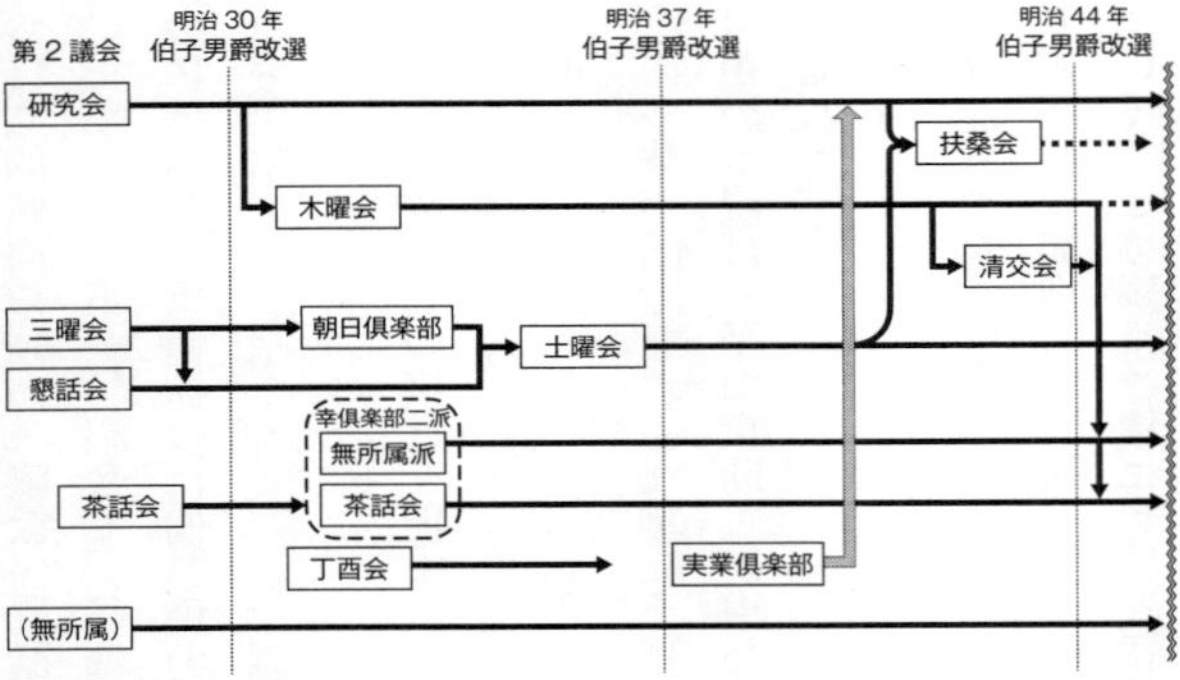

明治期貴族院主要会派概略図（主要な会派の流れを記した）

母体二七会を組織して、男爵議員選挙を左右した。

隈板内閣の成立と官僚派の結集

一八九八（明治三一）年、自由党と進歩党は合同して憲政党を結成した。ついで憲政党を基盤とする日本最初の政党内閣である隈板《わいはん》内閣が誕生する。この状勢は、官僚派に危機感を生じさせる。

隈板内閣成立前、貴族院内では大隈重信にやや近かった懇話会へ、茶話会を脱して入会する勅選議員が出るなどして、第一〇議会（一八九六年末開会）に二四名を数えた茶話会の会員数は、明治三一年の第一二議会には一一名まで落ち込んでいた。そこに成立した政党内閣に藩閥政府を支えてきた官僚派の議員は危機感を持ち、官僚派の糾合と政党内閣への対抗に向かう。都筑馨六《つづきけいろく》は、「貴族院の諸公に告ぐ」（「都筑馨六関係文書」所収、国立国会図書館憲政資料室所蔵）で、当時の国際情勢を「優勝劣敗ノ競争」下にあるとし、列国の競争の前では、資本や天然資源に劣る「小国」は、「鞏固ナル固形体」であることが必要であるのに対し、「党派政治」は、政争から国内分裂を生じ国家滅亡の危機をもたらすと述べ、政党内閣に対抗するため貴族院議員の奮起を促している。

隈板内閣自体は、進歩党系と自由党系の内部対立などにより崩壊するが、貴族院内では、政党内閣成立に危機感を持った平田東助による反政党内閣の一大会派結成運動が続けられ、その結果「幸《さいわい》倶楽部」が設けられた。ここに、政党に対抗する貴族院の官僚系議員が結集するのであった。幸倶楽部は社交団体であったが貴族院の院内会派「茶話会」と「無所属派」(純粋な無所属とは別で政治的な会派)所属議員が中心になり構成した団体である。茶話会と無所属派は、幸倶楽部二派と呼ばれ、官僚派の牙城となる。

隈板内閣倒潰後に成立した第二次山県有朋内閣は、憲政党(自由党系)と提携して日清戦後の懸案であった地租増徴案を成立させた。これに貴族院では懇話会所属議員が中心になって反対している。彼らは貴族院内では次第に会員数を減じ、同案の成立を阻止することはできなかったが、衆議院の憲政本党(進歩党系)等と結んで国民運動を展開して反対の機運を高めようとした。

この後、立憲政友会の成立など、政界は大きく変動する。政友会を基盤にした伊藤博文内閣が迎えた第一五議会で、貴族院は増税案に反対した。一部の会派を除き山県や松方ら元老の説得にも応じない姿勢を見せ、伊藤内閣は詔勅に頼らざるを得なかった。この全会一致的反抗の思惑は、各会派一様ではなく、反政党内閣の立場や増税そのものに対する反発などがあったが、政府や衆議院に対する貴族院の自立化による内閣反対は、極めて強力であることが、明白となった。政治的に貴族院をいかに統制するかが、政府の課題となる。

桂園時代、政友会に接近した木曜会の選挙母体「二七会」を幸倶楽部主導の選挙母体「協同会」が凌駕し、戦役の功績等による新授爵で増加した男爵議員を吸収して幸倶楽部二派が最大多数派となった。三島弥太郎《やたろう》（子爵）が主導する研究会がそれと提携することにより、幸倶楽部二派・研究会体制が成立、貴族院の大勢を握る。かつての大会派「懇話会（庚子会と名称を変更）」は、朝日倶楽部（近衛篤麿が率いる多額納税者中心の会派）と合併して、「土曜会」となる。土曜会は明治期には四〇名前後の勢力は維持し、独自の藩閥批判は継続した。

貴族院の幸・研体制は政党勢力に対峙しつつ、官僚派の意向を担う前提において桂太郎の指導の下、会派幹部の強力な統制を受けいれ、自立的な行動を抑制した。それは、結果的に、桂園体制を支え、政局の安定をもたらすことになったのである。

さらに詳しく知るための参考文献

水野勝邦『貴族院の会派　研究会史』明治大正篇（社団法人尚友倶楽部、一九八〇）……戦後の貴族院に関する実証的研究で、まとまった研究としては最初期のもの。尚友倶楽部は、貴族院の会派「研究会」の選挙母体「尚友会」の流れを汲む社交倶楽部であるが、貴族院関係を中心に近現代史関係の史料集、研究書を多数出版している。参考となる文献も多い。

霞会館編『貴族院と華族』（社団法人霞会館、一九八八）……華族議員の活動を中心に貴族院の歴史を通史的にまとめている。

小林和幸『明治立憲政治と貴族院』（吉川弘文館、二〇〇二）／同『谷干城――憂国の明治人』（中公新書、二〇一一）／同『「国民主義」の時代――明治日本を支えた人々』（角川選書、二〇一七）……最初の書は、明治期の貴族院に関する評価を全体的に見直し、貴族院による権力の監視を重視する政治会派の存在に着目した。後二書は、そうした政治会派を率いた谷干城の思想や連携する人々の活動を中心に、明治政治史に与えた影響の大きさを論じている。

内藤一成『貴族院と立憲政治』（思文閣出版、二〇〇五）／同『貴族院』（同成社、二〇〇八）……前書は、明治・大正期の貴族院の諸会派に関する実証的研究。後書は、一般向けに書かれた貴族院の通史。

西尾林太郎『大正デモクラシーの時代と貴族院』（成文堂、二〇〇五）／同『大正デモクラシーと貴族院改革』（成文堂、二〇一六）……両書とも、大正期の貴族院について論じているが、明治期についても華族議員選挙の実態など詳細に記述する。

高橋秀直「山県閥貴族院支配の構造」（『史学雑誌』九四編二号、一九八五年二月）／同「山県閥貴族院支配の展開と崩壊――一九一一～一九一九」（『日本史研究』二六九号、一九八五年一月）……貴族院の政治会派の構造的な変遷を実証的に描く。

第15講

条約改正問題——不平等条約の改正と国家の独立

小宮一夫

幕末に日本が西洋諸国と締結した条約が「不平等」であるという認識が社会で定着したのは、明治時代になってからである。明治政府は、不平等条約を改正して、欧米と対等な関係になることが真の意味での日本の独立に他ならないという認識に基づき、条約改正という難事業に乗り出した。

西洋諸国が非西洋圏の国々と「不平等条約」を締結したのは、西洋の基準から見て、国家の体裁をなしていても社会が「文明」の水準に達していない「半開」の国に対しては対等な条約を締結しえない、という考えに基づいていた。

そのため、日本が条約改正を実現するためには、欧米から「文明」国と見なされる必要があった。欧米から技術を導入するだけでなく、政治制度や社会も欧米から「文明」の水準に達していると見なされねばならない。明治政府が憲法を制定し、国会を開設したのは、欧米と同じく立憲政治が日本でも十分可能なことを示すためであった。また、民法、商法といった近代的な法典を制定したのも、欧米と同じく個人の所有権や経済活動の自由を法によって保障し、条約改正の暁には、日本に居留する欧米人が欧米と同じようなルールによって日本の管轄下に置かれるようにするためであった。

†開国と条約締結

一八五三（嘉永六）年七月、アメリカ合衆国のペリー提督率いる艦隊が浦賀沖に現れ、徳川幕府に「開国」を迫った。翌年、再び来航したペリーとの間で三月三日、徳川幕府は日米和親条約を締結した。これにより、下田と箱館の開港のほか、アメリカに対し片務的な最恵国待遇が付与されることなどが決まった。最恵国待遇とは、一方の締約国が自国の領域内で、第三国及びその国民に与えるもっとも有利な待遇と同等の待遇を、他方の締約国及びその国民に与えることである。最恵国待遇はアメリカのみが保持し、日本には付与されなかったため、片務的で日本にとっては不平等だった。だが、これが不平等であるという認識は、条約を締結した時点の徳川幕府にはなかった。

こののち、日本はイギリスと約定、オランダ、ロシアと条約を締結し、限定的に開国を進めていった。日本と国交を結んだ欧米列国の次なる課題は、日本国内で自由に経済活動をする権利を獲得することであった。

一八五八（安政五）年六月一九日、徳川幕府は、アメリカと日米修好通商条約を調印し、神奈川・兵庫の開港や江戸・大坂の開市、領事裁判権の付与、協定税率、片務的最恵国待遇などを取り決めた。

締約国の領事が締約国の人民を被告とする裁判を行う領事裁判は、国家の主権がその国に在留・居住する多国籍の人民にも及ぶとする近代法治主義の原則である属地主義に抵触する。近代の西欧社会では、自国民の保護を目的とする領事裁判が廃止され、外国人も在住国の法と裁判に従っていたが、オスマン帝国などとの間には宗教的理由から領事裁判条約による西欧諸国の領事裁判が残された。欧米列国は、これをアジア諸国と条約を締結する際に適用した。徳川幕府にとって、領事裁判権の設定は、欧米人の法的取り扱いをめぐって欧米と不毛な摩擦を避ける意味合いが大きかった。

協定関税により、日本は締約国との間で自由に関税を設定できず、相手国の同意を必要とした。この協定関税と片務的最恵国待遇が日本にとって条約上の不備だと、幕府で外交を担った者たちは認識するようになった。

日米修好通商条約の締結後、日本はオランダ、ロシア、イギリス、フランスと修好通商条約を次々と締結した（安政の五ヵ国条約）。これらの条約では、輸入税が平均で二〇％だったため、欧米と日本との貿易は低迷した。この状況を打破すべく、イギリスをはじめとする列国が徳川幕府に関税の引き下げを求めた結果、一八六六（慶応二）年五月一三日、徳川幕府はイギリス、アメリカ、フランス、オランダとの間で輸出入ともに関税を一律五％とする改税約書を締結した。これにより、日本はイギリスが牽引する自由貿易体制に組み込まれていった。

†「不平等条約」の何から回復すべきか？――行政権回復から法権回復へ

一八六七年（慶応三）年一〇月一四日、一五代将軍徳川慶喜は朝廷に政権を返上した（大政奉還）。ここに、二六〇年に及ぶ幕府政治は終焉した。同年一二月一四日、王政復古の大号令が出され（佐々木克『幕末史』ちくま新書、二〇一四）、薩摩・長州といった雄藩や岩倉具視らによる天皇中心の「国づくり」をめざす新政府が誕生した。新政府は政権が替わったので、徳川幕府が欧米と締結した条約は一方的に破棄できると考えていた。しかし、欧米列国から新政府が日本の正統な政府であると承認されるためには、それまで列国が日本の正統政府と見なした徳川幕府と締結した諸条約を引き継ぐ必要があると欧米列国から迫られ、新政府は従来の条約を渋々継承した。

そして、明治政府も一八六九年には、北ドイツ連邦（一八七一年にドイツ帝国となる）、オーストリア・ハンガリー帝国と不平等な修好通商条約を締結した。この事実は、明治政府が発足当初、条約の不備を正しく認識していなかったことを端的に物語る。

しかし、政府内では、欧米列国との条約がいかなる意味で不平等なのか、という理解が急速に広がる。自国の独立を維持し、国際社会で欧米列国と対等に渡り合っていくためには、徳川幕府から引き継いだ欧米列国との不平等条約を改正することが、外交における最重要課題だという認識が政府内で共有されるようになったのである。

そこで、明治政府は、一八七一(明治四)年、岩倉具視、大久保利通、木戸孝允らによる遣外使節団を欧米に派遣し、列国と条約改正の予備協議に臨もうとした。だが、日本側の準備不足で交渉は不首尾に終わった。

明治政府は当初、税収増を期待して関税自主権の回復に主眼を置いた。だが、関税自主権の回復は、列国の対日外交をリードするイギリス駐日公使パークスの強い反対に直面し、実現困難であった。そこで、明治政府は、行政権の回復をめざすことにした。行政権回復という観点から見れば、領事裁判は日本の行政権の喪失を象徴するものであった。欧米列国から制約を受けている協定関税や貿易規則なども行政権の範疇《はんちゅう》に含まれ、日本が行政権を完全に回復できれば、これらの問題や日本の主権が完全には及ばない居留地制度も解決できる。これが行政権回復のロジックであった(五百旗頭二〇一〇)。

先に述べたが、幕府が居留地を認めたのは、外国人を居留地に隔離し、日本人との不毛な摩擦をあらかじめ避けるためであった。しかし、近代化が進むにつれ、居留地に日本の支配が及ばないことは国家の主権を損なうものとして、協定関税や領事裁判とともに不平等の象徴と日本では認識されるようになった。

一方、欧米人が排外主義の日本人に襲撃される可能性が大きく低下すると、欧米側は居留地に封じ込められ、日本との商取引が居留地内でしかできないことや日本国内を自由に旅行できないことに対する不満が高まった。そこで、欧米列国は、自国民の日本の内地開放(「内地雑居」)を強く求めるようになった。

一八七九年、寺島宗則に替わって外務卿に就任した長州閥の有力者・井上馨のもと、日本の条約改正方針は、行政権回復の範疇を超えた法権回復へと傾斜していった(五百旗頭二〇一〇)。政府内では、欧米列国の居留民や駐日公使館が強く望む内地開放(「内地雑居」)は、居留地の廃止のみならず、領事裁判権の撤廃を求めるうえで、日本側に有力な交渉の取引材料になると認識されるに至った。こうして、一八八二(明治一五)年、明治政府は、井上馨外務卿の提案に基づき、「内地開放」と引き換えに法権の回復をめざすことにした。同年四月一五日、第九回条約改正予議会において、井上は、内地開放が条約改正交渉における日本側の最大の譲歩であることを、欧米列国の公使に力説したのである(井上馨侯伝記編纂会『世外井上公伝』第三巻、内外書籍、一九三三)。

明治二〇年代に猛威をふるった民間の条約改正反対運動のイメージが強いため、読者のなかには自由民権派の方が政府よりも条約改正を熱心に唱えたと考える向きもあるかもしれない。しかし、一八八〇年代半ばまでは、自由民権派は条約改正に強い関心を持っているとは言いがたかった。至極当然ではあるが、民権派の多くは、国会開設という国民の政治参加と憲法制定に主たる関心を寄せたからである。民間で条約改正を求める声が大きくなるためには、日本が欧米と結んでいる条約は不平等であり、国の名誉を汚しているという認識

上　神戸の居留地（京町筋、1880年頃）
下　横浜・山手地区の居留地（谷戸坂通り、明治中期）

が広がらなければならない。不平等条約といっても、これによって損害を被る日本人は、国民全体のごくわずかであった。国民の多くは、欧米人と裁判沙汰にでもならない限り、不平等条約で看過しがたい不利益を被っているという認識を持ち得なかったのである。

民間で不平等条約改正を望む声が強まるのは、一八八六（明治一九）年一〇月下旬、ノルマントン号事件が起きて以降のことである。ノルマントン号が紀州沖（熊野灘）で難破した際、西洋人船員らは全員ボートで脱出したのに対し、日本人乗客は二五名全員が水死した。イギリス人船長はその責任を問われたものの、イギリスの神戸領事は無罪判決を下した。このノルマントン号事件は、民権派及び民衆に不平等条約の存在を強く意識させるまたとない機会となった。外交問題に関する知識をほとんど持っていない民衆が不平等条約の改正に強い関心を持つに至るには、彼らのナショナルな感情を大いに刺激する、分かりやすい争点が必要であったからである。その点、ノルマントン号事件は、民衆にとって不平等条約の問題を理解する上で極めて分かりやすい問題であった。

新聞報道を通じて、民衆はノルマントン号事件の犠牲者と遺族の「痛苦」、すなわち同胞の「痛苦」を自らのそれとして受け止め、領事裁判という現行条約の不平等性にいきり立つようになったのである。これは、ベネディクト・アンダーソンのいう「想像の共同体」ともいうべき国民意識が広く社会で形成されてきたことを物語る。

井上馨外相のもとで欧米列国との条約改正交渉が進むなか、日本側は領事裁判権の撤廃と引き換えに外国人法官の任用を認めた。一八八七（明治二〇）年六月、井上条約改正案に反対する政府の法律顧問ボアソナードが政府に差し出した意見書の内容が世上に流布し、条約の内容が明らかになると、世論は激昂した。このとき、内地雑居の是非は二義的な問題であった。他国籍の外国人を日本の法官として任用することは、日本の主権を侵すとして、条約改正反対派は厳しい批判を政府に浴びせたのである。

結局、井上の条約改正交渉は、政府内でも反対が強く、井上の盟友伊藤博文首相も井上を断固守らなかったため、七月末、無期限延期という形で頓挫した。

一方、自由民権派は、条約改正問題が有効な政府攻撃の武器であることを発見した。星亨が中心となって減税（地租軽減）と不平等条約の改正による国権回復、言論規制の緩和を三点セットにした三大事件建白運動を仕掛け、政府を揺さぶるのであった。

†立憲政治の開幕と条約改正問題

井上馨に替わって外相に就任した大隈重信のもとで進められた条約改正交渉においても、領事裁判権の撤廃と引き換えに外国人法官の任用を認めることにしたため、これまた大問題となった。今度は、官吏になることができるのは日本臣民に限られるという大日本帝国憲法（一八八九（明治二二）年二月一一日公布）の規定に抵触するだけに、問題は一層深刻であった。

この大隈条約改正をめぐって、民権派勢力は分裂した。自由党系は一致して反対したのに対し、改進党系は大隈が条約改正を進めていたこともあり、温度差はあるにせよ支持せざるを得なかった。条約改正は、対欧米という外交力学のみならず、国内の政治力学も大きく反映される政治課題であることが明白となったのである。

結局、大隈の条約改正交渉も、政府内の強い反対に加えて、玄洋社の来島恒喜による大隈襲撃が決定打となって、一八八九年一二月、無期限延期となった。井上、大隈の条約改正交渉が頓挫したことにより、これ以降、政府が外国人法官任用を条約改正案に掲げることはなくなる。その結果、民衆にも理解しやすい争点として内地雑居問題の是非が国会開設以降の条約改正問題における最大の争点となっていく。

内地雑居反対派（内地雑居尚早派）は、内地雑居が実現すると、以下のような弊害が起こり得ると訴えた。

(1)欧米資本やそれと組む中国資本との経済競争が激化し、日本経済が欧米資本に乗っ取られる危険性がある。
(2)キリスト教が日本国内に蔓延し、欧米人との文化摩擦が全国各地で起こる可能性がある。
(3)低賃金を厭わない中国人労働者が大量に流入し、日本の下層労働者から職を奪う危険性が大である。

その多くがのちの対外硬派に連なる内地雑居反対派（内地雑居尚早派）は、日本人の経済的競争力や文化的・社会的適応能力を過小評価していたことが特徴的である。彼らは、内地雑居の実現による国家存亡の危機から経済競争力や環境適応能力の「弱い」日本の民衆を断固守るという観点から内地雑居に反対したのである。ここには、内地雑居反対派（内地雑居尚早派）の日本国民に対するパターナリズム（父権主義）が垣間見られる。

これに対し、内地雑居賛成派の大半は、欧米人の内地雑居のみ認めるとした。中国人の内地雑居を認めないことに関しては、内地雑居賛成派・反対派との間でコンセンサスができていたといえる。また、賛成派の多くは、土地や鉱山、鉄道などの外国人所有を認めなければ、経済的利益が薄いので、欧米資本が大量に流入することがないだろうという立場をとった。賛成派に共通するのは、内地雑居が「万国公法ノ通義」であり、日本がめざす文明国となるためには、内地雑居を実現しなければならないというロジックであった。

明治期の内地雑居の是非をめぐる論争をふりかえると、現代のグローバリゼーションが進む状況下、自由貿易の徹底をめざすＴＰＰ（環太平洋パートナーシップ協定）の是非や外国人労働者の全面的開放をめぐる論争と相通ずるものが見えてくる。明治期の内地雑居問題は、現代のグローバリゼーションへの対応を考えるうえでさまざまな示唆を与える普遍性を有する問題である。

さて、一八九〇年末に帝国議会が開院すると、早速政府を震撼させる事態が起こった。一二月に商法施行延期法案が成立したのである。そして、政府の選挙干渉が行われた一八九二(明治二五)年の第二回総選挙後の第三議会においても商法がまたしても施行延期となり、ボアソナードらが心血を注いだ民法も施行延期となった。民法・商法は日本の慣習にあわない条文が多く、このまま施行すれば社会に混乱をもたらすというのが反対派の論理だった。民法・商法の施行延期には、国権派のみならず、自由党などの民党からも多くの賛成者が出た。日本の国会には西洋的価値観(近代的価値観)に露骨に反感を見せる議員が多数おり、日本は文明の域に達していないという印象を欧米に与えかねない事態が発生したのである。

話は前後するが、星亨は一八九一年四月、内地雑居を自由党の党是とすることに成功した。星は自由党が条約改正で現実的な対応を示すことで、藩閥政府に自由党は信頼に値する、ひいては提携に価する政党であることを認知させようとしたのである。一八九二年八月、第二次伊藤内閣が発足し、自由党の土佐派や星とパイプを持つ陸奥宗光が外相という要職に就いた。これは、自由党にとって将来への希望が持てる人事であった。

一八九三(明治二六)年二月、自由党、改進党などの賛成多数で衆議院で領事裁判権撤廃のために内地雑居を容認する条約改正上奏案が可決された。そして、予算問題で自由党が伊藤内閣と妥協すると、自由党は伊藤内閣との提携を夢見て党利党略で条約改正に取り組んでいるのではないか、という見方が内地雑居反対派のみならず、自由党との民党連合路線に熱心な改進党にも広がった。

それゆえ、同年一〇月、陸奥外相の条約改正を阻止し、併せて政府に接近する自由党に打撃を与えようと、国民協会をはじめ内地雑居に反対する勢力が結集して大日本協会を結成した。もともとは内地雑居に賛成であった改進党は、欧米人が旅行を名目にして内地で商取引をするという条約違反が横行をしていることを現行条約励行で取り締まるべきだという奇策を打ち出し、この戦略に大日本協会も応じた。

こうして、一八九三年末の第五議会では、国民協会、改進党などの対外硬派連合対第二次伊藤内閣、自由党という対立図式が成立した。大日本協会に参加した議員が中心となって、現行条約を厳格に運用して、欧米人に不便や苦痛を与え、欧米側から条約改正を求めさせるべきだという現行条約励行建議案が衆議院に提出されると、条約改正に政治生命を賭ける陸奥外相はこれを粉砕しなければならないと決意した。

陸奥は、伊藤首相の同意をとりつけ、一二月三〇日、衆議院で「開国進取」が明治以来の国是であり、現行条約励行建議案はこれに反する「鎖国攘夷的」なものであるという趣旨の長弁舌をふるった。このあと、議会は休会となり、同日解散となった。そして、翌日、大日本協会は社会の安寧秩序を乱す政治団体であるという認定を内務省から受け、解散に追い込まれた。一八九四（明治二七）年三月に行われた総選挙で、対外硬派勢力は過半数を割ったものの、政府に接近する自由党は過半数に届かなかった。そのため、五月中旬から始まった第六議会においても引き続き第二次伊藤内閣・自由党対対外硬派連合という図式で全面対決が行われた。キャスティングボートを握る無所属議員たちが対外硬派陣営についたことにより、再び政府は窮地に追いこまれた。五月三一日に伊藤内閣批判の上奏案が可決され、六月二日に議会は再び解散された。

自由党が条約改正問題で第二次伊藤内閣に協力する姿勢を見せたことに対し、政界の多くは両者の結びつきは想像以上に深いと誤解した。それまでは不倶戴天の関係にあった国民協会と改進党は、条約改正という国家的課題を自由党と第二次伊藤内閣が党利党略に利用することは許せないと考え、対外硬派連合を結成して両者の前に立ちはだかった。

一方、窮地に陥った自由党は改進党との民党連合に回帰することなく、伊藤内閣の政治姿勢、とりわけ外交姿勢に是々非々で理解を示す姿勢をとり続けた。そのことが憲法制定の立役者である伊藤の信頼を勝ち取ることにつながり、日清戦後の一八九五年一一月、両者はついに提携を宣言するに至ったのである。

帝国議会開設後の条約改正問題への自由党の対応が改進党に不信感を抱かせ、ついに改進党は対外硬運動に走ることになった。そして、明治の末年に至るまで改進党は対外硬運動の旗振り役として、これを党勢拡大に利用していった。しかし、それは伊藤との関係を悪化させ、長い野党暮らしを強いることにもつながった。

†条約改正の実現

ここで、時計の針を巻き戻すと、対外硬派が伊藤内閣の政治姿勢を痛切に批判するさなかの一八九四(明治二七)年七月一六日、ロンドンで日英通商航海条約が締結され、五年後に領事裁判権と居留地制度が撤廃されることや、関税自主権の一部回復がなされるなどが決まった。関税自主権は完全に回復されないものの、条約改正に取り組んで四半世紀にして、日本の悲願である条約改正はおおよそ達成されることになった。

日英通商航海条約の内容が新聞などで明らかにされても、世間の関心は高くなかった。それよりも世論の対外的関心は、朝鮮をめぐる日清関係の行く末に向かった。朝鮮への影響力拡大をめざす日本が「宗主国」として朝鮮の外交に強い影響力を持つ清に提案した日清両国による朝鮮の共同改革(近代化)をめぐって、清との対立が深まり、七月二五日には軍事衝突が起きた。八月一日、日本は清に宣戦を布告し、日清戦争が正式に始まると、世論をつくるメディアや政府の外交を軟弱と批判してきた対外硬派の関心は日清戦争に注がれることになった。

日清戦後、政府は改正条約の施行に向けて着々と準備を進めた。こうしたなか、民間では、改正条約に向けて、外国人に土地所有を認めることの是非や外資を流入することの是非などが議論されたが、議論は盛り上がりに欠けた。

政府をやきもきさせたのは、民法と商法の修正作業の進捗状況であった。改正条約を一八九九年七月のうちに施行するためには、一八九八年六月までに完成させ、施行する必要があった。日本は欧米列国に対し、法典を実施するまでは改正条約の施行を予告しない旨を外交文書で約束しており、しかも施行にあたって一年前に予告することを約束していたからである。民法のうち、総則・物権・債権の前三編が一八九六（明治二九）年四月二七日に、親族・相続の後二編が一八九八（明治三一）年六月二一日に公布され、民法全編は同年七月一六日に施行された。商法は公布・施行に至らなかったものの、これをもって日本は翌年七月一七日以降に改正条約を施行することを欧米の条約締結国に予告した（商法は一八九九年三月九日に公布、六月一日に施行された）。

こうして、一八九九年七月一七日、日英通商航海条約ほか一一条約が発効し、居留地制度の廃止、関税自主権の一部回復などの条約改正が実現した。さらに、八月四日には、フランス・オーストリアとの通商航海条約が発効し、これにより領事裁判権も完全に撤去された。当日は、横浜などで居留地廃止を記念する祝典が開かれたものの、全般的に世論は冷静に条約改正の実現を受け止めた。

中国よりも市場的魅力の乏しい日本に、欧米資本が大量に流入することはなかった。欧米の関心は中国市場に注がれた。内地雑居に反対した「保守勢力」による極めて悲観的な予測は杞憂にすぎなかったのである。

日露戦後の第二次桂内閣において、桂太郎首相から信服されている小村寿太郎外相が、条約改正の総仕上げとして関税自主権の完全回復に乗り出した。一九一一（明治四四）年二月二一日、日米通商航海条約が締結され、関税自主権が完全に回復した。桂は条約改正の決着がつくまでは、後継の密約がある立憲政友会の西園寺公望に政権を譲らず、これを政権延命に利用したのである。

†政治遺産としての「明治の条約改正」

第二次大戦後の一九五一年九月八日、サンフランシスコ講和条約とともに日米安全保障条約が締結された。吉田茂首相が取り結んだ安保条約では、日本国内での基地の自由使用を認められている米国が有事の際に日本を守ることが明記されておらず、不平等であるという批判が社会党などの革新勢力及び鳩山一郎、岸信介ら反吉田系の保守勢力からなされた。吉田の安保条約に批判ないし反対をする勢力は、五一年の安保条約を徳川幕府が欧米列国と締結した「不平等条約」と同じく国家の独立を損なう許しがたいものだと見なしたのである。

こののち、石橋湛山から政権を引き継いだ岸信介によって、一九六〇年一月、現在の対等な日米安全保障条約が締結される。自民党の総裁選に敗れたものの、石橋内閣の副総理兼外相に就任した岸は「対米関係の強化」や「国内政治に根差す外交」などの「外交五原則」を掲げた。後年、岸は「国内政治に根差す外交」についてこう語った。すなわち、従来の外交には内政との関連がなく、外交当局者は「国内政治における自分の地位とか力関係というものから離れて、外交というものを特別なものとする傾向があった」。だが、「それじゃいけない。本当に強力な政治を行おうとすれば、内政の上にその外交政策というものが置かれて、内政との関連において組み立てていくということが重要なんです」と(原彬久編『岸信介証言録』中公文庫、二〇一四)。

岸は政権につくと権力基盤を固め、国内世論を鑑《かんが》み、対等な日米安保条約という当時としては極めて高いハードルを設定して、アメリカとの交渉に挑み、安保改定にこぎつけた。

それは、第二次伊藤内閣において、陸奥外相が世論を鑑み、領事裁判権の撤廃と関税自主権の回復をセットにして欧米列国との交渉に挑んだという歴史と相通ずるものがある。条約改正や安保改定を考えるうえで国内の強固な反対論は条約の対等性に寄与し、結果的にこれらの成功に寄与することとなったのである。

さらに詳しく知るための参考文献

荒野泰典「言説としての「不平等」条約説――明治時代における領事裁判権の歴史的前提の素描」（貴志俊彦編『近代アジアの自画像と他者――地域社会と「外国人問題」』京都大学学術出版会、二〇一一）……「通商条約」＝「不平等条約」説は、維新政府が正当性を獲得するために作り出した言説だとする。幕末の「開国」は、従来の政策の延長であり、正確には「開港」と呼称すべきだと主張する。

五百旗頭薫『条約改正史――法権回復への展望とナショナリズム』（有斐閣、二〇一〇）……条約改正の歴史において行政権回復という目的があったことを初めて指摘し、それが法権回復へと跳躍する過程を鮮やかに描いている。寺島から井上の時期の条約改正研究においては、現在の最高峰。

五百旗頭薫『大隈重信と政党政治――複数政党制の起源　明治十四年―大正三年』（東京大学出版会、二〇〇三）……改進党の郵便報知系が関税自主権の回復によって関税を引き上げる、それを地租軽減の財源に充てるべきだと主張したという斬新な論点の提起をはじめ、条約改正研究のヒントとなる知見が盛りだくさんの一冊。

伊藤之雄『伊藤博文――近代日本を創った男』（講談社、二〇〇九／講談社学術文庫、二〇一五）……憲法制定の立役者である伊藤博文は条約改正においても大きな役割を果たした。井上馨、陸奥宗光による条約改正を検討する際、彼らに条約改正を託した伊藤を抜きにして両者の条約改正を深く理解することはできない。

稲生典太郎『条約改正論の歴史的展開』（小峯書店、一九七六）……外交史研究が軽視していた民間の条約改正論の系譜を明らかにした功績は大きい。

稲生典太郎『東アジアにおける不平等条約体制と近代日本』（岩田書院、一九九五）……「東アジアにおける不平等条約」という概念をいち早く提唱。

鵜飼政志『明治維新の国際舞台』（有志舎、二〇一四）……幕末から明治初期にかけての条約の実態を、イギリス外交文書を駆使して解明し、通説の打破に挑んだ力作。

大石一男『条約改正交渉史　一八八七〜一八九四』（思文閣、二〇〇八）……本書で提起された条約改正の手段としての条約廃棄論という議論は、一九二〇年代後半、欧米列国や日本が不平等条約の改正に応じないと、これを一方的に破棄し、特殊権益を回収すると中国が宣告した革命外交と比較検討することで、新たな研究の地平線が広がるであろう。

小風秀雅「冊封体制と不平等条約体制」（貴志俊彦・荒野泰典・小風秀雅編『「東アジア」の時代性』溪水社、二〇〇五）／同「一九世紀世界システムのサブシステムとしての不平等条約体制」（『東アジア近代史』一三号、二〇一〇）……小風氏の一連の不平等条約体制、条約改正を扱った研究が一書にまとめられることが待たれる。

小宮一夫『条約改正と国内政治』（吉川弘文館、二〇〇一）……明治二〇年代の条約改正をめぐる政治過程を分析し、自由党が条約改正問題を利用して政権参入を実現したと主張。

小宮一夫「二つの世紀末における「開国」と「国づくり」——明治の「内地雑居」と平成の「労働開国」」（北岡伸一監修、松田宏一郎・五百旗頭薫編『歴史のなかの日本政治1　自由主義の政治家と政治思想』中央公論新社、二〇一四）……明治期の内地雑居をめぐる言説と一九八〇年代末から九〇年代初頭に交わされた外国人労働者の開放問題をめぐる言説を分析し、両者に通底する論理を探った。

酒田正敏『近代日本における対外硬運動の研究』（東京大学出版会、一九七八）……条約改正に反対した対外硬派の動向が詳しく分析されている。

山本茂『条約改正史』（高山書院、一九四三）……戦前期の条約改正研究の金字塔。

第16講

日清戦争——日本と東アジアの転機

佐々木雄一

一八九四年から九五年にかけて行われた日清戦争は、明治日本にとって初の本格的な対外戦争だった。戦争の結果、日本は日清戦争前の年間国家予算の四倍を超える償金計約三億六〇〇〇万円や台湾、澎湖《ほうこ》諸島を獲得し、清との間で日本に有利な不平等条約である日清通商航海条約を結ぶ。極東の島国日本が地域の強国へ、そして日露戦争、第一次世界大戦を経て世界の大国へと変貌を遂げていく起点は、日清戦争にあった。同時に、日清戦争は、東アジアに長年存在した中国を中心とする秩序を消滅させ、また西洋列強の東アジアへの進出が加速する契機にもなったという点で、世界史的にも大きな画期となるできごとだった。

日清戦争に関する研究は、近年、国民・兵士にとっての戦争体験や戦争を通じた「国民」意識の形成など、社会史的な面からの分析が盛んである。ただ伝統的には、開戦原因、すなわちなぜ、どのように戦争が起きたのかということや、それと関連する戦争指導体制、国際情勢といったところが研究上の主な関心事となってきた。本講も、そうした日清戦争をめぐる政治・外交について、前後の時期の日本外交の展開にも触れながら論じていく。

†日清戦争の発端と東アジア情勢

一八九四年、全羅道古阜から発生した朝鮮の民乱が四月頃に大規模化した。東学党の乱（東学農民運動、甲午農民戦争）である。これが、日清戦争の発端となった。五月末には全州が陥落する。朝鮮政府はその鎮圧のため清に対して出兵を要請し、清側もそれを受け入れた。

中国王朝、あるいは清を中心とする秩序は、華夷《かい》、朝貢《ちょうこう》、冊封《さくほう》、宗藩《そうはん》関係、宗属《そうぞく》関係といった言葉を用いて説明される。その最も重要な構成国は朝鮮であった。清と周辺国・地域との間には上下関係が存在したが、それぞれのあり方は一様ではなく、時期によっても異なる。そこに、アヘン戦争、アロー戦争以降、近代西洋流の概念や国際秩序が持ち込まれ、朝鮮は清の属国なのか、もしそうだとしてそれはどのような実態を伴うのか、ということが大きな問題となっていた。

一八八〇年代に入ると、日本や西洋諸国との関係を整理するなかで清の朝鮮に対する影響力が強まっていく。朝鮮で暴動が発生し日本公使館も襲撃を受けた壬午《じんご》事変（一八八二年）、朝鮮の急進開化派が日本の駐朝鮮公使と結んでクーデターを起こした甲申《こうしん》政変（一八八四年）、いずれにおいても清は軍隊を派遣して速やかに鎮定した。他方、清は朝鮮と西洋諸国が国交を結ぶ条約の締結も主導した。関係各国は一八八〇年代半ば以降、朝鮮における清の支配的地位を前提として東アジア政策を展開した。それは、日本も同様である。甲申政変後に結ばれた天津条約は、朝鮮からの双方の撤兵や将来朝鮮に出兵する場合の事前通知を定めたものであり、清優位の状態での現状維持を認めたことを意味していた。

日清開戦過程について、当初から朝鮮進出を目指していた明治日本は、あるいは軍は、計画的・必然的に日清戦争を起こした、という見方がかつては主流だった。それに対し、一九八〇年代以降、日清戦争は日本政府内で長期間にわたって計画・決意されたものではなく、日清全面戦争に至った原因は朝鮮への出兵以降の動向に求められるべきである、との説が提起され、現在ではこちらの方が通説的地位を占めている。そしてそのなかで、一八八〇年代の日本外交の基調は対清協調であったと論じられている。

これを補足すると、たしかに、日本の対清・朝鮮政策を主導していた伊藤博文や井上馨《かおる》は清との協調を保とうとしていた。特に伊藤は、東洋の平和と発展のためには日清の協力が必要だと考えており、清側のパートナーとして李鴻章《りこうしょう》に期待していた。天津条約を締結した際のやりとりについて伊藤は、「東洋の平和を保ち開明を期するは日清の和親協力に存す。此《この》和協の目的を達せんとすれば、朝鮮の独立を図り、相互之《こ》れに干渉せざるを以て緊要とす」と論じたところ、李鴻章は賛同してたちどころに条約を締結した、と語っている。

ただ、この伊藤の発言からもわかるように、朝鮮を独立自主の国として扱うというのも日本政府の対清・朝鮮政策の根幹だった。それは、朝鮮における清の影響力を削ぐことを意味するのであるから、清から見れば日本の姿勢は十分に協調的とは言いがたい。そして、伊藤・井上も含め、日本の政軍指導者はみな何らかの意味で朝鮮における影響力を保持したいとも考えていた。日清双方が、東アジアの秩序や朝鮮の位置づけについて異なった像を思い描き、また自国の影響力を伸ばす機会をうかがいながら、当面は実態として清優位である朝鮮の現状維持で合意していたというのが、天津条約締結以降の日清の「協調」であった。この危うい均衡が東学党の乱を機に崩れるのである。

†出兵の決定と共同朝鮮内政改革提案

朝鮮で内乱が発生し、清の派兵も予想されるという状況において、日本もまた朝鮮への出兵準備を進めた。六月二日の閣議で出兵が決まり、五日に大本営が設置される。派兵規模は混成一個旅団、計約八〇〇〇人であった。公使館および国民の保護というのが主な出兵理由だったが、派出した兵を利用して朝鮮における勢力の挽回や伸長を図ることも視野に入っていた。ただし、近年通説となっている通り、首相の伊藤博文や大半の閣僚にとって、この出兵決定自体は清との軍事衝突を目的としたものではなかった。

出兵の決定についてしばしば、国内政局、とりわけ条約改正問題の行き詰まりを打破するために強硬策をとったのだと論じられてきた。しかし、日清開戦過程を具体的に分析した近年の研究はいずれもそうした説を否定している。また、開戦に積極的な陸奥宗光《むつむねみつ》外相や川上操六《そうろく》参謀次長が対清協調論者の伊藤首相をだまして大規模派兵・開戦に導いたという話も古くからあるが、これも現在では支持されていない。軍との関係、外相との関係いずれにおいても優位な地位にいたのは伊藤首相であって、日清開戦過程は伊藤を中心に分析する必要があるというのが、近年の研究の一致した見方である。

日本政府は大兵の派遣を決定し、出兵にとりかかった。ところが、当時日本にいた大鳥圭介《おおとりけいすけ》駐朝鮮公使が朝鮮に帰任してみると、反乱は鎮静化に向かっており、予想外に平穏だった。そのため日本本国に、すでに出兵した軍隊以外の派遣や軍隊の上陸・入京を見合わせるよう主張した。朝鮮や清も、撤兵を求めていた。

日本政府・軍は、第二次分の派兵を見合わせ、派遣済みの軍隊もひとまず仁川に駐屯させた。しかしそこで単に撤兵することはできなかった。日清同時撤兵だとしても、朝鮮で民乱が起こった際に清が朝鮮政府の要請を受けて出兵し、日本も居留民保護と対抗出兵の意味で兵を送り、双方が特に何もせずに撤兵した場合、朝鮮保護のために清が出兵した実績だけが残ってしまう。

上　伊藤博文
下　陸奥宗光

日本としては、大軍の派遣に見合う成果を挙げることが目指された。

その一つの方策が、日清両国が協力しての朝鮮の内乱鎮圧、そして共同内政改革であった。六月一五日、伊藤内閣は清に対して共同朝鮮内政改革を提議することを決める。一三日の閣議において伊藤首相が示した案に、終局までの留兵と清が賛同しない場合の日本単独での内政改革実行という強硬な文言を陸奥外相が挿入したものだった。留兵すればするほど国内政治的・財政的コストがかさみ通常の外交交渉でそれに見合う対価を得るのが難しくなることを考えると、早期撤兵の可能性を失わせたこの閣議決定は、日清軍事衝突に向かう流れを明確に生み出すものであった。清が日本の提案をこばみ撤兵を求める意向であることが明らかになってくると、陸奥は大鳥に対し、清との衝突は不可避であり朝鮮国王・政府を味方につけるようにとの指示を発した。

伊藤は、主観的には間違いなく対清協調・避戦志向であった。清との間で交渉を行ってきた経験があり、清の有力政治指導者である李鴻章を信頼してもいた。また、すでに政界の第一人者であり、国内政治上の地位を上昇させるために冒険主義的政策をとる必要はなかった。しかし、対清協調・避戦志向の伊藤は同時に朝鮮独立扶持を基本方針としており、首相として朝鮮への出兵や留兵の閣議決定に携わった。そして内閣として正規の手続きを経て決定したその出兵と留兵こそが、日清戦争勃発の最大の原因である。

陸奥は伊藤に比べると、通常の外交交渉で得られる利益に対する期待値や評価が低く、その分強硬な要求や軍事力の行使に傾斜しやすかった。対清・朝鮮問題についての経験は浅く、政治的地位から言っても、常に成功を求められる立場にあった。近年の研究が指摘するように、朝鮮への出兵以降の対応は、長期的展望を欠いた場当たり的なものだった。先々の展開を見通して決断を下していったと捉えるかつての「陸奥外交」像は誤りである。しかし、かけたコストに見合う対価を獲得し、さらに利益の最大化を図るという判断基準は一貫していた。陸奥の、大兵を派遣したからには何としてもそれに見合う対価を得るという強固な意志と、幸か不幸か窮地で打開策を生み出してしまう能力は、日清間の妥協を困難にしたのだった。

†開戦

清が共同朝鮮内政改革提案を拒絶したのに対して日本がさらに反駁し、撤兵を拒否してもなお軍事衝突は起こらず、そのうちにロシアやイギリスがこの問題の仲裁に乗り出した。その後、日清開戦が遠のいたかに見える瞬間もあった。しかしながら、大きく言えば日清間には東洋の秩序と朝鮮の地位をめぐる根本的争いがあり、具体的には日本政府は朝鮮の共同内政改革を求め清側は撤兵を求めている以上、日清両政府が納得する内容の解決策を生み出すのは困難だった。結局、英露の仲介は不調に終わり、七月一二日に伊藤内閣は、清政府は日本の提議を排斥して撤兵ばかりを主張しており事を好んでいると言うよりほかなく、日本政府は将来生ずる事態への責任を持たない、との清側への照会を決定する。陸奥はそれを清政府に通告するよう駐清臨時代理公使の小村寿太郎《こむらじゅたろう》に電訓するとともに、大鳥駐朝鮮公使に対し断然たる処置を施す必要ありとして運動開始を命じた。

その指令を受けた大鳥公使や在朝鮮日本公使館は、六月中から内政改革実行を目指して行動していた。内政改革とは政治、法、軍事、財政、警察、交通といった各種制度の整備や改良である。それは、朝鮮の自立・強化策を講じることで清との関係性を弱めさせるという意味を持っており、また改革過程では顧問の採用や借款、技術導入といったかたちで日本の影響力や利権が拡大することも期待された。大鳥は朝鮮に対して内政改革を要求し、これに朝鮮側が日本兵撤退後に自力で改革するとの回答、すなわち事実上の単なる撤兵要求を行うと、強硬策の実行を決意する。七月二〇日に朝鮮政府に対し、在牙山清兵の撤退を清政府に請求するよう求めた。そして回答が不十分であったとして二三日、王宮を包囲、占領し、国王の父である大院君を担ぎ出して新政権を樹立した。

清との関係では、イギリスを介したさらなるやりとりの期限が切れた後、七月二五日に豊島《ほうとう》沖《おき》海戦が行われ、日本軍は朝鮮政府からの依頼というかたちをとって陸上での清軍への攻撃も開始した。日本政府は三一日に日清両国が交戦状態に入ったことを列国に通知し、八月一日付で宣戦の詔勅を発した。

†軍事・財政

ここで、日清戦争をめぐる軍事と財政について簡単にまとめておこう。軍事面で言えば、日本は一八八〇年代以来、軍拡と軍事体制の整備を進めており、これが清との開戦が決断可能となる前提条件であった。そして、実際に戦ってみると、総じて日本側の勝利が続いた。清側には膨大な兵力と巨大な軍艦があり、また李鴻章麾下《きか》の軍隊などはある程度近代化されてもいたが、国家として戦争を遂行する体制が整っていなかった。

日本の対清軍事作戦の根幹は、北京付近で一大決戦（直隷《ちょくれい》決戦）を行い城下の盟《ちかい》を結ぶというものだった。ただし、戦況や季節に応じて具体的な作戦計画は二転三転する。実際の展開としては、海戦に勝利して制海権確保を図り、陸上では第一軍が朝鮮半島から鴨緑江《おうりょくこう》を越えて清領内を進み、第二軍は遼東半島を北上していくこととなった。そして直隷決戦は翌春に持ち越され、冬の間には遼河方面や山東半島の要地を攻略した。戦争最終盤には、台湾西方の澎湖諸島を占領している。

日清戦争を通じて、日本側の戦死・戦傷死者数は千数百人であった。日露戦争などに比べると、ずいぶん規模の小さい戦争のように感じられるかもしれない。しかしながら、最終盤には日本のほぼ全兵力がこの戦争に投入されていた。また日清講和後に長らく続いた台湾平定作戦まで含めると、戦病死者は優に一万人を超えた。戦争の備えができていたとは言いがたい清と戦うので精一杯であったという事実は、戦後の大規模な軍拡を促した。

財政面では、朝鮮への出兵決定からしばらくの間の費用は、数十万円規模の第二予備金、次いで二千数百万円の国庫剰余金が充てられた。そして本格的な戦費の調達としては、九月の衆議院総選挙後、大本営の置かれた広島で一〇月に開かれた臨時議会（第七議会）において、一億五〇〇〇万円の臨時軍事費予算が組まれた。政府は翌年の第八議会でも一億円の追加予算を求め、いずれも全会一致で承認された。もっとも、公債発行でまかなえたのは約一億二〇〇〇万円であり、残りは国庫他部の資金や日本銀行からの借り入れで工面し、最終的には清から得た償金で清算することとなる。

†明治天皇と日清戦争、戦争指導体制

日清戦争をめぐっては、天皇と戦争との関わりというのも興味深いテーマの一つである。明治天皇は、果たして大国の清と戦って勝てるのか、不安だった。開戦直後には、この戦争は不本意であるとして歴代天皇への報告や祈りを行うことを拒んでいる。そして、かつて政府転覆計画に関与した陸奥外相を信用していないこともあって、しばしば伊藤内閣の方針に疑いの目を向けていた。

ただ、明治天皇は、近臣を派遣して聞きとりを行うなど軍からの情報収集にも積極的だった。七月一七日以降は、週二回、大本営会議にも臨席した。八月五日には大本営が宮中に移される。九月半ば、明治天皇ともども大本営が広島に移ってからは、一〇月上旬までほぼ毎日、一時間程度ではあるが大本営会議に臨席し、それ以外の場でも戦況報告や出征先から帰還した軍人の話を熱心に聞いた。開戦過程においても戦時中も、文官に対しても軍人に対しても、とにかく明治天皇は現状がどのようになっているのかを知ろうとした。そして説明にあいまいさや不十分な点があると、鋭くそれを問いただすのだった。

以上のような明治天皇の存在は、伊藤首相による戦争指導を強く支えていた。伊藤は明治天皇の命を受け、七月二七日から大本営御前会議に出席している。明治天皇は、その他にも軍事上の問題についてしばしば伊藤と相談しており、伊藤はそのおかげで軍側の情報を比較的容易に得ることができた。さらに、地位的に軍令部門の長に位置する参謀総長の有栖川宮熾仁《たるひと》親王は明治天皇との関係がきわめて深い人物で、政軍の要職を歴任し国家を支えてきた皇族としての意識が強く、功名心やセクショナリズムとは縁遠かった。

後に昭和期の日本においては政治が軍をコントロールできないというのが深刻な問題になるが、日清戦争時は、首相の伊藤が天皇を中心とする文武両官の協調を訴えながら、実質的に最高指導者として戦争指導を行っていた。多少の例外はあるものの、総じて、政軍関係は政優位の補完関係にあった。軍のなかでは、大本営・参謀本部と出征軍司令官、川上操六と山県有朋、陸海軍間にしばしば対立が生じており、それもまた、一種の調停者として振る舞う伊藤首相の影響力を強めることにつながった。

†講和

九月の平壌、黄海での勝利を経て一〇月に山県有朋率いる第一軍が鴨緑江を越え、大山巌を司令官とする第二軍も金州を攻略するなど戦況が日本の優位で推移するなか、日本政府内では講和条件の検討が進められた。講和条件に関して、最大の問題となったのが領土の割譲だった。それについて陸奥外相は、以下のように説明している。政府内には台湾譲与を求める海軍と遼東半島領有を求める陸軍、そして割地よりも償金を重視する立場があった。在野においては過大な条件を求める声が高く、戦勝の熱狂が社会に充満していた当時の状況では遼東半島割地を条件中に含めることは不可避だった。

たしかに、政府内外の過度の要求は、合意形成に至るまでの陸奥の苦労を増やしたかもしれない。遼東半島の割譲を講和条件に入れなければ、強く批判されただろう。しかしながら、そういったことが主な原因で、陸奥や外務当局、伊藤首相が作成・決定した講和条件が実際の内容になったわけではない。陸奥は、一〇月に講和条件を検討し始めた当初から、清と朝鮮とを引き離すことで朝鮮の独立を担保するという口実で、旅順およびその付近の土地の割譲を要求しようと考えていた。それは、伊藤の従来の東洋政策とも合致する考えだった。陸奥は、戦況を見極めつつ戦勝の対価として取れるものは取るという意識のもと、朝鮮独立の担保という名分もあり、遼東半島割地を講和条件に含めたのである。

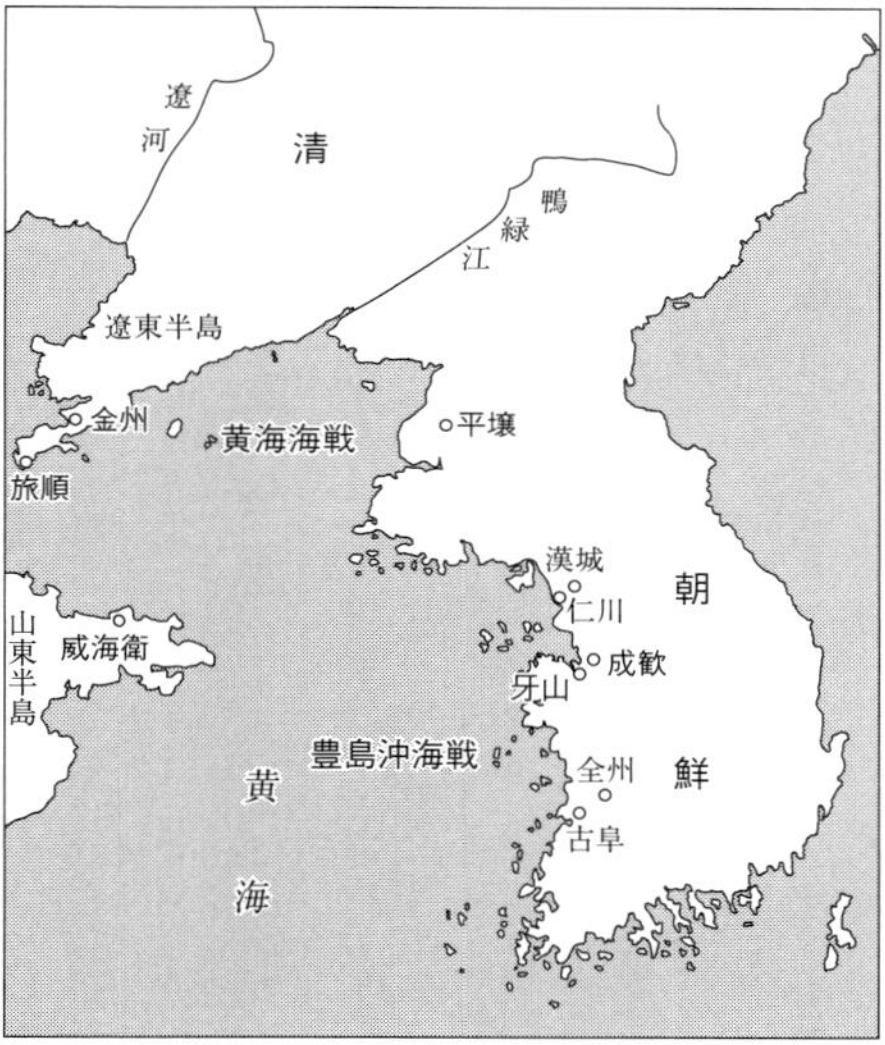

日清戦争関連地図（台湾、澎湖諸島を除く。大谷正『日清戦争』所収地図を基に執筆者作成）

台湾割譲についても陸奥は当初から案の一つとして挙げており、一〇月から一一月にかけて、対清要求条項中に台湾割譲を含めることは政軍有力者にとって半ば既定路線となっていた。

一一月末以降、旅順陥落を機に講和に向けた動きが本格化してくる。清政府は一二月一二日に全権委員派出を表明し、次いで二〇日に張蔭桓・邵友濂の委員任命を通知する。日本政府は広島を会合の地に指定した。ただ日本政府内には、和平交渉に熱心でない清が高官を全権委員に任命せず会合は不調に終わるとの予想が当初から存在していた。結局一八九五年二月二日、日本側は清の代表両名が有する権限は「全権」の定義に適わないとして、談判断絶を通告した。

広島講和談判決裂後、軍事面では直隷決戦への動きが進み、熾仁親王の死後参謀総長となっていた小松宮彰仁《こまつのみやあきひと》親王が征清大総督に任じられ、大総督府の出征が命じられた。他方、和平交渉に関しては清が改めて李鴻章を全権として派出し、三月に下関で伊藤・陸奥と相対した。李鴻章はまず休戦したうえでの交渉を望んだが、日本側が厳しい休戦条件を示したため断念し、直ちに講和交渉を始めることとなった。

そこに、李鴻章狙撃事件が発生する。三月二四日、会談場所からの帰途、李鴻章が撃たれ重傷を負う。通説的には、これを口実に列強から非難や干渉を受けることを恐れた日本政府は、やむなく無条件で清と休戦したとされる。たしかにこの事件は、好条件での休戦、あるいは休戦せずに軍事的圧力を加えながら講和談判を行うという日本側の当初の予定を狂わせた。しかし見方を変えると、日清両国が休戦条約および講和条約に関して妥結するきっかけを生んだ。そして陸奥外相はそのことを自覚して折衝に当たっていた、というのが筆者の見解である。三月二六日、陸奥は伊藤への書簡のなかで、「過日の事変以来天下人心将《まさ》に一変」した状況のなかで、「遠達高明の士は是《これ》に依り天下人心を誘動するの機と存じ候」と論じている。敵愾心にあふれた日本の世論がうわべだけでも李への同情へと移行した機をうまく捉えれば事局全面を一変できる、ということである。

そして実際、三月三〇日に休戦条約、四月一七日に講和条約が結ばれた。ただしその間も、講和条約成立が自明視されていたわけではない。日清の主張の差は容易には埋まらなかった。征清大総督府も、四月一三日に出征となる。しかし最終的には、休戦期限が迫るなかで一七日に講和条約（下関条約）が締結され、朝鮮の独立、遼東半島・台湾・澎湖諸島の割譲、二億両の賠償金、日清間の通商航海条約締結や開港といった通商上の規程が定められた。

†三国干渉と遼東還付

下関条約調印直後の四月二三日、ロシア・フランス・ドイツの公使が東京で林董《ただす》外務次官に面会し、遼東半島の領有を放棄するよう勧告した。三国干渉の発生である。日本は露仏独の意向を探るとともに、三国に対抗するためイギリスなどの助力を得ようとした。しかし十分な回答はもたらされず、領有範囲を狭める妥協案も露仏独三国に拒否される。伊藤首相・陸奥外相らは五月四日に京都で会議を行い、対三国回答案を決定。遼東半島の永久占領を放棄することを約束し、日清間では予定通り八日に批准書の交換が行われた。

開戦から戦争終結に至るまで、日本の政軍指導者は列強が日清間の問題に干渉してくることを警戒し続けていた。ただ、下関条約の調印を終えた時点で、陸奥外相は山場を越えたと思っていた。陸奥は四月二一日まで、日本が抵抗できないような干渉が起こることはないという見立てを示している。

なぜそうした見込み違いが生じたのかと言えば、ドイツの行動が予想外だったからである。列強による干渉と言ったとき、日本政府が気にかけていたのは主にイギリスとロシアであった。東アジアの問題に利害関係の薄そうなドイツが積極的に干渉を推進するというのは想定外だった。そして、ヨーロッパにいる日本の公使たちも、その動きを察知できなかった。

なぜ日本政府は三国の勧告を受け入れたのか、というのも立ち止まって考えてみるべきところである。第一に、三国の行動を、武力行使を伴う強制外交として理解したからであった。日本が勧告を拒絶したからといって三国の武力行使に直結したかは疑わしいが、日本の政軍指導者は戦時中、いつ列強による干渉が起こるかわからない、武力を伴う干渉が行われるかもしれない、と警戒し続けており、そうしたイメージを投影して三国の行動を解釈した。第二に、日本には守るべき利益が他にあったために、三国との戦争は避けるというところを早々に固定し、対三国では妥協的な判断に傾くこととなった。日本の政治指導者、とりわけ陸奥外相は、清が交渉を引き延ばす、合意を履行しないといったことに対して強い警戒感を持っていた。そこで、列強の干渉が実際に起きてしまった以上、それを清の対応に波及させず、朝鮮独立や巨額の賠償金、台湾割譲といった日本の戦勝を反映した講和条約を確実に成立させることが目指された。

三国干渉受諾後、日本政府は遼東半島を清に還付してそれと引き換えに償金を得ようとし、日清間で交渉がおこなわれた。しかしこの交渉は途中から、特に償金額について実質的に日本と三国との交渉となった。多額の賠償金に加えて遼東還付金も支払うとなると清はさらに列強諸国からの資金供給に頼ることになり、列強の東アジア進出が加速すると予想される。だが、西徳二郎駐露公使はロシアが清のためにパリで公債募集したことに関し「生《せい》の考へにては金には故郷なければ何処《いずこ》より出《い》でて我手に入るも差支《さしつかえ》なし」と述べ、陸奥外相もそれに賛同していた。遼東還付条約は一一月八日に締結され、償金額は三〇〇〇万両となり、その支払いが済んだ後に日本軍は撤退し還付が完了する。

†日清戦争と朝鮮、日清戦後外交

最後に、日清戦争時の朝鮮、そして日清戦後の日本外交について触れておこう。日清開戦後、清軍の去った朝鮮においては、朝鮮の戦争協力を定めた日朝間の盟約が結ばれるとともに、内政改革（甲午改革）が行われる。改革の背景にはもちろん朝鮮自身の歴史的経緯や理屈もあったが、日本側はもっぱら、朝鮮の自立化が清への宣戦理由になっているため成果を挙げなくてはならないということを考えていた。そこに、改革過程での日本の影響力拡大という狙いも含まれていたことは、前述の通りである。一八九四年一〇月、大鳥に代わって井上馨が駐朝鮮公使となり、朝鮮国王・政府に様々な改革要領を提示する。

しかし、朝鮮が日本を頼りながら近代化政策を進めるという内政改革構想は、そもそも無理があった。一般的に改革に対しては反発がつきものであり、軍事力を伴った日本がその改革を後押ししているというのも、そうした反発を増幅させた。一一月から東学農民軍が大規模に再蜂起し、日朝の軍隊はこれを鎮圧していく。また、日本が朝鮮に干渉ばかり繰り返し、援助を提供しなければ、朝鮮側に他国を頼ろうとする動きが出るのも自然な流れだった。一八九五年三月頃までに、日本政府は内政改革策の行き詰まりを明確に認識するようになる。

以降、三国干渉もあり朝鮮でロシアの影響力が増すなか、一〇月、井上に代わって駐朝鮮公使となっていた三浦梧楼《ごろう》が閔妃《びんひ》殺害事件を起こし、当然のことながら日本の立場はさらに悪化した。日本と関係が深いと見られていた金弘集政権への反発も強まり、一八九六年に入ると朝鮮各地で暴動が発生する。そして二月、国王高宗が在朝鮮ロシア公使館に移り（露館播遷）、金弘集は群衆に殺害された。

その後日露間では朝鮮をめぐって小村・ウェーバー協定と山県・ロバノフ協定が結ばれ、陸奥宗光・西徳二郎を中心に形成された非同盟・日露協商路線が日本の外交方針となる。それは日清戦争の償金受領完了といわゆる中国分割が重なった一八九八年頃まで続く。そして、桂太郎・小村寿太郎という新たな指導者のもと、一九〇一年からの日英同盟締結過程で明確に異なる路線が打ち出されていくのである。

さらに詳しく知るための参考文献

佐々木雄一『帝国日本の外交　1894–1922——なぜ版図は拡大したのか』（東京大学出版会、二〇一七）……同書第一章を基に本講を執筆した。先行研究の整理や出典、事実関係などについて、詳しくは同書および同「政治指導者の国際秩序観と対外政策——条約改正、日清戦争、日露協商」（『国家学会雑誌』第一二七巻第一一・一二号、二〇一四）を参照されたい。

大澤博明『近代日本の東アジア政策と軍事——内閣制と軍備路線の確立』（成文堂、二〇〇一）……近年の日清戦争研究における重要な著作の一つ。日清戦争以前の日本の軍事政策、東アジア政策について論じている。ただし日清戦争自体に関する著者の研究成果はここには含まれておらず、論文として現在まで発表され続けている。

大谷正『日清戦争——近代日本初の対外戦争の実像』（中公新書、二〇一四）……一般向けに書かれた最近の通史。メディアや社会、各軍事行動といった面を中心に、近年の研究成果を豊富に取り込むかたちでまとめられている。開戦過程など政治・外交面については筆者とは少なからず見解が異なる。

岡本隆司『属国と自主のあいだ――近代清韓関係と東アジアの命運』（名古屋大学出版会、二〇〇四）……日清戦争研究の前提となる東アジア情勢についての知見を提供する一書。より一般向けに書かれたものとして、同『世界のなかの日清韓関係史――交隣と属国、自主と独立』（講談社選書メチエ、二〇〇八）などがある。

古結諒子『日清戦争における日本外交――東アジアをめぐる国際関係の変容』（名古屋大学出版会、二〇一六）……日清戦争を主題とする最近の研究書。同書に含まれる二〇一一年初出の論文で着目した、三国干渉受諾後の展開や日清講和から遼東還付にかけての日本側の戦略性というのは、それまでの研究にほとんど見られない重要な視角である。

斎藤聖二『日清戦争の軍事戦略』（芙蓉書房出版、二〇〇三）……日清戦争中およびその前後の時期における日本の軍事体制について論じたもの。軍事面の基本的情報を提供するとともに、政治・外交面に関しても多々重要な指摘を行っている。

高橋秀直『日清戦争への道』（東京創元社、一九九五）……近年の代表的な日清戦争研究として最も参照されてきた大著。対清協調路線をとっていた日本が開戦に至る過程を描く。ただ、ほぼ単独説に近い部分まで含めて過度に依拠されてきた面があり、ここに挙げた他の研究者の論考なども合わせて読むのが望ましい。

檜山幸夫『日清戦争――秘蔵写真が明かす真実』（講談社、一九九七）……日清開戦過程研究の新潮流の口火を切った著者による通史。一般書の体裁ではあるものの記述の密度が濃く重厚である。日清戦争を専門とする研究者以外はそこまでなかなか手が回らないようだが、著者の研究成果を知るには二〇を超える論文を一通り確認する必要がある。

第17講　日英同盟と日露戦争——最初の帝国主義戦争

千葉　功

†満韓問題に接合しない満州問題・韓国問題

日清戦後の日本政府は、ロシアとは韓国（大韓帝国）問題のみを交渉し、韓国問題の枠内で妥協する方針をとっていた。この方針を大きく転換させるきっかけになったのが、一九〇〇年七月における義和団事件の満州波及とロシアの満州侵攻であった。ロシアの満州占領が韓国における日本の影響力をも危殆《きたい》に瀕せしめると危機感を抱いた外交官たちは、満州におけるロシアの優越権を認める代償に韓国における日本の優越権をロシアに認めさせるという、いわゆる「満韓交換」論へと外交方針を硬化させた。

しかし、伊藤博文・井上馨そして首相の山県有朋といった一般の政治家はそうではなかった。韓国の完全確保という青木周蔵外相の方針に対して、ロシアとの開戦に至りかねないとして井上が猛反発する場面もあった。

結局、山県は青木の擁護よりも速やかな内閣交替を優先して、首相の地位を伊藤に譲った。後継首相の伊藤は青木外交に批判的で、日韓国防同盟・対韓五〇〇万円借款の破棄といった韓国完全確保のために青木が進めてきた政策は破棄された。

一九〇一年一月七日、イズヴォルスキー（駐日ロシア公使）が列国の共同保障下に韓国を中立化する案を加藤高明外相に正式に提議した際も、外交官出身の加藤外相は満州・韓国の同時中立化もしくは満韓交換を要求した。

しかし、三月一五日に開かれた元老会議には、内閣側からは伊藤首相のみが出席したのであり、加藤抜きで「廟議」が決定してしまった。それも、元老会議の決議では満州問題と韓国問題は別々に扱われており、元老ら外交官以外の政治家はこの時点でも満韓交換論へは移行していなかったことが読み取れる。

†満韓交換論への移行と日英同盟の締結

同年四月、エッカルドシュタイン（駐英ドイツ代理大使）が極東における勢力均衡のための日・英・独三国同盟を林董《ただす》（駐英公使）に提議してきた。日英同盟交渉の始まりである。

この後の六月、第一次桂太郎内閣が成立した。外相に抜擢された小村寿太郎が帰国するまでの三カ月間は曾禰荒助《そねあらすけ》蔵相が外相を兼任したが、そのことが後で混乱を引き起こす。

さて、イギリスの同盟に対する態度が曖昧なこの時点では、桂内閣の対露方針も確定していなかった。そのため、九月一一日に会合が首相私邸で開かれ、元老の伊藤・井上・山県と、内閣からは桂首相のみが参加した。この会合で、イギリスないしロシアとダブル・ディーリング（二股交渉）を行うことで合意した。元老・首相とも日英同盟交渉がその後大きく進展するとは予想していなかったし、またダブル・ディーリング自体がイギリスの嫌うところであるとは気づいていなかったのである。

九月、伊藤一行が横浜を出発したのと入れ違いに小村が帰国、外相に任命された。小村は九月一一日の会合に参加しておらず、会合での決定から相対的に自由であったうえに、伊藤出発後、イギリスとの交渉が急速に進展することで、その後元老・首相間で齟齬《そご》を来《きた》すことになる。

一一月六日、ランズダウン外相が具体的な日英同盟草案を林公使に手交し、日本政府としても態度を決定する必要に迫られた。桂や山県は、九月時点のダブル・ディーリング的発想から、とりあえず日英同盟協約の締結を図る考えに変わっていた。イギリスがダブル・ディーリングを嫌い、伊藤のロシア行でさえ疑っているとの情報が林公使からの電報でわかったからだ。

一方、元老のうちでイギリスの警告をそれほど深刻視していなかった井上からの電報に言う日英同盟は慎重に講究すべきだとの意見を、井上のみならず元老の総意と受け取った伊藤は、日露間での意見交換という当初の方針を越えて、日露協商交渉に入る許可を本国政府に求めるに至る。

本国の桂や小村にすれば、伊藤が正式な日露協商交渉にまで踏み込むのは、九月一一日の合意を逸脱するものと思われた。よって、伊藤から日英同盟締結延期と修正案への意見を提示してきたにもかかわらず、伊藤の反対を無視するかのように、一二月七日の元老会議で日英同盟修正案を決定してしまう。

この後、ロシアと予備交渉に入った伊藤と、本国政府の桂との間で電報の応酬があった。途中、誤解もあったが、最終的に伊藤が満韓交換論の立場に立つことを表明したため、対立は終息した。このように伊藤と桂の対立は原則論によるものではなく、意思疎通の不充分によるものといえる。

結局、日英同盟協約は、翌一九〇二年一月三〇日、ロンドンで調印され、即日実施となった(第一次日英同盟)。これは敵国が一国(ロシアを想定)の場合、同盟国は中立を守り、敵国に他の国(フランスを想定)が加わった場合、同盟国も参戦するといった、中立条約と同盟条約との中間形態であった。

他方、日英同盟の圧力もあって、ロシアは四月八日、清朝中国と満州還付条約を調印、三期一年半をかけて満州から撤兵することとなった。

†日露交渉の模索

小村外相は栗野慎一郎（駐露公使）に対して、日英同盟協約調印前の一九〇二年一月二〇日、将来の正式談判の「基礎」となるべき予備交渉を行うよう訓令を与えていた。イギリスの警告によってダブル・ディーリングは放棄したものの、日英同盟交渉と日露協商の「予備」交渉を同時並行的に行うことは既定方針だったのである。

また、栗野の方でも、それ以前の九月頃、独断で、ロシアに対しより宥和《ゆうわ》的な私案をロシア側に提案していた。しかし、満州問題を露清間の問題と考えるロシアにとって、栗野私案ですら過大な要求と捉えられたうえ、対日方針も未確定だったため、ロシア側の反応は鈍かった。

逆にロシアが一九〇三年四月、満州からの第二期撤兵を守らず、撤兵条件を清に提出したことは、日本の態度を硬化させた。四月二一日、無鄰菴《むりんあん》会議が開かれ、元老の山県・伊藤と桂首相・小村外相が会した。会議では、「満韓交換」、それも「日本に有利な満韓交換」（満州におけるロシア権益を制限）を決定した。

この満韓交換とは、桂の自伝によると、満州と韓国という「二つの品物」を日露で分け合うという、露骨な帝国主義的発想であった。

六月二三日には、桂首相・小村外相・山本権兵衛海相のほか、伊藤・山県・井上・松方正義の四元老が出席した御前会議で「日露協商案要領」を決定、無鄰菴会議の方針を具体化した。

†内閣と元老との対立

八月一二日、栗野が日本側提案をロシア政府へ手交して、交渉は始まった。

ロシア側のスタンスは、満州を日本の利益範囲外として韓国問題と満州問題を切り離し、協定範囲を韓国問題に限定し、その枠内で日露が妥協するというもので、韓国の完全確保をはかる日本側にとって承諾し難いものであった。かたや、満州問題はあくまで露清間の問題であると考えるロシア側にとって、交渉のテクニックとして満州における日本の権利を持ち出す日本側提案は到底許容できるものではなかった。

このようななか、一二月一六日に首相官邸で元老会議が開かれたが、内閣側は、「対等な満韓交換」の即時提議を求める元老山県の反対を押し切って、日本側提案（「日本に有利な満韓交換」）への再考をロシアに求め続けることを決定した。

その際、山県は、「対等な満韓交換」の即時提議と同時に、韓国への限定出兵（二個師団程度の派遣）を考えており、それを「武士提刀之談判」と形容した。ただし、出兵をしてもロシアとの戦争には至らないと判断していた。

これに対し、韓国への限定出兵に反対する山本権兵衛海相との間で激論となった。山本の反

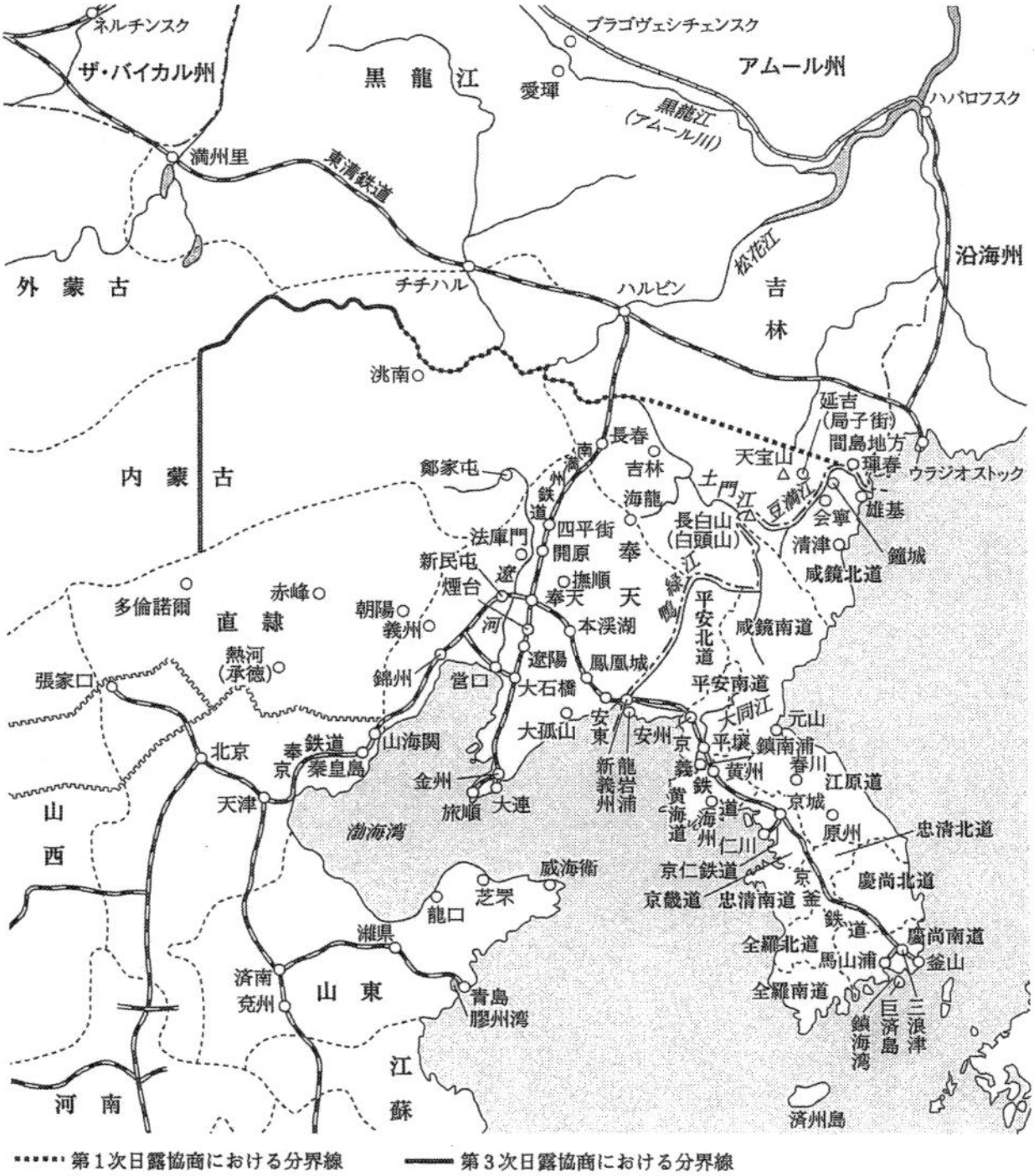

1911 年時点の朝鮮・満州（千葉 2008 より）

対は、①国際関係上、独立国たる韓国への派兵は列国の物議を生じる、②軍事戦略上、対露軍備が完成していない、という二つの理由によるもので、桂首相・小村外相も山本に同調した。

さらに、ロシアから対案が到着した後の一九〇四年一月一二日の元老会議でも、未だ桂・小村・山本ら内閣側と山県とでは意見の一致を見ないどころか、「大ニ論議」され、続く御前会議でも日露交渉を継続する一方、韓国への即時出兵は行わないという内閣側の意見通りに決定した。それでも、山県は韓国への即時限定出兵をあきらめておらず、伊藤も山県に同調した。

以上の元老と内閣の対立の構図をまとめると、次のようになる。元老側には、限定出兵であればロシアとの戦争には至らず、逆にいま漢城に出兵し韓国を確保しないと、韓国がロシアの影響下に置かれるとの判断があった。また、出兵は「対等な満韓交換」の即時提議による交渉中止・一部妥結と同時並行的に行わなければならない。さらに、戦略の鍵を握るのは韓国確保のための陸軍であるとの考えがこれを裏打ちするわけで、当然陸軍関係者はこの考えに同調する。

他方、内閣側には、韓国出兵はロシアとの戦争に至る可能性が高く、その際日本が宣戦布告をせずに韓国占領をすれば、従来の日本の声明（韓国の独立・領土保全の尊重）を明確に破る結果となり、列国における日本の評価が低下するのではないか、との懸念があった。さらに、戦略の鍵を握るのは制海権を得るための海軍であるとの考えがこれを裏打ちするわけであり、海軍関係者はこの考えに同調する。

結局、一月三〇日に至るまで対立は続く。この対立が収束するのは、ロシアからの対案提出が遅れる一方で極東ロシア軍の増強が続くなか、ロシアには永続的日露協商を締結する意思がないとの判断に至ったからである。そして、二月三日にロシアの旅順艦隊が出港したという情報が芝罘《チーフー》領事からもたらされた結果、四日の御前会議で内閣と元老は一致して開戦を決定する。

日本は二月一〇日に宣戦の詔勅を発したが、韓国の安全が危急に瀕したことをもって開戦の大義名分としていた。

†日露開戦と韓国問題の後景化

もともと韓国の完全確保が日本の戦争目的であったから、開戦そのものも韓国で始まる。すなわち、二月八日、仁川港に入った日本艦隊が陸軍部隊の揚陸を行ったあと、翌九日、仁川沖の海戦でロシア軍艦二隻を撃沈した。また、前夜の八日夜から旅順港のロシア軍艦への攻撃も開始されていた。

日本軍は仁川に上陸し、韓国の首都漢城を制圧した。韓国政府は局外中立を宣言していたが、日本は、韓国の中立化の試みを物理的暴力によって蹂躙したのである。このことは、それまで日韓間で交渉が難航していた「日韓議定書」を妥結させるに至った（二月二三日）。日韓議定書によって、日本は朝鮮内における軍事行動と韓国政府の「便宜」供与、「施政改善」の名目による内政干渉の権利を承認させた。

また、日本軍は四月に六個大隊半をもって韓国駐箚《ちゅうさつ》軍を編成し、朝鮮の軍事支配にあたらせた。駐箚軍は次第に増強され、戦争終結後の一九〇五年一〇月には後備兵一個師団半を超す兵力を擁するに至る。駐箚軍は一九〇四年七月には軍用電信線・軍用鉄道を破壊した者を死刑に処する軍律を施行した。さらに、一九〇五年一月には軍律の適用対象を拡大し、日本軍に不利益な行動をする者や、集会・結社・言論等の手段をもって「公安秩序を紊乱《びんらん》」する者も死刑以下に処すると布告した。

一方、朝鮮民衆は植民地化への危機を募らせた結果、日本軍による軍役人夫徴発等に反対する「暴動」が多発した。『朝鮮駐箚軍歴史』によれば、一九〇四年七月〜〇六年一〇月で、軍律による処分者は死刑三五人、監禁および拘留四六人、追放二人、笞刑《ちけい》一〇〇人、過料七四人、合計二五七人に上った。以後、数次にわたって軍律を公布し、死刑を含む厳罰主義と地域での相互監視を強要する「軍律体制」を敷くなど、日露戦争下において、韓国では日本軍が軍事制圧を行い、朝鮮民衆の生殺与奪を握った武断的統治を行ったのである。このように日露戦争は、朝鮮民衆にとってまさに日本軍とのたたかいを意味するものであった。

ただし、日本側からすれば、このような状況ですら不充分であった。五月三〇日の元老会議、三一日の閣議で、「帝国ノ対韓方針」「対韓施設綱領」を決定、「保護ノ実権」を確立する方針を立てた。林権助（駐韓公使）は八月六日から韓国側と交渉に入り、途中、韓国側の強い抵抗を受けたが、八月二二日付けで第一次日韓協約が締結された。

　第一次日韓協約により、①日本政府の推薦する日本人を財務顧問、外国人を外交顧問として韓国政府が傭聘すること（これにもとづいて、前者に目賀田《めがた》種太郎《たねたろう》が、後者にアメリカ人のスチーブンスが傭聘された）と、②外交交渉において日本政府と事前に協議することとを、韓国政府に義務づけた。さらに、軍事・警察・学務などの分野でも日本人顧問を受け入れさせ、彼らを通じて韓国内政に関与していく（顧問政治）。

　また、朝鮮の鉄道を掌握し、通信機関を接収するなど、日露戦争下において朝鮮半島を兵站《へいたん》基地化するとともに、植民地化を進展させていった。

　しかしながら、第一次日韓協約が成立しても、日本の対韓政策を満足させるものではなかった。すなわち、日本が韓国に顧問を送るのは、韓国の保護国化に至る「過渡の時代」としてのものだというのが日本首脳部の見方だった。一九〇五年四月、日本政府は「韓国保護権確立ノ件」、すなわち保護条約を韓国と締結し、外交権を奪って保護国とする方針を閣議決定した。

　このように、韓国の保護国化が現実味を帯び、植民地統治的な側面が強くなるにつれて、韓国問題は日本の外交問題としては後景に退くことになる。

†満州問題の前景化

かたや、満州問題に関して、開戦直後の満州に対する構想はほぼ白紙状態であった。満州からのロシア軍の撤退を実現したとして、戦後の満州保全を担保する方法で最有力と考えられたのが満州の中立化であった。

さて、日露戦争が始まると、戦場は基本的に満州となった。ロシア軍は局所局所で負けつつも、最終的に巻き返す作戦で北方へ退却、日本軍がそれを追撃して北上を続けた。そして、日本軍による満州占領地の拡大という新事態を前に、小村や桂は満州中立化構想から満州勢力範囲化構想へと移行していく。そして、小村が満州勢力範囲化構想を唱えたのに対して、現地満州で占領地軍政を担当した陸軍も呼応したと考えられる。

このように、日露戦争末期には、外交問題としては満州問題が韓国問題に代わって前景に出てくることになったのである。

†日露戦後へ

イギリス側は日英同盟継続と、同盟範囲のインドへの拡張を希望したのに対して、日本側は根本的な協約の性質や範囲を変更することなく、単に条約期限を延長することを希望した。しかし、ロシアのバルチック艦隊が日本水域に近づき、日本の朝野が強い緊張感に包まれるなか、五月二三日の元老会議と二四日の閣議で、イギリスの提案に応じることを決定した。

八月一二日、ロンドンで第二次日英同盟協約を調印、攻守同盟化するとともに、同盟の適用範囲をインドにまで拡大した。こうして、朝鮮とインドの「取り引き（bargain）」の上に、日本は韓国の保護国化に対するイギリスの事実上の承認を期待しうるに至った。

一方、七月二九日に桂・タフト協定が成立した。これは、アメリカによるフィリピン支配と日本による韓国保護国化を相互承認したものであって、韓国保護国化に対するアメリカの言質を必要とする日本と、日本のフィリピン攻撃を警戒したアメリカの思惑が交差した結果である。

これら第二次日英同盟と桂・タフト協定の締結は、日露戦後における多角的同盟・協商網構築の萌芽となる。

さて、五月の日本海海戦によってロシア海軍が壊滅すると、日本側の危惧した戦争の長期化の可能性はほぼ消滅した。このタイミングにおいて、アメリカ大統領ローズヴェルトの斡旋によって、八月一〇日よりアメリカのポーツマスで日露両国は講和交渉に入った。

九月五日調印のポーツマス条約の主な内容は、①韓国に対する日本の指導・保護・監理措置の承認、②中国の同意を条件として関東州租借地と長春・旅順間鉄道の日本への譲渡、③南樺太の日本への譲渡、④沿海州沿岸における漁業権の日本への許与などであった。これらは、日本軍が日露開戦直後に韓国のほぼ全土を占領し、かつ鴨緑江を渡河、北上して満州南部を占領して休戦した状況を反映するものであった。すなわち、樺太北部以外の既成事実に関しては、ロシアが承認したことを意味する。

小村がアメリカから帰国した翌日の一〇月一七日の御前会議において、ポーツマス条約の規定を実施する順序として、清をして日本の満州経営方針を承認させるとともに、韓国を日本の保護下に置くため、それぞれ条約を締結する方針が決定された。

一一月一七日、日本軍が漢城市内に出動するなか、特派大使である伊藤の臨席のもと、林公使と朴斉純外相との間に条約を調印した。これが第二次日韓協約（乙巳《いっし》保護条約）である。この協約によって日本は韓国の外交権をすべて簒奪し、統監府を設置することが可能となった。ここに、日本は韓国を名実ともに保護国としたのである。保護条約により韓国の外交権は日本外務省の掌握下に置かれるようになった。

一方、日中交渉は一一月一七日に始まったが、ポーツマス講和会議以上の難航の末、一二月二二日、満州に関する日清協約（北京条約）が締結された。日本は、ポーツマス条約第五・六条を中国政府に承諾させるとともに、付属協定において南満州における新たな開市、安奉鉄道経営権の取得、満鉄並行線の敷設禁止などの新たな諸権益を中国政府に認めさせた。

以上述べてきたように、日露戦争休戦時点での韓国・満州の現状を反映したポーツマス講和条約が締結されると、日本は第二次日韓協約で韓国の保護国化を断行するとともに、北京条約でロシアからの満州権益の譲渡を中国政府に承認させた。こうして、日露戦後における日本外交を取り巻く環境が出そろったのである。

さらに詳しく知るための参考文献

千葉功『旧外交の形成──日本外交一九〇〇〜一九一九』(勁草書房、二〇〇八)……本講執筆者による一九〇〇〜一九年の日本外交史研究。

和田春樹『日露戦争──起源と開戦　上・下』(岩波書店、二〇〇九・一〇)……冷静崩壊後、ロシアのアーカイブズにアクセスすることが可能となったが、それによって生まれた成果。

森山茂徳『近代日韓関係史研究──朝鮮植民地化と国際関係』(東京大学出版会、一九八七)……韓国併合にいたる過程を国際関係の中に位置づけて分析した研究。

古屋哲夫『日露戦争』(中公新書、一九六六)……少し前の研究ではあるが、新書版で日露戦争について一通り知るには最適の書。

Ian H. Nish, *The Anglo-Japanese alliance: the diplomacy of two island empires, 1894-1907* (London: Athlone Press, 1968) ……イギリスにおける日本外交史研究の泰斗による日英同盟研究。

第18講

植民地経営の開始——統治形態の模索と立憲主義

日向玲理

明治憲法と領土

一八九五（明治二八）年四月一七日調印（五月八日発効・一三日公布）の日清講和条約によって、日本は台湾を獲得した。これにより日本は初めて植民地統治を行うこととなり、「帝国」への階段を登りはじめた。その際政府・帝国議会では、日本の領土に組み込むのか、植民地として統治するのか、新領土に憲法を適用するのか否か、などが議論された。

そもそも、明治憲法は、その制定時において新たな領土への施行は想定されていなかった。したがってこのとき台湾統治における天皇大権は、憲法の拘束を受けないという理解がある一方で、天皇大権は憲法に規定されており、大権により台湾が統治されるのであれば憲法は台湾に適用されるとの解釈もあった。前者によれば政府は、議会の協賛を得ることなく台湾統治が可能であり、後者によれば政府は、台湾統治に関する議会の論議を無視することはできないことになる。第二次伊藤博文内閣は、宗主国の法律や制度を植民地に適用するフランス型の「内地延長主義」ではなく、植民地を宗主国とは別なものとして統治するイギリス型の「特別統治主義」を採用した。

伊藤内閣で設置された台湾事務局では、台湾総督の資格をめぐって、伊東巳代治《みよじ》総務部委員（内閣書記官長）、山本権兵衛軍事部委員（海軍次官）、原敬外務部委員（外務省通商局長）らは、総督の任用範囲を文官にまで拡大しようとした。しかし、川上操六台湾事務局副総裁（参謀次長）の反対もあり、議論は紛糾し議決に至らなかったため、明治天皇による勅裁を仰ぐことになった。その結果、台湾総督は陸海軍の大・中将に限定され、軍隊統率権のほか行政権や立法権などの強大な権限が付与された。

これ以降、植民地の統治方針や総督の文武官制をめぐって様々な議論が展開される。本講では、明治期における日本の版図の拡大と権益の拡張をめざすなかで展開された特別統治をめぐる議論に注目して概観していきたい。

†台湾の統治

台湾領有から約三ヵ月、一八九五（明治二八）年八月六日「台湾総督府条例」により占領地統治が軍政から民政へ移行し、あわせて立法制度確立の声が高まった。伊藤内閣は、「台湾ニ施行スヘキ法令ニ関スル法律案」を第九帝国議会に提出し、議会と妥協の末、時限立法として承認をとりつけた（明治二九年三月三一日法律第六三号、六三法）。総督は六三法に基づき「律令」を発する権限が与えられ、内地と異なる法域が成立することとなった。しかし、内地の法律が勅令により台湾にも適用される場合もあり、日本帝国内に法律上の格差と統合の複雑な関係が生じた。本法は、以後五〇年にわたる日本の植民地統治の法制的根幹となっていく。このように、日本の台湾統治は「特別統治主義」を原則としながらも、領土の一部として憲法や内地の法律が部分的に適用される点で「内地延長主義」ともいえ、二面性を有していたのである。

一八九六年五月、伊藤や高島鞆《ともの》之助《すけ》拓殖相は、樺山資紀《かばやますけのり》の後任総督に就任するよう、桂太郎に求めた。戦時の余韻が残る台湾での統治は、桂にとって自らの行政手腕を他の政治家に知らしめる絶好の機会であった。六月二日、桂は台湾総督に任命され、七月に台湾統治意見書を作成した（『桂太郎自伝』）。そこでは、まず、桂は統治の要点を「内ニシテ殖産興業以テ富源ヲ開発シ、外ニシテハ台、澎ノ地勢ニ拠テ国勢伸張ノ他アラサルナリ」と断言した。台湾を立脚地として華南において日本の勢力扶植を図り、朝鮮半島と同じ水準にすることが緊要だと主張した。また、日本にとって、日清戦争以前は日本海の安全が第一だったが、情勢の一変した日清戦後は、東・南シナ海沿岸の各地に向けて進取の計画を立てることが必要だという。この方針に基づき、桂は①行政機関の拡充、②警察力の拡充、③衛生行政の伸張およびアヘン処分、④航海拡張、⑤鉄道・道路・港湾の建設、の五点を挙げた。桂の方針は、経済力と軍事力の均衡を保つものであった。桂の発想は、特別統治主義に近く、強大な権限を付与された総督が統治することを当然視していた。桂はこの計画を実施する前に陸相就任のため総督を辞任するが、これら計画の大要は児玉源太郎・後藤新平へと受け継がれた（千葉二〇一二）。

桂の後任として、一八九六年一〇月一四日に、乃木希典《のぎまれすけ》が台湾総督に任命された。乃木は殖産興業や法令の制定よりも「新領土に於ける腐敗の空気」を一掃すべく官紀粛正を優先し断行したため、官吏との対立を招き、翌年一一月七日に辞職した。

一八九八年二月、児玉総督と後藤民政局長（のち民政長官）が誕生すると、安定的な統治が実施された。このとき、六三法が初めて期限を迎え、第一三議会で議論されることになった。伊沢修二（元台湾総督府学務部長、貴族院議員）は、特別委員会で、台湾総督府評議会の「属僚会議化」（当初は総督、民政長官、軍務局長ら勅任官級で構成されたものが、民政長官と各課長らの奏任官級の会議体へと形骸化したこと）を指摘するとともに、時限法として成立した六三法の期限延長を不可とし、同法案の撤回を主張した。しかし、貴衆両院での議論の末、施行期限の延長は、当面統治の実際上やむをえないと判断された。

その後、六三法の二度目の期限が近づくと、第一次桂太郎内閣は、第一六議会に期限延長案を提出した。議会における攻防の末、再度三年間の延長が決定された。衆議院特別委員会に出席した児玉は、延長満期後には本法の継続案を提出せず、台湾統治に関する立法制度を確立すると明言した。

児玉はできるだけ台湾人を「皇化」させ「真ノ忠義ノ民」に導くことと、「富源」の開発を目標に掲げた。また、児玉は南進論の観点から、台湾を「軍事我帝国ノ努力ノ南ニ及ブノ立脚地」と認識しており、桂との共通点が見いだせる。しかしながら、児玉は台湾民族の「固有ノ性質」が「真ニ忠良ナ民」に変化し、「徴兵ノ義務」を負い、多方面に「其羽翼ヲ伸スト云フ時代」が訪れるのは「二世期〔紀〕」も先だと述べるように、統治の現実を語った（「明治二九年法律第六三号中改正法律案委員会会議録」明治三五年二月二五日）。

児玉源太郎

一九〇五年の第二一議会では、六三法の代替法案に関心が集まった。しかし、日露開戦にともない児玉が満州軍総参謀長として出征したため、六三法の解決は一時棚上げとなった。桂内閣は、三度目の期限延長案を第二一議会に提出した。この議会での議論は、その後の台湾統治の基本姿勢を鮮明にした点で重要である。大石正巳《まさみ》が台湾を「日本本土」あるいは「殖民地」のいずれと見るのかと問い、桂は「無論殖民地デアリマス内地同様ニハ往カヌ」と答弁した。領有から一〇年目にして、統治の基本原則が特別統治主義と明示されたのである（「明治二九年法律第六三号ノ有効期間ニ関スル法律案委員会会議録」明治三八年二月一八日）。「明治二九年法律第六三号ノ有効期限ニ関スル法律」（明治三八年三月七日法律第四二号）が成立し、六三法の期限は、日露講和条約締結後の翌年とされた。

第二二議会では、新たな統治法制のあり方が主要議題となった。一九〇六年一月、第一次西園寺公望内閣が成立し、内相に原敬が就任した。三月一九日、西園寺内閣は「明治二九年法律第六三号ニ代ルヘキ法律案」を貴族院に提出した。その要点は①台湾における法律事項は従来の総督命令に代えて中央政府から発する勅令で規定すること、②緊急の場合、命令の条文を除くこと、③台湾総督府評議会の規定を削除すること、④従来のように法律の有効期限を付さないことであった。原は「律令原則主義」から「勅令原則主義」へと植民地立法原則の転換を図ろうとしたのである。その目的は、総督の権限を縮小し、主務大臣の責任を増すことにあった。原は台湾の現状に鑑み、すぐさま「内地延長主義」を採用したわけではないが、この試み自体は、彼が理想とする「内地延長主義」に近づけるための第一歩であった。

この制度改革の試みは、植民地権力の内地化をきらう陸軍や総督府勢力の反対などにより挫折した。他方、衆議院では、政府の軽率・不誠実を非難する討論が行われたが、議論の末、「台湾ニ施行スヘキ法令ニ関スル法律」（明治三九年四月一一日法律第三一号、三一法）が成立した。

三一法は六三法の立法精神を継承しつつも、律令の効力を法律、勅令の下位に置くこと、形骸化した台湾総督府評議会の議決を不要としたこと、有効期限を五年間とすることが規定された。なお、六三法と継続法の三一法に抜本的改正が加えられるのは、原内閣における「台湾ニ施行スヘキ法令ニ関スル法律」(大正一〇年三月一五日法律第三号、法三号)まで待たなければならない。

†関東州租借地の経営

近代日本は強い対外的危機意識から出発したが、日露戦争の勝利によって日本の独立を脅かす国はなくなり、維新以来の課題に一つの区切りをつけ、大国の一員としての地位を確立した。日露講和会議の結果、二つの重要な利益が日本にもたらされた。第一に日本にとって安全保障上の懸念であったロシアを朝鮮半島から排除したこと、第二に南満州の鉄道・鉱山・森林の三大利権を獲得し、日本の勢力圏として南満州を組み込んだことであった。これにより、日本は朝鮮半島の防衛を容易にする緩衝地帯を得たのみならず、鉄道権益に加え、経済市場も獲得した。しかし、同時に、明治政府の為政者たちは、本来の戦争目的ではなかった関東州や南満州鉄道の獲得によって、それらをどのように経営していくのかで頭を悩ますことになった。

講和会議出席のため小村寿太郎が日本を留守にしていた一九〇五(明治三八)年一〇月一二日、桂とアメリカの鉄道王ハリマンとの間で、予備協定覚書が交換された(桂・ハリマン協定)。

これは、元老の井上馨が提唱した南満州の日米共同勢力範囲化構想に基づくもので、満鉄を日米共同で出資・管理するというものだった。しかし、同月一六日にアメリカから帰国した小村は、日本が独占的に満州経営を進めるべきだとし、桂・ハリマン協定を破棄させた。

二七日の閣議で、講和条約の規定を実施する順序として、清国に日本の権益を承認させるための条約締結方針が決定された。その準備を進めていたところ、日本は中国ナショナリズム（日本への警戒感と利権回収熱の高揚）の台頭に直面した。こうしたなか、中国との交渉は、北京で一一月一七日に始まり、難航の末、一二月二二日に「満州ニ関スル日清善後条約」（北京条約）が締結された。この条約で日本は、ロシアから南満州の権益（旅順・大連の租借権、長春以南の東清鉄道南部支線の経営権）の継承を清国に承諾させた。

さて、満州で軍政を続ける日本に対して、列国から開放時期への問合せが相次いだ。こうした事態に対応するため、一九〇六年五月二二日、伊藤は「満州問題ニ関スル協議会」を開催した。参謀総長の児玉は「兵力の運用上の便利を謀り陰に戦争の準備」を行うとともに、「鉄道経営の中に種々なる手段を講ずる」という積極的満州経営論を唱えた（児玉源太郎「満州経営に関する意見書草稿」）。それに対し、伊藤は関東州租借地を清国に返還し、軍政を撤廃するという方向性を示した。伊藤の攻撃にさらされた児玉を山県ら陸軍関係者は誰も擁護しなかったため、会議は伊藤の案でまとめられた（小林一九九六）。

しかし、積極的な大陸政策の終焉を意味するわけではない。それは、児玉の遺志を継いだ初代満鉄総裁後藤新平の登場と第二次桂内閣の誕生によって着手される。そもそも、満鉄は単なる鉄道会社ではなく、鉄道付属地行政（教育、衛生、学術といった「文事的」な事業も含む）をも担う特殊な国策会社であった。後藤は、部下で二代総裁の中村是公《よしこと》とともに、全線の国際標準軌化や大連・奉天間の複線工事、撫順線《ぶじゅん》、安奉線《あんぽう》改築工事を実施し、輸送量の強化に全力を挙げ、満鉄の経営基盤の確立を実現していく。

日露戦後の満州は、関東都督府、領事館、満鉄のいわゆる三頭政治の状況で経営の主導権が争われていた。この状況が生まれた根本的な要因は、日本の領土ではない純然たる清国の領土で植民地経営を行おうとすることにあった。こうしたなかで、元老（伊藤・山県）や政党（政友会の西園寺・原）の総意で、後藤が満鉄総裁に就任することになった。彼らが後藤を推したのは、その辣腕《らつわん》による満州の三頭政治の打破と「自営自立」の実現に期待したからであった。後藤は満鉄総裁と関東都督府および台湾総督府の顧問を兼ねることで、この期待に応えようとした。

台湾総督府民政長官であった当時の後藤は、満鉄経営を基軸に「殖民経済の原則」の理念を掲げ、韓国へ「一定の資本を注入して経営」することを考えていた。それは「満韓殖民政策」として「巨大の移民」と「日新技術の輸入」を図ることで「満韓に十二分の根拠地」を確立するという構想であった（明治三九年五月二五日付児玉源太郎宛後藤新平書翰）。この実現のため後藤は

「満州鉄道経営を主として都督行政を従」とし、関東都督の政策に「参与」できるよう関東都督府顧問への就任を切望した（『原敬日記』明治三九年八月一二日条）。さらに、台湾総督府顧問を兼任することで、後藤は台湾・満州・韓国における自身の一貫した方針のもとでの植民地経営を実践しようとしたのであった。

ちなみに原は、外務省主導による関東州租借地の管理と満鉄の経済的機能の強化を重視していた。後者の点では、後藤の考え方との共通点もあり、原は後藤の顧問就任を「武人政治は是れにて一頓挫」したと記した（同上）。

ところが、第一次西園寺内閣が発足すると、後藤の満鉄中心主義は、中央官庁の介入や大蔵省の収支均衡政策によってその全面的な展開が阻まれた。後藤は、満鉄と都督府の融合を図ることで中央政府に対抗しようと試みた。

次いで、第二次桂内閣が成立した。その政綱には、台湾・樺太・韓国・満州に関わる事務や拓殖移民事務を担当する専任省として、拓殖務省の設置が掲げられた。しかし、新省の急造は難しいため、当面の措置として満鉄を逓信省の管轄にして、後藤を逓相に任命した。さらに、一二月には鉄道院を設置し、後藤が鉄道院総裁を兼任した。拓殖行政の中心機関として期待された拓殖務省は、拓殖局に縮小され、首相直属の機関として一九一〇年六月に設置された。総裁は桂、副総裁は後藤がそれぞれ兼任した。もともと後藤は児玉源太郎との関係が深く、桂との関係はそれほど親密ではなかったが、児玉亡き後、後藤は桂に歩み寄る。逓相・鉄道院総裁時代の後藤は所管の鉄道問題に加え、台湾総督府の人事など植民地統治に関わる問題についても積極的に桂へ献策している（千葉二〇一二）。

一九一二（大正元）年、第三次桂内閣で後藤は、満州で分立する奉天総領事・関東都督府民政長官・満鉄総裁を兼任させ、その下に領事を置くという、満州行政機関の統一構想を抱いていた。後藤は満鉄総裁就任当初から常に三頭政治の克服と植民地統治の整合性を図ろうとしていたのである。しかしながら、総じていえば、桂・後藤の積極的大陸政策路線、とくに満州経営は中途半端に終わったとする見方もある（小林一九九六）。

†南樺太の統治

日露戦争末期の一九〇五（明治三八）年八月一日、日本軍はサハリン島を占領し、軍政下に置いた。日露講和条約によってサハリン島の北緯五〇度以北はロシアに還付され、南樺太は正式に日本領となった。先住民を残してロシア人が姿を消す一方、南樺太の日本人が人口の圧倒的多数を占めるようになるという民族構成の変化は、日本政府による属領統治制度の策定において重要な前提となった。

同年八月、「将来ノ財政計画」や「拓殖政策」の基礎となる殖産上の調査の目的で樺太民政署が設置された。第一次西園寺内閣は、南樺太の統治制度の立案に着手したが、なかなか結論は出なかった。原内相が「大体内地同様」として「普通行政組織」を主張したのに対し、寺内正毅《まさたけ》陸相は「台湾の小形」的な方式を提案したため、閣議での議論は平行線だった。この対立の背景には、新たな統治機構をめぐる勢力争いと権限の問題が基底にあったとの指摘もある（塩出二〇一五）。

寺内の「樺太庁官制案」の骨子は、長官に陸軍中・少将を充てること、長官が樺太駐箚の陸軍部隊を統率すること、内相の指揮監督を承け諸般の政務を総理することとされた。寺内は原が不必要とした樺太庁特別会計を提案した。これを原は「台湾占領の始における如く陸軍専横を極め」ること（台湾総督府が武官総督制や律令制定権によって陸軍の権力基盤となっている状況）を懸念したがゆえに認めなかった（『原敬日記』明治三九年七月二日条）。

他方で、原と寺内の方針は、必ずしも不一致の点ばかりではない。まず武官専任制の必要について、寺内は樺太を「内国と遠隔し且外国と境を接する新領土」と位置づけ、長官に「文武の権限」を与え、「其威厳」を高めることで、「統治上の便」を図るとともに、警備を確実にするためと説明した。一方、原は当初から樺太守備隊司令官の樺太庁長官兼任を可能としていた。

台湾総督の律令制定権に当たる権限を樺太庁長官に与えるか否かの問題で、寺内は本国の法律を「漸《ぜん》を以《もつ》て其の全部又は一部」を勅令によって施行することを原則としていた。これは、現行法令の同地での施行には「特別の規定」を要するという原の考え方と大差がなかった。一九〇六年一二月、西園寺首相の調停で樺太庁官制の大枠が決定した。翌年、樺太庁官制をはじめとする諸法令によって南樺太に新たな統治制度が設けられたのである。

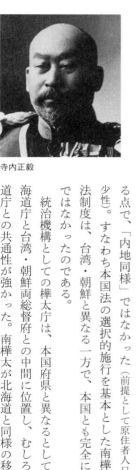

さて、台湾・朝鮮総督と樺太庁長官との重要な違いの一つに法令権限に関する問題がある。一九〇七年三月一五日、原は衆議院で、新領土の南樺太に内地の法律をそのまま施行することは現状ではできないと述べた。貴衆両院での議論を経て、「樺太ニ施行スヘキ法令ニ関スル法律」（明治四〇年三月二九日法律第二五号）が成立した。これにより、内地の法律の全部または一部を樺太に施行する場合は、勅令によるとされた。

寺内正毅

それは、南樺太の法制度は台湾と異なり、本国法の選択的施行を通じて本国に準ずるとされる点で、「内地同様」ではなかった（前提として原住者人口の寡少性）。すなわち本国法の選択的施行を基本とした南樺太の法制度は、台湾・朝鮮と異なる一方で、本国とも完全に同じではなかったのである。

統治機構としての樺太庁は、本国府県と異なるとしても北海道庁と台湾・朝鮮両総督府との中間に位置し、むしろ北海道庁との共通性が強かった。南樺太が北海道と同様の移住植民地として位置づけられ、原住者支配が主たる課題とならなかったため、樺太庁は両総督府とは異質な組織となった。一九一一年に第二次西園寺内閣は、行政整理の一環として樺太庁を廃止し、北海道庁の一支庁として改組し、南樺太を本国へ編入した。

†朝鮮の統治

清国とロシアを破った日本は、朝鮮半島と満州への進出を本格的に開始した。一九〇五(明治三八)年に日本は第二次日韓協約を締結し、韓国の保護国化を断行した。一二月二一日に初代韓国統監に就任した伊藤博文は、韓国の既存の秩序や価値観を可能な限り尊重しつつ、漸進的に文明国への転換を図ろうとしていた。さらに、伊藤は、文官として自ら軍隊指揮権をもち、軍の統制と運用を図り、韓国統治の軍政色を一新し、民政化を促進しようともしていた。反日義兵闘争における暴徒鎮圧の際にも、伊藤は日本陸軍の過度な行動を抑止し、韓国の良民に危害を加えないよう訓戒を与えた(瀧井一博『伊藤博文——知の政治家』中公新書、二〇一〇)。

一九〇七年七月二四日に、第三次日韓協約が締結された。日本は韓国の保護国化を完成させ、実質上の「併合」ともいうべき状況を創出した。このとき伊藤が危惧したのは、韓国民衆の動きであった。純宗の詔勅で韓国軍隊の解散が命じられると、一部の民衆が蜂起した。この義兵運動は漢城から全国へと広がり、韓国併合までに日本軍と義兵との衝突回数は二八一九回、義兵死亡者数は一万七六八八人といわれている（原田敬一『日清・日露戦争』岩波新書、二〇〇七）。

日本は一九〇七年の日露協約を通じて朝鮮半島における日本の優位を確認するとともに、列強への根回しにも腐心し、将来の併合に向けての事実上の黙認を得ていた。四二年の春頃から併合の具体的な政治日程が討議された。七月六日に第一次西園寺内閣で「対韓政策確定ノ件」が閣議決定され、「適当ノ時期ニ於テ韓国ノ併合ヲ断行スル事」が既定の路線となった。しかし、「断行」の時期に関しては、漸進論者たる伊藤と山県・桂・寺内らの積極派との間で一致していなかった。

一九〇九年一〇月二六日に伊藤が暗殺されると、この状況は一変し、併合への動きを加速させた。翌年五月三〇日に第三代総監として寺内正毅が就任すると、併合の準備を着々と進めていった。寺内は「条約ヲ締結シタ方ガ将来ノ韓国民ハ指導啓発スル為ニモ、我国民ト融和同化ノ為」にも適切だと判断した（「第二七帝国議会衆議院予算委員会議録」明治四四年一月二六日）。桂内閣は、六月三日に「併合後ノ韓国ニ対スル施政方針決定ノ件」を閣議決定した。その後、寺内は七月二三日に漢城に入り、李完用首相に併合に関する覚書を示した。八月二二日に「日韓併合ニ関スル条約」が締結された（二九日公布・施行）。これにともなって国号が廃され、あらためて地域的な呼称としての「朝鮮」が使用されることとなった。朝鮮総督府が設置され、韓国統監の寺内がそのまま初代朝鮮総督に就任した。

併合後の朝鮮統治は、ほぼこの方針にそって進められた。桂が寺内に宛てた書翰からは「武装」（治安維持）だけではなく、「物質的進歩発達せしめ、側ら精神的混化を量る」ことで、朝鮮統治の安定化を図るという植民地支配における精神的同化主義の意識が読み取れる（明治四五年四月三〇日付桂太郎発寺内正毅宛書翰）。

次に、帝国議会における朝鮮統治をめぐる議論をみていく。寺内は日本と朝鮮の関係を「幾多ノ紆余曲折」があり、「悉《コトゴト》ク日本人ヲ歓迎」していないという。それゆえ、寺内は「努メテ将来ノ和合同化」と「融和ノ処置」を掲げ、政治や人心に「激変」を与えず、生命・財産の保護に努めたいと表明した。かねてから懸案となっていた同化の問題については、「韓国民ノ順当ニ進歩発達シ我ガ国民ト同化スルヤウニ方針」を立てるという。これらを実現するため、寺内は朝鮮各地方の視察を行い、朝鮮の有力者や外国人宣教師などにも朝鮮の施政方針を説明している（前掲会議録）。

この寺内の漸進的に日本との同化を図ろうとする方針とは別に、朝鮮における「武断政治」という問題が議会内で顕在化した。これは憲兵警察制度、言論・集会・結社の制限、新聞統制、会社令（朝鮮総督府設立による許可制度）など朝鮮での活動を著しく制約するものであった。大石正巳によれば、駐在の領事や宣教師らは、朝鮮の現状を「民政ヲ仮装スル軍政」だと憂慮しているという。これに危機感を抱いた大石は、「サーベルヲ抜イテ、人ノ首ヲ斬ル」という意味だけでなく、「公議」（帝国議会）に諮るべきことを総督の「専断」によって行うという非立憲的な立法精神や姿勢そのものが武断政治だと厳しく批判した（前掲会議録）。

さて、六三法の問題は朝鮮にも関わる問題へと拡大していた。前述の施政方針には、朝鮮に当分の間、憲法を施行しないと明記され、六三法にならい総督には大権の委任により法律事項に関する命令を発する権限を与えると盛り込まれていた。朝鮮版六三法である「朝鮮ニ施行スヘキ法令ニ関スル件」（緊急勅令第三二四号）は、併合条約と同日に公布された。同令は第二七議会での承認が求められたが、衆議院はそれを拒否し、その効力を失うこととなった（明治四四年勅令第三〇号）。しかし議会が反対する理由は、朝鮮総督に対する制令制定権を緊急勅令の形式で与えることが「憲法ノ常規ニ戻リ又立法権ヲ重ムスル所以ニアラズ」とするところにあった。花井卓蔵（弁護士・衆議院議員）は「立法府ノ司ルベキ立法権」が、政府によって「侵サレタル儘」では「立憲政治ノ面目」がつぶされることを憂慮した。彼は「憲法ノ条規」に基づく「正則ノ立法」を行い、「立憲政治」の「生命」を失わせないために、同様な内容を〝法律〟で規定する「朝鮮ニ施行スヘキ法令ニ関スル法律案」を提出したのである（「朝鮮ニ施行スヘキ法令ニ関スル法律」明治四四年法律第三〇号として成立）。

ここに、台湾総督の律令制定権と朝鮮総督の制令制定権の付与が確立した。台湾の法律第三一号と朝鮮の法律第三〇号の相違は、前者が五年間の時限法であるのに対し、後者は時限を付さない「永久法」として成立したことであった。寺内は台湾を参考にしつつも、「朝鮮ノ特殊ナ地位」を強調して一層強力な統治体制の確立をめざしたのである。

†明治期の植民地統治

日本の植民地経営は、法制的・政治的には明白に異域、植民地でありながらも内地化をめざすという、現実と理念の二面性が常につきまとうことになる。朝鮮総督府は、戦略上の重要性のため植民地のなかで別格とされた。これに対し樺太は、日本との近接性と日本人移住者の多数性ゆえに早くから法制的・政治的な内地化が進んだ。大正期以降は、現実と理念の二面性の解消をめざして、植民地統治が行われていくことになる。

対外関係の面からいえば、明治期日本は、できるだけ列国の了解を取りつけながら、朝鮮や満州に進出した。台湾、南樺太、朝鮮統治においては、文明国として文明的な施策を心がけて実施していたため、諸外国からは異論を唱えられなかった。他方で日本の満州への進出は、米国からしばしば牽制を受けたが、明治期においては満州問題も大きな紛争に発展することはなかった。

植民地経営での人材の育成や輩出という面では、児玉源太郎、後藤新平、新渡戸稲造をはじめ台湾で実力を発揮した人材が後に大陸経営や中央政治で頭角を現していく。また、彼らのもとで勤務していた官吏も植民地・租借地での外地行政の経験を積んでいき、内地と外地の交流がはじまっていく。

植民地・租借地経営の理念は、「文明」的かつ漸進的な日本との同化（内地延長）であり、この点は明治の指導者たちの認識も同様であった。しかし、現実的に植民地を内地と同じ法制で統治することは、時期尚早との判断も同時に存在した。

このように明治期における植民地・租借地統治方針をめぐる議論は、内地延長主義か特別統治主義の選択かという単純なものではなかった。日本との異質性を強調し、特別統治方針を掲げ、できるだけ帝国議会の掣肘を受けまいとする内閣に対し、貴衆両院の議員たちは、立憲主義に基づく統治や立憲的な立法精神への回帰を常々激しく求め続けた。明治の指導者たちは、文明主義、立憲主義、帝国主義という時代精神のなかで、それぞれを共存させて植民地・租借地統治を実践していかなくてはならなかったのである。

さらに詳しく知るための参考文献

日本植民地研究会編『日本植民地研究の現状と課題』（アテネ社、二〇〇八）……これまでの植民地研究の成果と課題が詳細に記されている。それぞれの項目で多くの参考文献が紹介されており有用な文献。本講執筆に際しても大いに利用した。

簑原俊洋・奈良岡聰智編著『ハンドブック近代日本外交史』（ミネルヴァ書房、二〇一六）……日本外交史上の主要事件が「背景・展開・意義」に即して明快に叙述されており、当時の日本外交を取り巻く環境（項目によっては内政も）を知ることができる。植民地に関する指摘は要点が整理されており参考になる。

北岡伸一『日本陸軍と大陸政策——1906—1918年』（東京大学出版会、一九七八）……大陸政策の展開と陸軍の政治的独立の両過程を詳細に検討した著書。いまなお古典としての価値を失わない。同著者による他の論考も重要。

小林道彦『日本の大陸政策——1895—1914 桂太郎と後藤新平』（南窓社、一九九六）……日清戦後から大正政変期の日本の大陸政策が国内の政治過程と密接に関連していることを明瞭に分析した著書。本講の記述に際しても大いに参照した。同『桂太郎』（ミネルヴァ書房、二〇〇六）、同『児玉源太郎』（ミネルヴァ書房、二〇一二）も参照。

千葉功『桂太郎——外に帝国主義、内に立憲主義』（中公新書、二〇一二）……桂太郎の史料集を編んだ著者が記した評伝で、桂を知るための必読書。

加藤聖文『満鉄全史——「国策会社」の全貌』（講談社選書メチエ、二〇〇六）……単なる満鉄の通史ではなく、大陸政策史研究としても読める。

塩出浩之『越境者の政治史——アジア太平洋における日本人の移民と植民』（名古屋大学出版会、二〇一五）……北海道、樺太、ハワイ、満州、朝鮮、台湾、南北アメリカへの「日本人」の移動と国籍、市民権、参政権をめぐる政治過程に着目した研究書。本講では樺太に関する叙述を大いに参照した。

第19講

桂園時代——議会政治の定着と「妥協」

原口大輔

†「桂園時代」とはどんな時代か？

「明治三十六年より、明治四十五年に亙る、約十年は、桂、西園寺の天下と云ふも、溢言《いつげん》にあらざりし也」（『大正政局史論』民友社、一九一六）、と徳富猪一郎《とくとみいいちろう》が述べたごとく、二〇世紀初頭、桂太郎と西園寺公望《きんもち》が交互に政権を担った時期が続いた。長州出身の陸軍軍人である桂の政治基盤は、官僚・陸軍・貴族院を中心とした、いわゆる山県系と呼ばれる政治集団であった。一方、公家出身の西園寺率いる立憲政友会は、元老・伊藤博文が一九〇〇（明治三三）年に組織した政党であり、西園寺は伊藤の跡を継いだ第二代総裁である。

さて、本講が対象とする「桂園《けいえん》時代」は、桂が指導する山県系と西園寺が率いる立憲政友会との補完関係により、相対的に安定的な政治状況が生み出された時代であった。この「桂園時代」は教科書で馴染みのある用語だが、その初出は明確でなく、論者によりその対象とする期間が一致しないといった問題もある。しかし、おおよそポーツマス条約締結・日比谷焼き討ち事件の裏面における桂・政友会間の提携（第一次桂太郎内閣）から第二次西園寺公望内閣総辞職までの期間と考えられている。ともあれ、「桂園時代」（以下、括弧を外す）は桂、西園寺両者の予定調和によって成立した政治システムといったものではなく、様々な政治アクターによる選択の結果の集積として認識される一つの時代像である。

歴史学の進展を支える大きな要因として豊富な一次史料の存在が挙げられるが、この桂園時代では、圧倒的な記述量をほこる政友会幹部・原敬の日記や、山県、桂、寺内正毅、上原勇作など陸軍上層部の書翰などが特筆される。それらの史料を用い、西園寺を支えた原の政治指導・理念を中心に当該期の政治過程を把握する研究（三谷太一郎『日本政党政治の形成』東京大学出版会、一九六七）や、明治憲法体制の分権的側面を重視し、予算をめぐる各政治勢力の対立・提携から当該期の政治的枠組みを描き出す研究（坂野潤治『大正政変』ミネルヴァ書房、一九八二）など、あらゆる角度から桂園時代の分析が進められた。本講は、膨大な先学の成果を踏まえ、①各内閣の成立過程と、②議会政治とその運営の観点から桂園時代を素描する。

†政権授受の慣行の成立

一九〇〇（明治三三）年一〇月に成立した第四次伊藤博文内閣は、誕生間もない政友会を与党とした政党内閣であった。この内閣が迎えた第一五議会では、北清事変に伴う軍事費を補塡するため、酒税をはじめとする各種増税法案の成立が目指されたが、対立する貴族院の反対を受けた。そのため、伊藤内閣は解散のない貴族院を説得するために一五日間の停会に加え、伊藤が明治天皇に頼み込み貴族院に「詔勅」を用いることでようやく成案にこぎ着けた。元老・伊藤が指導する内閣とはいえ、政党内閣の課題として現れたのは、議会運営における貴族院との関係如何であった（小林和幸『明治立憲政治と貴族院』吉川弘文館、二〇〇二。原口大輔「貴族院議長・近衛篤麿と貴衆両院関係の岐路」『日本歴史』八三四、二〇一七）。議会閉会後、渡辺国武蔵相の財政政策をめぐる閣内不一致により、伊藤首相は辞表を提出した（一九〇一年五月二日）。

そこで、次の内閣総理大臣を決める必要があるのだが、ここで明治憲法下における首相選出方法を確認しておきたい。そもそも、明治憲法では内閣総理大臣の選出方法は規定されず、内閣制度創設以来、辞職する首相が後任を推薦するか、もしくは、天皇の諮問に応じた元老と呼ばれる長老政治家の合議（元老会議）により推挙されるか、のどちらかによって選出された人物に天皇から組閣の大命が降下された。ただし、慣習としては、後者の元老会議が首相選定の任を担っていた。

さて、伊藤が辞職した後、元老会議の結果、長州出身の元老・井上馨《かおる》に大命が降下された。

前内閣が財政問題で倒れた経緯もあり蔵相人事が焦点となったため、井上は旧知の渋沢栄一に大蔵大臣への就任を打診するも、渋沢が断った結果、組閣を断念した（村瀬信一『首相になれなかった男たち』吉川弘文館、二〇一四）。そこで、再び元老会議が開かれ、桂太郎を後継首班として奏薦した結果、第一次桂内閣が誕生した（一九〇一年六月二日）。

山県系を中心に組閣されたこの内閣は、衆議院に与党を持たず、超然内閣を標榜したため、議会運営における衆議院対策が当面の課題となった。特に、政友会総裁で、かつ元老の伊藤とどう渡り合うかが大きな問題となった。一九〇二年末から始まる地租増徴継続法案をめぐる桂内閣と衆議院の対立、その後、それを秘密裡に収束させた伊藤に対する政友会内部の不満などが積み重なった結果、一九〇三年七月、伊藤は総裁を辞職し、枢密院議長へと移った。政友会はすぐさま体制の立て直しを図り、西園寺が総裁に就任した。西園寺は留学経験もあり、大臣の経験を有しながらも、政治に対して恬淡な人物であった。そのため、西園寺を支える原、松田正久の両幹部を中心に政友会は党利党略を練っていくこととなる。

第一次桂内閣の末期、増税や膨大な犠牲の上、日本は日露戦争に辛勝したものの、ポーツマス条約で賠償金を得られなかったため、鬱積した群衆の不満が爆発し、日比谷焼打事件が発生した。この間、一九〇四年一二月より桂は原と複数回にわたって会談し、西園寺への政権譲渡を条件に、戦中・戦後の政権運営について政友会の協力を取り付けていた。そのため、政友会はこの都市騒擾に加担せず、内閣と協力し暴動の沈静化を図った。混乱の収束後、辞表を提出した桂は、明治天皇や元老への根回しを行い、元老会議を開くことなく、次期首相の座を西園寺に譲った。

一九〇六年一月、第一次西園寺内閣は成立した。しかし、政友会からの入閣は西園寺の他に原内相、松田法相に留まり、残りは非政党員であった。とりわけ、貴族院との関係から桂の推薦により松岡康毅《やすたけ》農相を、山県との関係から山県伊三郎を逓相に据えるなど、閣僚選出をめぐり少なからぬ圧力がかけられた。第二二議会途中に発足したこの新内閣は、第一次桂内閣が編成した予算案を取り下げることなく審議に諮るなど、前内閣からの継続性が前提とされたものだった。

一方、衆議院第二党・憲政本党は西園寺内閣に対して如何なる態度を取るべきか苦悩していた。政友会と協力して藩閥・官僚を打倒するか、あるいは政友会と対決し政権獲得を目指すかの二つの路線で党内対立が激しくなり、前者を貫く大隈重信総理への批判が高まった結果、大隈は総理を辞任（一九〇七年一月）するなど、党内は混迷していた。そもそも原は、先述の桂との提携を憲政本党に明かすことなく進め、憲政本党を政治過程から排除することを企図していた（真辺将之『大隈重信』中央公論新社、二〇一七）。

この間、直接国税の納付額が引き下げられた一九〇〇年の選挙法改正と、戦時下の増税により、有権者は著しく増加した。第一〇回総選挙（一九〇八年五月）では政権与党の政友会が勝利し、憲政本党は惨敗に終わった。

†「一視同仁」から「情意投合」へ

しかし、西園寺内閣の財政政策に不満を持つ元老の圧力などにより、内閣は総辞職を余儀なくされた。西園寺は辞表提出時、桂を後任に推薦した。明治天皇は元老に追認を求め、一九〇八（明治四一）年七月、第二次桂内閣が誕生した。桂は蔵相を兼任し、財政政策で強いリーダーシップを取ろうと試みた。また、対議会には「一視同仁」を掲げ、政友会を特別視せず、非政友諸党との提携を模索した。この内閣は日露戦中・後に疲弊した地方の立て直しを図るため、財政整理と並行して社会問題の解決に取り組んだ。たとえば、戊申《ぼしん》詔書（一〇月一三日）を発布し地方改良運動を進め、さらに、労働問題を改善すべく工場法を制定した（第二七議会）。一方、大逆事件（一九一〇年五月）や南北朝正閏論争（一九一一年）といった「天皇」をめぐる思想問題にも直面した。国外では大韓帝国を併合し、朝鮮半島を植民地に編入した（一九一〇年八月）。

このような国内外をめぐる政治・社会の変化に対応するために、桂内閣は改めて政友会に協力を仰ぐ決断を下した。そこで、原は「去三十八年已来、桂西園寺交々国政を執り来りたる事にて此関係は今に至りて変更すべきに非らず、然れども妥協々々と云ふが如きことにてはもはや人心をして倦怠せしむるの虞あり」（原奎一郎編『原敬日記』三〈福村出版、一九六五〉、一九一一年一月二六日条）、とこれまでと同じ桂園の「妥協」ではなく、正式提携を公表することを桂に提案した。その結果、一九一一年一月二九日、桂と西園寺による「情意投合《じょういとうごう》」宣言が行われ、ここに桂園両者の協調はピークを迎えた。

同年八月、第二次桂内閣は総辞職し、桂は再び西園寺を後任として推挙し、元老会議は開かれることなく、西園寺に組閣の大命が降った。誕生した第二次西園寺内閣は、西園寺、原内相、松田法相に加え、政友会から長谷場《はせば》純孝《すみたか》が文相として入閣した。政友会出身の閣僚こそ前回より一名増えたのみであったが、山県や桂を驚かせた山本達雄日銀総裁の蔵相抜擢など、新内閣は桂の影響力を減少させ、政策の自立性を強めようとした。政友会は第一一回総選挙（一九一一年五月）で過半数の議席を獲得し、政権の基盤はより鞏固となった。

しかし、石本新六《しんろく》陸相の死去に伴い新たに陸軍大臣となった上原勇作は、一九一二（大正元）年八月、翌年度予算に陸軍二個師団増設を要求した。これは、田中義一の働きにより山県や、寺内正毅朝鮮総督の了解を得た行動で、西園寺内閣が進める行財政整理に抵抗する文脈を有していた。閣内では調整が図られたものの、予算案の編成が行き詰まった結果、上原は辞表を提出し、一方、陸軍は軍部大臣現役武官制を楯に後任陸相の推薦を拒否したため、陸軍大臣を欠いた内閣は総辞職した。世間では、上原を頤使する山県によって倒閣が行われたと理解され、陸軍への強いバッシングが繰り広げられることとなった。

†議会運営の変化——明治憲法第四十二条と予算内示会

近年の研究では、衆議院に基盤を持たない桂が長期政権を維持した理由の一つとして、桂による予算内示会の主導が指摘されている。この予算内示会とは、通常議会開会前、衆議院（特に政友会）の有力議員に対して予算案を提示し、事前交渉を行う協議会のことである。これは、第一次桂内閣期から始まり、第二次桂内閣期において定期的に実施され、予算編成・審議過程における政治主体間の協調的慣行を形成したとされる（伏見岳人『近代日本の予算政治 1900-1914』東京大学出版会、二〇一三）。

このような政治慣行を理解するためには、明治憲法第四十二条「帝国議会ハ三箇月ヲ以テ会期トス必要アル場合ニ於テハ勅命ヲ以テ之ヲ延長スルコトアルヘシ」を念頭に置く必要がある。帝国議会は議会自らが会期日数を左右することはできず、一方、内閣も政府提出法案の審議未了などの可能性が生じた場合、勅命により会期延長を用いるか否かを選択し、形式的であれ天皇の許可を得なければならなかった。

帝国議会開幕当初、通常議会の会期日程は一一月末より始まり二月末に閉会するのが通例だったが、第一五議会（第四次伊藤内閣）より一二月末より開会し、年末年始の休会を経た後、一月下旬より再開し、三月末日に閉会する日程が定着した。そのため、実質的な審議期間は一月末からのおよそ二カ月となり、短い日数で予算や法案などを効率的に成立させることが求められた。それゆえ、議会開会前や年末年始の休会期間などは各種協議や「妥協」を行う重要な時期となった。先述した「情意投合」宣言も、年末年始の休会が明け、法案審議が本格化する直前であった（一九一一年一月二九日）。特に、衆議院に先議権のある予算案は、開会前に桂・政友会の両者の充分な了解のもとに練り上げられ、同様に議会で通すべき議案の優先順位も、あらかじめ両者の利害をすり合わせ、調整される政治慣習が形成された。このような慣習を、村瀬信一は「桂園時代型議会運営」と呼んでいる（『帝国議会』講談社選書メチエ、二〇一五）。

桂園時代では、衆議院総選挙は五回（第七～一一回）開催され、そのうち任期満了に伴う総選挙は三回（第七、一〇、一一回）行われた。帝国議会期における同様の事例は、いわゆる翼賛選挙（第二一回）のみで、桂園時代の後半は衆議院の解散もなく、安定した議会運営が行われていたと言える。別の角度から見ても次頁の【表】のごとく、政府提出法案の成立率は屈指の高さを誇っていた一方、九〇日間と定められた会期中、本会議の開催日数は大幅に減少していたことを確認しておきたい。特に、第二一議会から第二八議会の間の本会議開会は、一会期平均約二五日の短さであった。なお、第一五議会の開会日数が桂園時代とほぼ同じなのは、一五日間の停会があったためである。このような本会議日数の減少は、議会運営における議場外での

会期	内閣	貴族院		衆議院		会期延長	停会	政府提出法案成立率
		開会日数	平均（日）	開会日数	平均（日）			
第1回	山県①	48	4:06	65	3:51	0	0	46.67%
（第2回）	松方①	22	2:51	25	3:34	0	0	14.29%
第4回	伊藤②	42	3:40	48	4:13	2	15	71.88%
（第5回）	伊藤②	11	2:45	22	2:11	0	10	4.76%
第8回	伊藤②	42	2:34	54	2:50	0	0	92.59%
第9回	伊藤②	46	2:35	50	2:24	2	10	88.15%
第10回	松方②	27	3:12	35	2:50	0	0	76.47%
（第11回）	松方②	2	2:29	3	0:30	0	0	0.00%
第13回	山県②	45	3:35	48	2:33	7	0	87.73%
第14回	山県②	33	3:06	35	2:51	4	0	91.76%
第15回	伊藤④	19	2:01	21	2:21	0	15	91.84%
第16回	桂①	26	2:10	30	2:43	0	0	80.00%
（第17回）	桂①	3	0:51	7	1:51	0	12	0.00%
（第19回）	桂①	2	1:01	3	0:54	0	0	0.00%
第21回	桂①	19	1:42	23	2:15	0	0	98.65%
第22回	桂①・西園寺①	22	1:39	24	2:57	0	0	84.85%
第23回	西園寺①	20	2:04	24	2:26	0	0	93.22%
第24回	西園寺①	20	1:57	21	2:54	0	0	77.53%
第25回	桂②	22	1:57	28	3:33	0	0	100.00%
第26回	桂②	20	1:53	28	2:36	0	0	92.50%
第27回	桂②	22	1:55	27	3:37	0	0	97.47%
第28回	西園寺②	16	1:38	28	2:49	0	0	97.50%
第30回	桂③・山本①	12	1:57	17	2:40	0	23	86.21%

表　帝国議会本会議開会日数・平均審議時間（通常議会のみ）

典拠：『帝国議会貴族院事務局報告』（貴族院事務局、1913）、『議案件名録』（衆議院事務局、1915）、『議会制度七十年史　帝国議会議案件名録』（大蔵省印刷局、1961）

註1：衆議院を解散した会期は（　）で表記した。

註2：平均（日）とは開会した一日あたりの本会議時間の平均である。

註3：政府提出法案には予算案も含む。

協議や「妥協」の重要性と、常任委員会や特別委員会が実質的な審議・議論の場へと移行していったことを物語っている。

†桂園時代の貴族院

続いて、帝国議会のもう一院、貴族院を見てみたい。院内会派が確立したこの時期、茶話会・無所属による幸《さいわい》倶楽部、子爵議員中心の研究会により多数派が形成された。これらは山県―桂の影響力が強く、かかる勢力を背景に桂は「貴族院は我物」と豪語していた（原奎一郎編『原敬日記』二（福村出版、一九六五）、一九〇九年四月一八日条)。政党と距離を置く貴族院は、西園寺内閣が提出した郡制廃止法律案などの重要法案を否決、あるいは審議未了によってその成立を妨げることもあった。原は、第一次内閣改造時(一九〇八年三月)、貴族院から堀田正養《まさやす》(研究会)を逓相に、千家尊福《せんげたかとみ》(木曜会)を法相に抜擢することで貴族院対策の足掛かりを作ろうとしたが、このような両院縦断の試みは貴族院の強い反発を招き、十分な成功を収めることができなかった。

しかしながら、「貴族院は我物」だったはずの桂が、「自分の貴族院に対するは君等の政友会に於けるが如く意の儘にはならざる」(『原敬日記』三、一九一一年八月二六日条)と原にこぼしたように、「情意投合」を宣言し、政友会へと接近する桂に対して、貴族院が政治的に距離を取り始めたこともまた事実であった(内藤一成『貴族院と立憲政治』思文閣出版、二〇〇五)。大正天皇の即位後、桂が内大臣に就任したことをうけ、幸倶楽部は自派の推す首相候補を桂から寺内へと変更した(尚友倶楽部、櫻井良樹編『田健治郎《でんけんじろう》日記』二〈芙蓉書房出版、二〇〇九〉、一九一二年八月一九日条)。ここに桂による実質的な貴族院支配は終わりを告げた。

先述の衆議院と同様、貴族院でも会期前や年末年始の休会中に、内閣と各派交渉委員と呼ばれる各会派の有力議員との間に予算や重要法案、議事日程などの協議や「妥協」が行われた。その中で注目されるのが、貴族院議長・徳川家達《いえさと》の役割である。徳川は、かかる協議に主宰者として参加するも、懇談の「場」の提供に専念し、自らの政治的主張を述べず、参加者の協議を踏まえ議会運営の円滑化を図っていた（原口大輔「徳川家達と大正三年政変」『日本歴史』八〇五、二〇一五）。議長・徳川のもとで貴族院の有力者と事前協議や「妥協」を行うことは、貴族院対策が必要不可欠だった西園寺内閣にとって、安定した議会審議の可能性を高めるものであった。事実、原は徳川による「場」の提供を好意的に受け止めていた（『原敬日記』三、一九一二年二月一日条）。

このような「場」の実質的な効果を認めることは容易くないが、「是等はホンの儀式的の宴会にして毎年見るの例たり、今年《こんねん》に始まりたるにあらざるも今年は例年よりは一層数多く行はれ其会合も亦打寛ろぎたる談話交換の機会となり其自然の結果として是亦両者感情の融和に資したること少からざるが如し」（「現内閣の上院策」『東京朝日新聞』一九一二年四月九日付）とも評されており、一定の意義を認めることはできよう。

†桂園時代の光と影

桂は山県系の有力政治家の一人だったが、第一次内閣成立時にはそれまでと比して力量の劣る首相と見做《みな》された。だがその後、第二次内閣総辞職時には元勲優遇を受けるまでの政治家となった。しかし、衆議院に基盤を有さない桂が政権を運営する以上、政友会との「妥協」を継続するか、あるいはそのような政治構造を再構築する新たな政略が求められることとなった。

一方、西園寺内閣は元老の政治介入や軍部大臣問題など、議場外での政争をもとに退陣したが、この間、政友会は時に桂と「妥協」しながらも常に衆議院第一党の座を堅持し、国政を担当する政党として確かな実績を積んでいった。第一一回総選挙の結果を知った徳富が「党派の地盤か追々鞏固と相成」と述べたのもむべなるかな、といったところである(一九一二年五月一九日付寺内宛徳富書翰、山口県立大学所蔵「桜圃《おうほ》寺内文庫」三―四)。

以上見てきた通り、確かに桂園時代は桂園による意思決定や「妥協」が大きく政治を動かし、それが相対的安定をもたらした。しかし、そのことは本会議での議論それ自体を減少させ、同時に、議会審議を経ることで少数派の多様な意見を取り入れる余地は小さくならざるを得なかった。桂園の「妥協」や議会での審議に参加できない人々にとって、政治的主張の場は議会の外に求めざるを得ず、あるいは外交問題から突破口を見出すことが目指された。「妥協」の政治慣習は同時代的にも批判を浴びたが、それは明治憲法に規定された議会政治の枠組みにおける工夫であったこともまた事実であった。とはいえ、かかる桂園時代の政治状況は、選挙や議会では何を決めるのか、といった議会政治における根源的な問いを考える様々な示唆を含んでいるといえよう。

さらに詳しく知るための参考文献

伊藤幸司・永島広紀・日比野利信編『寺内正毅と帝国日本——桜圃寺内文庫が語る新たな歴史像』（勉誠出版、二〇一五）……本講では十分に触れられなかったが、桂園時代に陸軍大臣や朝鮮総督を務め、後に首相となる寺内正毅に関する史料「桜圃寺内文庫」（山口県立大学所蔵）を紹介したもの。寺内研究の現状と課題も整理されている。

黒澤良「議会審議と事前審査制の形成・発展——帝国議会から国会へ」（奥健太郎・河野康子編『自民党政治の源流　事前審査制の史的検証』吉田書店、二〇一五）……本講で紹介した伏見、村瀬の議論をさらに掘り下げ、政友会の政務調査会の分析を行うなど、大正・昭和期まで視野に入れた議場外の事前審査の実態を解明している。

酒田正敏「帝国議会の「立法権」行使の時系列変化について」（有馬学・三谷博編『近代日本の政治構造』吉川弘文館、一九九三）……帝国議会全期における法律案の提出状況とその成立率を数量的に検討し、その時系列変化を分析した挑戦的な研究。

内藤一成『貴族院』（同成社、二〇〇八）……一九八〇年代以降、研究が著しく進捗した成果を盛り込んだ貴族院の概説書。互選の仕組みや院内会派といった貴族院特有のシステムや、議員たちが有した理念などが平易に論じられている。

第20講

大正政変——政界再編成における内外要因

櫻井良樹

†はじめに

大正政変とは、一九一二（大正元）年一二月、陸軍二個師団増設を主張する上原勇作陸軍大臣と第二次西園寺公望内閣との対立の末に内閣が崩壊し、それが第一次憲政擁護運動を引き起こし、その民衆運動の昂揚によって、後継内閣の第三次桂太郎内閣も、わずか五〇日ばかりで総辞職し、混乱の末に第一次山本権兵衛《ごんべえ》内閣が成立するに至った事件を指す。論者によっては、翌年（一九一三年）三月のジーメンス事件による同内閣の崩壊と、第二次大隈重信内閣の成立までの混乱過程を含める場合もある。それは、古典的な理解では、藩閥・陸軍の横暴に対する民衆運動の勝利であり、「大正デモクラシー」の出発を象徴する政治的事件であったとされる。

しかし最近では、政変の背後にあった諸政治勢力間の厳しい利害対立、対外政策をめぐる方針の対立の方が注目されている。

前講で扱った日露戦後の桂園《けいえん》時代には、官僚・藩閥勢力を代表する桂と立憲政友会総裁の西園寺とが互いに裏面では対立しながらも、元老会議の決定を経ることなく政権授受が行われた。この藩閥首領と有力な政党とが妥協・提携して政治を行う仕組みは、初期議会における藩閥政府と衆議院の激しい対立の末に、明治憲法下の諸政治機関の分権・分立的性格のもとで円滑な政治運営を行うために編み出されたものでもあった。この過程で藩閥・官僚勢力は、国家政策実現のために、議会運営において政党（政友会）の支援を受けるかわりに、政党の利害を地方政策に反映させることを容認した。いっぽう政党（政友会）は、この取り引きによって政党の地方基盤の強化を図ったのである。

この体制から外されていたのは、日露戦時の増税によって新たに選挙権を得て、三税廃止運動などで活性化した中小ブルジョアジーや、日比谷焼打事件の勃発を契機に都市民衆の動向に注目するようになった新たな政治勢力であった。また野党の位置に立った憲政本党内には、野党としての立場を貫こうとするものと、いっぽうでは政権への割り込みをめざして桂との提携を策する動きもあったが、桂は議会乗り切りのために政友会との提携を選択していた。それが政変最中に桂太郎が新党（立憲同志会）創設を宣言したことにより、その提携が崩れ、それまでの比較的安定していた政界が大変動したのである。

本講では、なぜ突如、そのような体制が崩れたのか、その要因を説き起こし、また政変のもたらしたものをまとめていきたい。

†二個師団増設問題

政変の直接的引き金となった陸軍二個師団増設問題は、つぎのような問題であった。第一次西園寺内閣で「日本帝国ノ国防方針」が策定された際(一九〇七年)に、今後整備する目標として、陸軍については平時二五個師団、海軍については八八艦隊が示された。この方針に沿って陸軍では、まず二個師団の増設が認められたが、残りは財政状態から延引された。陸軍が、さらに韓国併合後の朝鮮に設置される予定の二個師団増設を提起したのは、一九一〇年のことであった。いっぽう海軍も、この時期に新造艦計画の実現を図っていた。

財政的に両者の実現は難しく、第二次西園寺内閣は一九一二年度予算で海軍拡張を優先したから、陸軍の不満は高まり、ここに陸軍と海軍の予算をめぐる競合状況が生じた。ロシア軍拡の進展と前年の中国における辛亥革命勃発とは、さらに陸軍の主張を強め、一九一二年四月に就任した上原陸相は、最優先課題として増師実現を期した。こうして従来から指摘されてきた軍(陸軍)と政党(政友会)との対立を主軸に、軍備拡張の優先順位をめぐる陸海軍の対立が絡むことになった。さらに陸軍内には、主流派である長州派と、非主流派との対立があり、政友会内にも路線対立があったことは、北岡伸一氏や坂野潤治氏が指摘している。

増師問題は一九一二年八月から政治問題化し、さまざまな工作が行われた。最終段階での陸軍の要求は、一年先送りするものの、一部だけでも予算に計上してほしいというものであった。上原は一一月二九日には予算化をあきらめる姿勢をいったん見せたが、三〇日に意見を変え、一二月二日に首相の了解や閣議を通さず直接天皇に辞意を伝えて単独辞任した。軍部だけが持つ帷幄上奏権《いあくじようそう》を使ったものであった。

なぜこの逆転劇がなされたのであろうか。決裂をもたらした原動力は、一つは海軍からの働きかけ、もう一つが従来から指摘されてきた陸軍によるものである。まず前者について述べておこう。明治期陸軍が長州の、海軍が薩摩の両藩閥の影響下にあったことはよく知られている。ところが上原陸相は薩摩出身であり、薩派とは独自の回路を有していた。海軍にとって最大の関心は、基本的に認められていた海軍拡張を、確実に実行させることであった。妥協が海軍予算に影響することを恐れていた海軍次官財部彪《たからべたけし》の日記からは、財部たちが内閣と陸軍との妥協を阻止しなければならないとして動いている様子がわかる（一一月二五日）。また後者については、長州派のホープであった田中義一が、この問題を契機に西園寺内閣を倒閣に追い込み、長く陸軍大臣をつとめていた寺内正毅を首班とする内閣を樹立して、陸軍が、海軍や政党勢力から政治の主導権を奪い返す機会とするというシナリオを用意していたことが知られている

(「二個師団増設問題覚書」)。

†第三次桂内閣と護憲運動の展開

上原陸相の辞任後、事態は、陸軍による後任陸相推薦拒否(一二月三日)から、六日の内閣総辞職へと進んだ。軍部大臣現役武官制のもとでは、陸相人事は陸軍省の同意が必要であり、陸軍大臣を揃えられなければ内閣を維持できないからである。西園寺内閣総辞職後の後継首相選定は、元老会議の推薦する候補者が、陸海軍対立を解消できる見込みを持てず、あいついで辞退したため難航した。海軍も建艦計画の続行を求め、それが受け容れられなければ後継海軍大臣を推薦しない姿勢を見せた。一二月二一日にようやく第三次桂太郎内閣が成立したが、その過程で桂は、宮中(桂の前職は内大臣)からの政界復帰、および斎藤実海相留任のために詔勅を要請し、内々では建艦予算の継続を約束しなければならなかった。

内閣を倒閣に追い込んだ陸軍に対する世論の批判は強く、陸軍をバックに持つと考えられた桂の組閣は、陸軍・藩閥の横暴に見えた。それを批判する世論が、ジャーナリストや国民党系政治家から沸き上がり、「憲政擁護会」が組織され、政友会の一部をも巻き込んで「憲政擁護・閥族《ばつぞく》打破」をスローガンとする運動が起こされた。国民党は、桂園時代に野党の位置にあった憲政本党が、いくつかの政党と合同して一九一〇年にできたものである。「憲政擁護」と

憲政擁護を掲げ衆議院門前に集まった群集（1913年2月5日）

は、桂の再登場や詔勅利用による内閣組織が、議会政治を軽視し立憲政治に反するものとして掲げられたものであり、「閥族打破」の「閥族」という語句は、「藩閥」とほぼ同様な意味を有していたが、それだけでなく「党閥」、つまり桂園時代を支えた政友会をも非難する意味を籠めて使用された。つまりこの運動は、政界の現状打破をめざすものであった。

一一月二八日に国民党系代議士による増師反対同盟会の組織に始まり、一二月四日の東京商業会議所による時局問題特別委員会、一三日の新聞記者たちによる憲政作振会組織など、しだいに批判が高まり、一四日の交詢社有志による時局懇親会に至る。この時に「憲政の神」と呼ばれることになった尾崎行雄と犬養毅《つよし》が揃って登場した。運動は、日露戦後から市民大会方式を通じて世論形成と都市民衆運動に大きな影響力をもちつつあった新聞記者が、一大キャンペーンを展開し民衆を動員したことによって日本中に広まった。さらに運動は、一九日に歌舞伎座で第一回憲政擁護連合大会が開催されるなど拡大し、二一日に桂が第三次内閣を組織すると、内閣打倒を目標とするようになった。

翌一九一三年議会再開を前に、一月一七日には全国同志記者大会が開催された。これに対抗して、桂は二〇日に新党（立憲同志会）組織を発表した。桂との提携を桂園時代から策していた国民党改革派議員が同党を離党し、ここに国民党は分裂したものの、この行動はそれまで様子見であった政友会の運動への本格的な参加を導き、かえって反対運動の火に油を注ぐことになった。二月五日には衆議院に政友会・国民党から不信任案が提出された。この時に尾崎行雄が、桂を「常に玉座の蔭に隠れて政敵を狙撃するが如《ごと》き挙動を執《と》つて居《い》る」「彼等は玉座を以《もっ》て胸壁と為《な》し、詔勅を以て弾丸に代へて政敵を倒さんとするものではないか」と演説・糾弾したことはよく知られている。

この演説後に議会は停会となり、議会が再開された一〇日に、議会を包囲した群衆が暴徒化し、大臣官邸・政府系の新聞社・交番などを焼き打ちし、騒動は全国に飛び火した。そのような状況の中で、桂内閣は一一日に総辞職した。こうして、民衆運動の盛り上がりがはじめて内閣を倒すことになったのである。

†桂の行動の謎

明治・大正政治史において、本格的な政党内閣を成立させることになった原敬に対する評判が高まっている。原も決して民衆的とは言えないのだが、藩閥政府から政権をもぎとった政治指導力が高く評価されている。これに対して桂に対する見方は、同時代から変わらなかった。むしろ原の敵役として、あいかわらず軍部を代表する藩閥・官僚政治家、大逆事件をでっち上げ「社会主義冬の時代」を演出し、憲政擁護運動を敵とした人物というイメージで語り続けられてきた。桂は古臭い政治家と見なされていたのであるが、最近の研究では、桂の新しい政治体制構築への秘めた思いが政局を混乱させたという理解が強くなっている。

たとえば、なぜ第三次桂内閣は、立憲政友会との妥協政治（桂園時代の再現）の道を選ばず、新たに政党を組織してまで政局を切り開こうとしたのだろうか。桂の再登板は、従来の政治運営体制の継続と観測された。桂は、政変の原因となった二個師団増設については消極的であり、政友会との妥協も予想されており、原敬も桂が妥協を申し出てくるのを待っていたように見える。桂がそれをせず、あえて新党組織に着手したのは、桂が従来の政治運営からの脱脚を図っていたことによると考えれば理解できる。桂は分立的性格のもとで行われる政治運営、すなわち明治憲法体制の修正をめざしていたのではなかろうか。これを考えるには、一つには大正政変前後の新たな政治状況を考えることがヒントとなる。またもう一つには大正政変に至る時期の桂の行動を見直す必要があろう。

†桂に期待した人びと

まず前者について。大正政変の結果、政界状況はかなり変化した。長く内輪争いを繰り返してきた国民党（憲政本党の後身）が分裂し、犬養毅を中心とする少数者を除いて議員の多くは新党に参加した（国民党の五領袖である大石正巳・河野広中・島田三郎・箕浦勝人《みのうらかつんど》・武富時敏ほか）。新党参加者には、二大政党制の実現を新党に託して参加したものが多かった。新党には、このほか官僚出身者（加藤高明・大浦兼武・若槻礼次郎・浜口雄幸など）と、官僚支持勢力と見なされていた政党である中央倶楽部の議員も集った。それは非政友勢力の結集であり、後の政友会と憲政会（民政党）との二大政党対立時代を準備するものであった。

これは桂園時代において、従来の政友派と官僚派の提携による利権誘導型政治から疎外されていた非政友派が、その体制にくさびを打ちこみつつあったことの反映でもあった。すでに地方政界、特に東京市や大阪市のような都市部

桂太郎

では、新興政治勢力が従来の市政運営を批判し、「党弊」や「党派政治」をめぐって同じく批判を強めつつあった官僚勢力と同調する動きが生じていた。そのような姿が、中央政界でも表面化したと捉えることができる。桂は、国家全体の立場から見て、政友会主導の地方経営では合理的な経営はできないとして改革をめざしていた。これが新党結成にあたって重要な推進要素となった。

また桂園時代において政治的不安定をもたらした一要因には、日露戦後の日比谷焼打事件などに見られる都市民衆の問題があった。政友会を支えていたのは地方の名望家たちであり、都市に住む彼らは疎外されていたのである。これに対して、河野広中・島田三郎などの非政友派の政客は、日露戦後の都市化の進展のなかで、民衆勢力が増大する情況を受けて、民衆運動を取り込み新たな支持基盤としつつあった。桂園時代には、日露戦後経営の堅実な処理が優先され、積極的に、これに対処するような動きは表面化しなかったといえよう。

†桂の新党構想

第三次桂内閣の組閣時に、桂を支持していた『国民新聞』に「桂内閣の政綱」という記事が掲載された（一二月二一日）。その政策の第一は、「憲政済美を標榜すること」であった。この記事はそれを、政友会との妥協政治を否定するものであるとともに、官僚政治（藩閥政治）や政党政治も否定し、これに代えて「天下と共に天下の政治を行」うことだと説明している。桂は前年の二月頃、明治天皇に、元老が凋落しつつあるので、これからは国民全体が皇室を扶翼《ふよく》しなければならない、そのためには政党が必要であると上奏して、政党組織の許しを得ていたという。その政党が衆議院と官僚勢力の中に強力な地盤を確立できれば、もはや政友会との妥協も元老への了解工作も必要なくなるはずであった。これは同時に、従来の元老の了解を取りつけて行う政治運営も否定するものでもあった。首相を引き受けることになったとき、桂は西園寺に対して、「今回の問題の副産物とも云《い》ふべきは、已来《いらい》元老が全く口出の出来ぬ様になしたることにてお互に仕合なり」と述べている（『原敬日記』一二月一八日）。桂は調整役からの脱却を図り、政友会との妥協を止め、同時に元老への了解工作も廃し、みずからの政治基盤を作ろうとしたのである。

桂がどのような政党を組織しようとしていたかは、「立憲同志会宣言書」と新党の綱領・政策から知ることができる。宣言書には、まず日本国家の経綸《けいりん》のためには、皇室を中心とする憲政の完美が必要であると述べられている。そしてそれを実現するには、教育を普及して国民の公徳を進めて立憲的知能を啓発すること、また社会共済の道を尽して民力を内に充実し、威信を中外に貫徹して世界の平和に貢献することが必要であると述べられている。さらに綱領には具体的に、社会改良および共済の必要、農工商業の発達による民力の充実、地方自治の粛清などが含まれている。また新党が「帝国の有力なる要素を網羅」して国民の世論を代表して政治を行うための公党をめざすことが述べられている(つまりこれまでの政党を私党として否定している)。ここからは、新党が社会共済を必要とするような民衆レベルまでの国民を統合しようとしていたことが想像できる。

または桂の構想する政党が、二大政党制の一翼を担うというよりも、挙国一致型の巨大政党をめざしていたように見える。桂は国民的大政党を組織して国民全体の力を結集して内外政策にあたろうと考えていたと言えよう。だから新党参加者の中には、従来の藩閥政治や党派政治、その両者による妥協政治を否定し、政界革新・政党改革を図り、国民総力を結集して非党派的政治の実現を強力な党首の下で期そうとした者もあった。

†辛亥革命との関係

桂が、この時に政権を握り新しい道に踏み出そうとしたのには、さらにもう一つ原因があった。それは対外政策に関する側面である。桂が二度目の内閣を西園寺に譲ってからわずか四〇日後の一九一一(明治四四)年一〇月一〇日、隣国中国で革命が勃発した。辛亥革命である。革命は急速に拡大し、翌年一月一日には東洋初の共和国である中華民国が誕生し、二月には清王朝の支配が終わった。そしてこの後、中国情勢は不安定に推移する。日本の朝野では、これを契機に中国大陸への影響力を高めようという動きや、あるいは革命派（孫文）を援助して友好関係の構築を模索するような人物が出てくる。大陸浪人の活動が本格化するのも、これ以後のことだ。西園寺内閣は、日本が主導的立場にたって清国の存続を図るとともに列国と協調して中国への勢力扶植を図るという方針で臨んだが、混沌とした情勢のなかで後手にまわって外交指導力を発揮できなかった。

このような姿に対して桂は、当初は内閣にアドバイスを与える程度であったが、やがて政府は中国の情勢を「皆隣の火事視して事の我が将来に大関係あるものなることを心配するもの至而少《いたって》なく」と不満を述べ、その外交運営を「船頭無しの船に乗り居心地《おるここち》」がすると言うまでになった（一九一二年二月四日付寺内宛桂書簡、「寺内文書」一〇四─二三）。

桂は、ここにおいて自らが政治の表舞台に再登場して何らかの対策を講じなければならないとして、活動を開始した。めざすものは、ギクシャクした対外関係を、より日本がリードする形で再構築しようとするものであった。たとえば一九一二年七月からの欧州旅行は、この旅行に同行した若槻礼次郎（後の首相）によると、ロシアの政治家との話合い、英国での政党研究、ドイツ皇帝の勧誘、フランス資金の導入を目的としたものだったと回想している（『古風庵回顧録』）。この旅行は、明治天皇の死去により中途で挫折したが、ロシア首相や外相との間では中国問題に関して話し合い、望ましいのは「利害関係を有する日露英仏四国の間に協議を遂ぐること」だと伝えている(『日本外交文書』明治四五年第二冊)。

大正政変の中で誕生した第三次桂内閣は、親英派の加藤高明《たかあき》を外務大臣に、親露派の後藤新平を逓信大臣に起用した。これは日英同盟の再機能化と日露協商の維持拡大をねらったものである。新たに創設した政党(立憲同志会)には、革命派援助論者も多く含まれていた。そのネットワークを活用して中国との関係改善も策していたと思われる。前述の「桂内閣の政綱」には、外交の刷新が掲げられ、それには「平和政策を根底となし、日英同盟の基礎を益《ます》す強固ならしめ、日露日仏両協約の精神を緊張せしめ、其《その》他の諸国に対しても益す国交を親善ならしめんことを計り、仍《よ》つて以《もつ》て東洋永遠の平和を期し、同盟協約の目的を拡充せしめること」という細かい説明がついている。

政変以後

桂が政友会との提携路線を放棄し、自ら政党を率いて政局にあたろうとしたことは、これまでの役割、すなわち藩閥勢力の代表者としての役割を桂が放棄し、「藩閥の首領と政党の妥協・提携」型の政治運営方式を維持することを不可能にするものであった。このような点から考えれば、桂がめざしていたものは、これまで言われて来たような単なる山県閥からの自立ではなく、新たな政治運営方法の提示であり、それを国家的規模の政党創設を通じて行おうとしたものである。
もっともそれに成功したのかといえば、かなり怪しい。状況的にはいささか無謀であったし、従来の政治運営方式を維持しようとする政治勢力からの猛烈な抵抗を受けることになったからである。政友会は無論のこと、これまで桂を支えてきた貴族院議員は新党参加要請を断り、独自の政治勢力として、これまで以上に政治的に影響力を持つようになった。しかしこれは藩閥・官僚勢力の分裂を意味し、二大政党による政権運営を準備するものとなった。また新党の理念が統一されていたかと言えば、これもかなり怪しく、挙国一致型政権をめざすものから英国型議院内閣制をめざすものまで、多様な政策と政権構想を持つ者の寄り合い所帯となった。しかし、それまでの政治運営を否定しようという点では共通していた。第三次桂内閣が第一次憲政擁護運動という民衆運動の昂揚の前に倒れたということまでをも含めると、大正政変および新党創設の周辺には、それ以後の大正政治史を形作るすべての要素が含まれていたということができよう。

さらに詳しく知るための参考文献

櫻井良樹『大正政治史の出発――立憲同志会の成立とその周辺』(山川出版社、一九九七)/同『辛亥革命と日本政治の変動』(岩波書店、二〇〇九)/同『国際化時代「大正日本」』(吉川弘文館、二〇一七)……本講の元となった大正政変および辛亥革命の研究書、および大正政変後の政治の推移をわかりやすく示したもの。

北岡伸一『日本陸軍と大陸政策――1906―1918年』（東京大学出版会、一九七八）／小林道彦『日本の大陸政策――1895―1914 桂太郎と後藤新平』（南窓社、一九九六〈本書の改訂版が『大正政変』千倉書房、二〇一五〉）……ともに陸軍を中心とする藩閥内部の政策構想の違いから政治的対立を描いたもの。

坂野潤治『大正政変――一九〇〇年体制の崩壊』（ミネルヴァ書房、一九八二〈本書の改訂版が『明治国家の終焉――一九〇〇年体制の崩壊』ちくま学芸文庫、二〇一〇〉）……予算問題をめぐる陸海軍の対立、政友会内の対立を描いたもの。

宮地正人『日露戦後政治史の研究――帝国主義形成期の都市と農村』（東京大学出版会、一九七三）／季武嘉也『大正期の政治構造』（吉川弘文館、一九九八）……前者は日露戦後の民衆運動と対外硬派の活動について「内に立憲、外に帝国」という観点から分析を加え、後者は大正期の諸政治勢力についての政権構想と政界配置を描き出している。

小林道彦『桂太郎――予が生命は政治である』（ミネルヴァ書房、二〇〇六）／宇野俊一『桂太郎』（吉川弘文館、人物叢書、二〇〇六）／千葉功『桂太郎――外に帝国主義、内に立憲主義』（中公新書、二〇一二）……三冊とも現在手に入れることができる桂太郎の伝記。宇野のものは従来の桂の姿を、小林と千葉のものは桂の新しい側面を描いている。

千葉功「大正政変と桂新党――「立憲統一党」構想の視点から」（坂本一登・五百旗頭薫編著『日本政治史の新地平』吉田書店、二〇一三）……桂の新党構想を二大政党制よりも挙国一致政党という側面があったことを強調したもの。

おわりに

小林和幸

もう三〇年ほど前になるが、明治政治史研究会という研究会があって、大学院生であった私も参加させていただいた。犬塚孝明先生（現鹿児島純心女子大学名誉教授。以下、肩書きは現職）を会長に、中野目徹さん（筑波大学教授）が世話役であって、長老格で広瀬順晧さん（駿河台大学名誉教授）がおられ、坂本一登さん（國學院大学教授）、松田宏一郎さん（立教大学教授）、大澤博明さん（熊本大学教授）らの諸先達が会を主導する活気にあふれた楽しい研究会だった。メンバー誰もが、史料に誠実に向き合い研究への熱意があったことと、居酒屋での二次会も含めて、なんでも自由に語り合えたことを思い出す。

あの頃、一般に明治史についての関心は、ずいぶん高かった。また、近代史研究者全体に研究史を見直して、新しい研究をしようという熱気があったようにも思う。先の研究会は、二十代から三十代前半のメンバーが中心だった。その後それぞれ就職が決まって多忙になったり、東京を離れる人が多くなるにしたがい、自然に開かれる頻度が少なくなっていった。先に名前を挙げさせていただいた方々はじめ、あの時の多彩なメンバーは、現在、本当に活躍されている。それは、あの頃から変わらない史料に対する誠実さと自由に研究を進めようとする気風が、もたらすのではないかと思う。

本書の共同執筆者も一様にそうした気風をもつ方々である。本書では、今後も近代史研究の発展を担っていくであろう研究者、また特に比較的若い世代の研究者にも参加していただいた。近年の明治史研究は、新しい意欲的な研究が相次ぎ、確実に研究水準が高められている。本書が、過去から将来につながる長い近代史研究発展の道程に、小さくとも確かな一里塚を示すものであればと思う。また明治史研究の多様な歴史像が伝えられたらと願う。

なお、本書は、筒井清忠先生（帝京大学教授）が編者を務められる『昭和史講義』、『昭和史講義2』、『昭和史講義3』、『明治史講義【人物篇】』（二〇一八年四月刊行予定）の姉妹編として企画された。意義深いご業績を重ねられる筒井先生に深甚なる敬意を、本書の企画を下さり献身的に編集にあたられた松田健さんには、一流のお仕事を間近で見させていただいたお礼を申し上げたい。

二〇一八年一月　明治改元から一五〇年目の年に

編・執筆者紹介

小林和幸（こばやし・かずゆき）【編者／はじめに・第14講・おわりに】
一九六一年生まれ。青山学院大学文学部教授。青山学院大学大学院博士後期課程満期退学。博士（歴史学）。専門は日本近代史。著書『明治立憲政治と貴族院』（吉川弘文館）、『谷干城――憂国の明治人』（中公新書）、『「国民主義」の時代――明治日本を支えた人々』（角川選書）など。

＊

久住真也（くすみ・しんや）【第1講】
一九七〇年生まれ。大東文化大学文学部准教授。中央大学大学院博士後期課程修了。博士（史学）。専門は日本近世・近代史。著書『長州戦争と徳川将軍――幕末期畿内の政治空間』（岩田書院）、『幕末の将軍』（講談社選書メチエ）、『王政復古――天皇と将軍の明治維新』（講談社現代新書）。

池田勇太（いけだ・ゆうた）【第2講】
一九七八年生まれ。山口大学人文学部准教授。東京大学大学院博士課程修了。博士（文学）。専門は日本近代史。著書『維新変革と儒教的理想主義』（山川出版社）、『福澤諭吉と大隈重信――洋学書生の幕末維新』（山川出版社）。

友田昌宏（ともだ・まさひろ）【第3講】
一九七七年生まれ。東北大学東北アジア研究センター上廣歴史資料学研究部門助教。中央大学大学院博士後期課程修了。博士（史学）。専門は日本近代史。著書『戊辰雪冤――米沢藩士・宮島誠一郎の「明治」』（講談社現代新書）、『未完の国家構想――宮島誠一郎と近代日本』（岩田書院）など。

落合弘樹（おちあい・ひろき）【第4講】
一九六二年生まれ。明治大学文学部教授。中央大学大学院博士後期課程退学。博士（文学）。専門は幕末・維新史。著書『明治国家と士族』（吉川弘文館）、『西郷隆盛と士族』（吉川弘文館）、『秩禄処分』（講談社学術文庫）など。

大島明子（おおしま・あきこ）【第5講】

一九六三年生まれ。東京女子大学・小石川中等教育学校非常勤講師、晃華学園中学校高等学校有期契約講師。上智大学大学院博士後期課程単位取得退学。修士（文学）。専門は日本近代政治外交史。著書『黒田清隆関係文書』（共編、北泉社）、論文「一八七三（明治六）年のシビリアンコントロール」（『史学雑誌』一一七編七号）など。

山口輝臣（やまぐち・てるおみ）【第6講】

一九七〇年生まれ。東京大学大学院総合文化研究科准教授。東京大学大学院博士課程修了。博士（文学）。専門は日本近代史。著書『明治国家と宗教』（東京大学出版会）、『明治神宮の出現』（吉川弘文館）、『島地黙雷――「政教分離」をもたらした僧侶』（山川出版社）など。

小野聡子（おの・さとこ）【第7講】

一九八三年生まれ。青山学院資料センター有期事務職員（年史編纂担当）。青山学院大学大学院博士前期課程修了。修士（歴史学）。専門は日本近代史。論文「台湾出兵と万国公法――欧米諸国の対応を中心に」（『日本歴史』八〇四号）、論文「国内政治上における万国公法――台湾出兵を例に」（『青山史学』三三号）、論文「小笠原諸島問題と万国公法――明治丸とイギリス軍艦カーリュー号出航のとき」（小林和幸編『近現代日本　選択の瞬間』有志舎）。

中元崇智（なかもと・たかとし）【第8講】

一九七八年生まれ。中京大学文学部准教授。名古屋大学大学院博士後期課程修了。博士（歴史学）。専門は日本近代史。論文「板垣退助岐阜遭難事件の伝説化――『自由党史』における記述の成立過程を中心に」（『日本史研究』六二九号）、「板垣退助と戊辰戦争・自由民権運動」（『歴史評論』八一二号）。

鈴木　淳（すずき・じゅん）【第9講】

一九六二年生まれ。東京大学大学院人文社会系研究科教授。東京大学大学院博士課程修了。博士（文学）。専門は日本近代社会経済史。著書『明治の機械工業』（ミネルヴァ書房）、『維新の構想と展開』（講談社学術文庫）、『新技術の

社会誌』（中公文庫）、『関東大震災』（講談社学術文庫）など。

真辺将之（まなべ・まさゆき）【第10講】

一九七三年生まれ。早稲田大学文学学術院教授。早稲田大学大学院博士後期課程満期退学。博士（文学）。専門は日本近現代史。著書『西村茂樹研究――明治啓蒙思想と国民道徳論』（思文閣出版）、『東京専門学校の研究』（早稲田大学出版部）、『大隈重信――民意と統治の相克』（中公叢書）など。

西川　誠（にしかわ・まこと）【第11講】

一九六二年生まれ。川村学園女子大学教授。東京大学大学院博士課程中退。修士（文学）。専門は日本近代史。著書『明治天皇の大日本帝国』（講談社）、『日本立憲政治の形成と変質』（共編著、吉川弘文館）、『山縣有朋関係文書』全三巻（共編、山川出版社）など。

前田亮介（まえだ・りょうすけ）【第12講】

一九八五年生まれ。北海道大学大学院法学研究科准教授。東京大学大学院博士課程修了。博士（文学）。専門は日本政治外交史・日本近現代史。著書『全国政治の始動――帝国議会開設後の明治国家』（東京大学出版会）など。

村瀬信一（むらせ・しんいち）【第13講】

一九五四年生まれ。文部科学省主任教科書調査官。東京大学大学院博士課程単位取得退学。博士（文学）。専門は日本近現代政治史。著書『帝国議会改革論』（吉川弘文館）、『明治立憲制と内閣』（吉川弘文館）、『首相になれなかった男たち』（吉川弘文館）、『帝国議会――〈戦前民主主義〉の五七年』（講談社選書メチエ）。

小宮一夫（こみや・かずお）【第15講】

一九六七年生まれ。専修大学法学部ほか非常勤講師。中央大学大学院博士後期課程修了。博士（史学）。専門は日本近現代史。著書『条約改正と国内政治』（吉川弘文館）、『戦後日本の歴史認識』（共編、東京大学出版会）、『人物で読む近代日本外交史――大久保利通から広田弘毅まで』（共編、吉川弘文館）など。

佐々木雄一（ささき・ゆういち）【第16講】
一九八七年生まれ。首都大学東京都市教養学部助教。東京大学大学院博士課程修了。博士（法学）。専門は日本政治外交史。著書『帝国日本の外交 1894-1922――なぜ版図は拡大したのか』（東京大学出版会）、論文「政治指導者の国際秩序観と対外政策――条約改正、日清戦争、日露協商」（『国家学会雑誌』第一二七巻第一一・一二号）など。

千葉 功（ちば・いさお）【第17講】
一九六九年生まれ。学習院大学文学部教授。東京大学大学院博士課程修了。博士（文学）。専門は日本近現代史。著書『旧外交の形成――日本外交 一九〇〇～一九一九』（勁草書房）、『桂太郎――外に帝国主義、内に立憲主義』（中公新書）、『桂太郎関係文書』（東京大学出版会）など。

日向玲理（ひなた・れお）【第18講】
一九八七年生まれ。青山学院資料センター有期事務職員（年史編纂担当）。駒澤大学大学院博士後期課程満期退学。専門は日本近代史。共編『寺内正毅宛明石元二郎書翰』（芙蓉書房出版）、「日清・日露戦争期における日本陸軍の「仁愛主義」」（『駒沢史学』第八七号）など。

原口大輔（はらぐち・だいすけ）【第19講】
一九八七年生まれ。日本学術振興会特別研究員（PD）、公益財団法人徳川記念財団特任研究員。九州大学大学院博士後期課程修了。博士（文学）。専門は日本近代史。論文「貴族院議長・近衛篤麿と貴衆両院関係の岐路」（『日本歴史』八三四号）、「憲政常道期の貴族院議長・徳川家達」（『九州史学』一七三号）など。

櫻井良樹（さくらい・りょうじゅ）【第20講】
一九五七年生まれ。麗澤大学外国語学部教授。上智大学大学院博士後期課程修了。博士（史学）。専門は日本近代政治史・都市史。著書『国際化時代「大正日本」』（吉川弘文館）、『華北駐屯日本軍――義和団から盧溝橋への道』（岩波書店）、『加藤高明――主義主張を枉げるな』（ミネルヴァ書房）など。

ちくま新書
1318

明治《めいじ》史《し》講義《こうぎ》【テーマ篇《へん》】

二〇一八年三月一〇日　第一刷発行

編者　小林和幸（こばやし・かずゆき）

発行者　山野浩一

発行所　株式会社　筑摩書房
東京都台東区蔵前二-五-三　郵便番号一一一-八七五五
振替〇〇一六〇-八-四一二三

装幀者　間村俊一

印刷・製本　株式会社　精興社

ISBN978-4-480-07131-6 C0221

ちくま新書

1096
幕末史
佐々木克
日本が大きく揺らいだ激動の幕末。そのとき何が起き、何が変わったのか。黒船来航から明治維新まで、日本の生まれ変わる軌跡をダイナミックに一望する決定版。

650
未完の明治維新
坂野潤治
明治維新は〈富国・強兵・立憲主義・議会論〉の四つの目標が交錯した「武士の革命」だった。それは、どう実現されたのだろうか。史料で読みとく明治維新の新たな実像。

1293
西郷隆盛
――手紙で読むその実像
川道麟太郎
西郷の手紙を丹念に読み解くと、多くの歴史家がその人物像を誤って描いてきたことがわかる。徹底した考証に基づき生涯を再構成する、既成の西郷論への挑戦の書。

951
現代語訳 福澤諭吉 幕末・維新論集
福澤諭吉
山本博文訳／解説
激動の時代の人と風景を生き生きと描き出した傑作評論選。勝海舟、西郷隆盛をも筆で斬った福澤思想の核心とは。「痩我慢の説」「丁丑公論」他二篇を収録。

1136
昭和史講義
――最新研究で見る戦争への道
筒井清忠編
なぜ昭和の日本は戦争へと向かったのか。複雑きわまる戦前期を正確に理解すべく、俗説を排して信頼できる史料に依拠。第一線の歴史家たちによる最新の研究成果。

1194
昭和史講義2
――専門研究者が見る戦争への道
筒井清忠編
なぜ戦前の日本は破綻への道を歩んだのか。その原因をより深く究明すべく、二十名の研究者が最新研究の成果を結集する。好評を博した昭和史講義シリーズ第二弾。

1266
昭和史講義3
――リーダーを通して見る戦争への道
筒井清忠編
昭和のリーダーたちの決断はなぜ戦争へと結びついたのか。近衛文麿、東条英機ら政治家・軍人のキーパーソン15名の生い立ちと行動を、最新研究によって跡づける。